Précieuse comme un
DIAMANT

Stéphanie Reader

Copyright © 2009 Stéphanie Reader
Publié par **Ministères Parole d'espoir**
Longueuil, (Québec), Canada, www.paroledespoir.com
Tous droits réservés.

Couverture : Guylaine Olivier
Mise en page : Alain Auger — Ministère Multilingue International

Dépôt légal - Bibliothèque nationale du Québec, 2009.
Dépôt légal - Bibliothèque nationale du Canada, 2009.

Imprimé au Canada.

Données de catalogage avant publication (Canada)

Reader, Stéphanie, 1966-
    Précieuse comme le diamant : 26 pensées pour des moments en sa présence
    Comprend des réf. bibliogr.
    ISBN : 978-2-9808883-3-5
    1. Femmes - Vie religieuse. 2. Femmes - Prières et dévotions françaises. 3. Bible - Usage dévotionnel.
4. Bible - Actualisation. I. Titre.
BV4844.R42 2009   242'.643   C2009-940858-9

À Luc,
Philippe et Jérémie...

Remerciements

J'aimerais remercier Luc, mon mari, pour qui il est. Merci d'être cet homme de Dieu, ce merveilleux époux et ce père extraordinaire. J'aimerais te remercier sincèrement pour ton appui dans tout ce que je fais. Merci de m'avoir soutenue dans toutes les grandes décisions de ma vie (Ne t'en fait pas chéri, il ne reste que le projet d'orphelinat à réaliser !). Merci pour ton grand amour, ton admiration, ton écoute et pour tes prières ; je sais qu'elles ont été nombreuses.

Je remercie chaleureusement mes deux fantastiques enfants, Philippe et Jérémie. Je suis la mère la plus comblée de la terre. Vous êtes des êtres tellement précieux et magnifiques. Vous êtes beaux dans tous les sens de ce mot. Merci pour votre amour et merci d'avoir compris et accepté mes absences, afin que je puisse réaliser l'écriture de ce livre (Ceci dit, vous devez quand même faire le ménage de vos chambres). Luc, Philippe et Jérémie, je vous aime…

Je remercie sincèrement le pasteur Claude Houde. Merci pour tout ce que tu as fait pour moi. Merci d'avoir vu l'appel de Dieu sur ma vie et merci d'y avoir cru. Sans cette rencontre déterminante dans ton bureau, je crois que je n'aurais jamais trouvé le courage de m'emparer des plans merveilleux que Dieu avait pour moi. Il n'y a pas de plus belle vie que celle qui est consacrée à l'avancement de Son Royaume. C'est un honneur et un immense privilège de le faire à l'Église Nouvelle Vie, sous ton ministère. Tu es un pasteur et un prédicateur remarquable, tu es un modèle et une grande source d'inspiration pour moi. J'aimerais te dire merci pour toutes tes paroles d'encouragement et tes judicieux conseils (parfois donnés avec tellement d'humour) lors de la rédaction de cet ouvrage. Merci sincèrement d'avoir accepté d'être mon éditeur. Je remercie également Chantal, ton épouse. Merci pour cette précieuse amitié que nous partageons. Tu es chère à mon cœur.

Je souhaite remercier Judy et Karina, deux femmes extraordinaires. Chère Judy, merci pour ta foi et tes mots de réconfort. Merci pour tes « YES WE CAN ! », au moment où j'en ai eu besoin. Ma précieuse Karina, merci d'avoir été le prolongement de mes pensées (vingt-six fois !). Merci pour ton travail acharné, ton professionnalisme, ton soutien, ta passion et ton enthousiasme au travail. Même si la rédaction de ce livre est terminée, tu peux toujours m'envoyer des courriels à minuit le soir !

Merci à mes merveilleuses amies et compagnes d'œuvre ! Ce livre a été écrit pour les femmes et vos vies en ont été l'inspiration. Merci spécialement à Jacqueline, Monique, Rhéa, Angèle, Carol, Carole, Louise, Nancy, Élise, Claire, Guylaine, Audrey, Christine, Sue, Johanne et Raymonde en France. Merci pour vos prières et votre amour. Je sais que les femmes peuvent être solidaires entre elles, vous en êtes la preuve. Merci les filles !

Merci à mon père Norman, ma mère Marthe et à ma sœur Caroline. Papa et maman, je vous remercie pour tout ce que vous avez fait pour moi. Merci pour le don de vous-mêmes. Étant mère aujourd'hui, je réalise combien vous avez été des parents remarquables. Maman, j'aurais tellement aimé te le redire aujourd'hui, mais tu nous as quittés si rapidement. Merci à toi, ma chère Caro. Quel privilège d'avoir une sœur comme toi. Si je l'avais pu, je t'aurais choisie. Merci aussi à toi Lucette. Je vous aime.

Finalement, je remercie le Seigneur Jésus-Christ pour la vie merveilleuse et riche qu'Il m'a donnée. Merci pour ma famille, merci pour la famille Nouvelle Vie et merci pour l'Église Nouvelle Vie. Mais par dessus tout, merci du fond du cœur pour Ton amour, Ta fidélité, Tes bontés et Ta Grâce infinie envers moi…

Avec amour et reconnaissance pour chacun de vous,

Stéphanie

Préface

C'est une joie et un grand honneur pour moi d'écrire la préface du premier livre de Stéphanie Reader. Ça ne sera pas son dernier ! Son époux Luc et elle, sont mes amis et compagnons de ministère depuis presque vingt ans. J'ai vu de près leur foi et leur cœur pour Dieu, leur courage dans les épreuves et leur passion de servir le Seigneur. Je crois sincèrement que ce livre va devenir une source de vie pour des dizaines de milliers de femmes.

Stéphanie représente si bien la femme chrétienne moderne. Elle a excellé dans une carrière en recherche, elle connait les défis de toutes celles qui doivent jongler avec un horaire serré, jumelant le travail, la famille et la maison. C'est une femme de science, elle est au fait de l'actualité, des réflexions et philosophies modernes. C'est aussi une femme de la Parole, une femme de prière, une femme qui aime passionnément Dieu. Elle est dotée de ce rare alliage de talents de communicatrice (elle est invitée comme conférencière partout dans la francophonie), et de personne ayant le cœur sur la main, une femme de compassion. C'est une intellectuelle à l'érudition peu commune, qui communique pourtant les trésors du Royaume de Dieu avec simplicité et dynamisme, rendant accessibles à tous, les concepts les plus profonds.

Durant toutes ces années, je l'ai vue tellement de fois écoutant, pleurant et conseillant une femme pendant une visite ou une consultation pastorale. Et dans la même semaine, livrant un message biblique puissant à nos rassemblements de femmes ou lors de nos réunions un dimanche matin à l'Église Nouvelle Vie de Longueuil, s'adressant à un auditoire de plus de trois mille personnes.

L'auteure de ce magnifique livre est une femme vive et intelligente qui a obtenu des prix d'excellence et des mentions d'honneur pour son doctorat et son travail de recherche sur le cancer, mais qui accompagnent souvent, loin des projecteurs et du public, des femmes de notre église qui doivent se rendre à l'hôpital ou qui traversent des évènements douloureux. C'est une prédicatrice, une enseignante très appréciée à l'Institut de Théologie pour la Francophonie, une éditrice de magazine, une mobilisatrice et organisatrice de projets humanitaires d'envergure, une maman dévouée à ses deux garçons, une épouse, et une femme de son temps. Elle a su déverser plus de vingt ans d'expérience et de marche avec Dieu dans cet ouvrage où, à chaque chapitre, vous vivrez un face-à-face avec Dieu et avec vous-même.

J'ai été touché, défié, encouragé et fortifié en lisant ce livre. Je crois que son message va transcender le temps et être pertinent pour des femmes de toute origine. Préparez-vous à sourire, pleurer, réfléchir ; à être motivée, encouragée, relevée et incitée au changement. Préparez-vous à être bénie.

Je me réjouis de ces jours dans lesquels nous vivons, où Dieu appelle une femme et lui donne un message de Son cœur pour les femmes. Je vois, par la foi, des dizaines de milliers de femmes aux quatre coins de la francophonie, lire ce livre et apprendre à briller comme les diamants précieux que Dieu les a destinées à devenir.

Pasteur Claude Houde
Avril 2009

Introduction

Précieuse comme un diamant ...

Nous vivons dans un monde où tout va si vite. Le temps si précieux nous file entre les doigts. En tant que femmes, nous sommes constamment confrontées à toutes sortes de défis et de besoins auxquels s'ajoute cette incessante pression quant à la perfection et à la performance que la société nous impose. Tel un acrobate, nous tentons de demeurer en équilibre sur le fil de fer de notre vie. Nous luttons quotidiennement pour concilier notre travail, notre carrière, notre mariage, l'éducation des enfants (et leurs nombreux matchs de soccer (*football*) ou leurs cours de piano), les pressions financières, nos émotions, notre désir de servir Dieu, notre relation avec Dieu et les centaines d'autres demandes urgentes qui nous sont faites. Trop souvent, nous nous laissons emporter par le tourbillon de la vie, oubliant parfois qui nous sommes et peut-être même qui *Il* est.

Je ne sais pas si vous êtes comme moi, mais souvent, lorsque je pose ma tête sur l'oreiller, j'ai l'impression que la journée a été une course folle. Le matin, alors que la sonnerie du réveil se fait « doulou-reusement » entendre, annonçant le commencement d'une nouvelle journée, j'ai seulement envie d'arrêter le temps et de me blottir sous ma couette, oubliant pour un moment toutes mes responsabilités ou tous ces « Maman, as-tu préparé ceci ? Maman, où as-tu mis cela ? Maman, téléphone-moi j'ai besoin de toi… ». Je crois que vous comprenez ce que je veux dire. Vous êtes-vous déjà sentie comme ça vous aussi ? Si vous vous êtes reconnue à travers ces quelques lignes ou si vous traversez une saison de votre vie où vous ressentez un besoin de paix, de joie, de réponses à certaines de vos questions, de plénitude et d'intimité avec Dieu ; je crois que ce livre est pour vous.

Ce livre est un journal dévotionnel. Son ultime objectif est d'être une source d'inspiration pour toutes les femmes qui désirent connaître Dieu d'avantage et souhaitent s'arrêter un moment, chaque jour, pour être rafraichies et fortifiées par Lui.

Ce livre est particulier de par la façon dont il a été conçu. Je voulais premièrement qu'il soit un *outil* destiné à encourager chacune d'entre nous à consacrer quotidiennement du temps à la lecture de la Parole de Dieu. À cet effet, il contient vingt-six pensées développées à partir de nombreux textes bibliques. Ces pensées sont exposées sur vingt-six semaines, soit sur une demi-année, ou durant toute l'année si vous désirez vous focaliser sur une pensée durant une période de deux semaines.

Mon second souhait était que ce livre vous serve de *guide* pour votre vie, qu'il vous aide à mieux comprendre la Bible et à la mettre en pratique. C'est pour cela que vous y trouverez des questions de réflexion relatives à la pensée présentée, ainsi que des objectifs précis que vous pourrez tenter de poursuivre durant toute la semaine.

Finalement, je désirais au plus profond de mon cœur que ce livre soit pour vous un *conseiller*. Je souhaite qu'en le lisant, vous puissiez trouver consolation, restauration, édification, inspiration et découvrir des réponses à vos questions, afin que vos besoins soient comblés.

Lorsque j'écrivais toutes ces pensées et que je réfléchissais et priais pour chacune de celles qui les liraient, je vous imaginais tels de magnifiques diamants. Des femmes précieuses et d'une grande valeur, c'est ce que vous êtes. Des femmes merveilleuses rachetées à un grand prix. Tout comme cette pierre étincelante, votre vie est constituée de plusieurs facettes. Vos facettes Spiritu*elle*, Émotionn*elle*, Personn*elle* et Relationn*elle* constituent l'essence même de votre personne. C'est pourquoi toutes les pensées développées dans ce livre sont inspirées de ces quatre grands thèmes.

Vous pouvez débuter la lecture de ce *dévotion-elle* à n'importe quel moment de l'année et commencer par la première facette de votre vie que vous désirez voir briller et resplendir de Sa lumière.

Il est bien connu que meilleure est la taille d'un diamant, plus remarquable en est sa transparence et donc son éclat, et plus grande est sa valeur. C'est exactement cet effet que produiront vos moments passés dans la présence de Dieu. Ils vous tailleront, vous rendront plus transparentes et vous feront rayonner comme des diamants.

Je sais que plusieurs d'entre vous ont de la difficulté à se percevoir comme cette si belle pierre précieuse. Toutefois, sachez que le charbon et le diamant ont la même origine et sont tous les deux formés du même élément chimique : le carbone. Difficile à croire, n'est-ce pas ?

Initialement, le diamant est un charbon noir, sale et sans valeur. Il vient des profondeurs de la terre où il est assujetti à une énorme pression ainsi qu'à une température considérablement élevée. Ainsi, après avoir été soumis à ces conditions extrêmes, ce bloc de charbon a la capacité de devenir la plus belle et la plus précieuse pierre de toute la création. N'est-ce pas un peu l'histoire de chacune d'entre nous ? Ne sommes-nous pas ce charbon qui subit les pressions et les fortes températures de la vie ?

Dans mes fonctions pastorales à l'Église Nouvelle Vie, j'ai rencontré des centaines de femmes qui ont subi et subissent encore les pressions et les fortes températures de la vie. Pour les avoir serrées tendrement dans mes bras ou pour avoir pleuré et prié intensément avec elles, je sais pertinemment ce que c'est que de voir des êtres humains souffrir. J'ai vu certaines d'entre elles s'effondrer sous le poids du chagrin suite à la perte d'un enfant, d'autres lutter désespérément contre le cancer ou des maladies dégénératives. J'ai entendu à maintes reprises ces femmes me raconter, les larmes dans les yeux, comment elles ont été complètement démolies, leur âme et leur cœur ayant été broyés par l'inceste, le viol, l'adultère ou par des paroles destructrices qui les ont laissées sans goût de vivre. La solitude, la fatigue, l'épuisement professionnel, les pressions familiales et financières sont aussi des circonstances qui affectent et perturbent la vie des femmes. Mais par la Grâce de Dieu, j'ai aussi vu ces femmes être rebâties, restaurées, transformées et devenir des diamants d'une beauté époustouflante après qu'elles se soient approchées de Dieu. C'est seulement dans Sa présence et par Sa Parole qu'elles ont trouvé la force et la puissance de supporter et de surmonter les moments difficiles de leur vie.

Peut-être subissez-vous en ce moment de telles pressions. Peut-être ressentez-vous le besoin de vous approcher de Dieu ? La présence et les promesses de Dieu sont à votre portée dès aujourd'hui. Mon désir est que ce livre puisse vous inspirer à rechercher toute la plénitude de Sa présence, afin de vous rendre capable de traverser la période « charbon » de votre vie et de devenir cette pierre précieuse. Le diamant est le minéral le plus dur de tous les matériaux naturels. C'est pourquoi la racine du mot diamant a pour signification : *inexorable et invincible*. Par Sa Grâce, c'est exactement ce que vous allez devenir chères amies : des femmes inébranlables et resplendissantes tels de précieux joyaux.

Désirez-vous apprendre à mieux connaître Dieu ? Souhaitez-vous être désaltérée par Sa présence ? Êtes-vous prête à laisser Dieu faire briller Sa lumière à travers le diamant de votre vie ? Avez-vous besoin de la plénitude de Ses promesses afin de supporter les pressions de la vie ? Voulez-vous devenir une femme inébranlable et rayonnante ? Si vous avez répondu oui à l'une de ces questions, je vous invite personnellement à me suivre dans cette merveilleuse aventure. Attendez-vous à vivre des moments inoubliables, car rien n'est plus extraordinaire que vivre en Sa présence…

Bonne lecture.

Avec amour et prières,

Stéphanie Reader

Facette spirituelle

Pensée
Nº. I

Vouloir prendre de l'altitude

TEXTES BIBLIQUES :
Colossiens 3.1-2 ; Matthieu 6.33-34 ;
Romains 14.17-18 ; Galates 5.22

Chères amies, comme moi, vous vous êtes surement déjà retrouvées face à une porte d'ascenseur. Cela fait même partie du quotidien de certaines d'entre vous, alors que vous vous rendez à votre bureau. Habituellement, à côté de celle-ci se trouve un bouton pointant vers le haut si nous désirons monter, et un autre indiquant le bas si nous voulons descendre.

Alors que j'étais devant l'ascenseur, me préparant à appuyer sur le bouton afin de me rendre à un rendez-vous, je fus soudainement frappée par cette réflexion : « *Stéphanie, dans ta vie de femme, dans ta relation avec Dieu, dans ta spiritualité, dans la gestion et l'expression de tes émotions, dans tes relations avec les autres, comment voudrais-tu vivre cette année ? Veux-tu monter ou descendre ?* » La première pensée qui me vint alors à l'esprit fut : « *Bien sûr que je désire aller toujours plus haut dans tous ces aspects de ma vie. Je le souhaite ardemment.* » Puis, je fus bousculée par la pensée que j'avais un choix à faire. Le même que je dus faire pour me rendre à mon rendez-vous. Il avait lieu au septième étage et pour y aller, je devais appuyer sur la flèche qui pointe vers le haut et non sur celle qui est dirigée vers le bas. Je devais prendre la même décision pour ma vie. Il est certain que je ne peux absolument pas choisir ce qui m'arrivera cette année car je n'ai aucun contrôle sur les évènements. Toutefois, je peux choisir comment traverser les diverses situations auxquelles j'ai ou aurai à faire face. Je peux choisir de m'élever au-dessus de mes circonstances ou je peux décider de me laisser aspirer vers le bas, vers la tristesse, le découragement ou l'amertume.

L'ascension vers le sommet est une marche qui s'effectue à genoux, dans la prière.

Je pense sincèrement que chacune d'entre nous souhaite vivre sa vie en haute altitude, c'est-à-dire que chacune aspire à être une femme mature, sage, capable de s'élever au-dessus de ses blessures, de ses déceptions et de ses doutes. Honnêtement, il y a des journées où nous n'avons pas le courage d'appuyer sur le bouton pointant vers le haut. Parfois, il semble que nous manquions de force, il nous arrive de ne même pas avoir envie de nous élever, de combattre, d'avoir la bonne attitude ni les bonnes paroles. Suis-je la seule à m'être déjà sentie ainsi ? Je sais très bien que non. Rassurez-vous mes amies. Par nos propres forces, il nous est absolument impossible de nous élever et de rechercher ce qui est noble, parce que notre nature ou notre « humanité » a des désirs contraires à ceux de Dieu[1]. Sans la présence et les ressources qui nous viennent de Dieu, il est inconcevable de nous élever au-dessus des circonstances douloureuses, de développer le fruit de l'Esprit, de voir la vie dans la perspective de Dieu, d'accepter les plans de Dieu. L'ascension vers le sommet est une marche qui s'effectue à genoux, dans la prière. Sur ce chemin, Dieu est là pour nous fortifier, nous relever et nous accompagner afin que nous nous hissions au-dessus de toutes situations. N'est-ce pas apaisant de savoir que nous n'avançons pas seules. Sachant ceci, êtes-vous prêtes à prendre l'ascenseur avec moi afin de devenir des femmes qui s'élèvent au-dessus de leurs circonstances ?

Je vous entends penser en ce moment (et oui !). Vous vous dites : « Stéphanie, je désire sincèrement ne pas rester dans ma tristesse et ma douleur, mais comment cela est possible ? J'aimerais être une femme épanouie, remplie de joie, de paix et d'amour, malgré la saison de ma vie que je traverse. Comment puis-je devenir cette femme qui s'élève ? » Regardons ensemble quelques principes qui enseignent comment atteindre de nouveaux sommets dans notre vie. La Parole de Dieu nous incite à :

> *Cherchez les choses d'en haut, où Christ est assis à la droite de Dieu. Affectionnez-vous aux choses d'en haut, et non à celles qui sont sur la terre[2].*

> *Cherchez premièrement le royaume et la justice (ce que Dieu demande) de Dieu ; et toutes ces choses vous seront données par-dessus. Ne vous inquiétez donc pas du lendemain ; car le lendemain aura soin de lui-même. À chaque jour suffit sa peine[3].*

> *Car le royaume de Dieu, ce n'est pas le manger et le boire, mais la justice (droit ; bien), la paix et la joie, (données) par le Saint-Esprit. Celui qui sert Christ de cette manière est agréable à Dieu et approuvé des hommes[4].*

Mes chères amies, une femme qui s'élève, c'est une femme qui, à travers les diverses situations de sa vie, recherche « les choses d'en haut ». Concrètement, rechercher les « choses d'en haut » consiste à poursuivre dans notre vie :

✦ la présence de Dieu ;

✦ la plénitude de Dieu ;

✦ les promesses de Dieu ;

✦ la provision de Dieu ;

✦ la pureté de Dieu ;

✦ le pardon de Dieu ;

✦ le plan de Dieu.

Avant tout, cela fait référence au fait de chercher à *plaire* à Dieu. En choisissant d'appuyer sur cette flèche, nous décidons de vivre sur cette terre dans la *perspective* de Dieu, et ce, dans tous les aspects de notre vie, en dépit de nos épreuves, nos défis et nos peurs. De façon pratique, chaque fois que vous prenez la décision d'appuyer sur la flèche qui pointe vers le haut, vous choisissez de faire ce qui est bien dans les situations qui vous affectent, et face aux personnes qui vous dérangent. En appuyant sur cette flèche :

✦ *vous décidez de pourchasser le bien, même si tout en vous voudrait se détourner de cette route pour emprunter une voie beaucoup plus facile.*

✦ *vous choisissez de ne pas vous laisser guider par vos sentiments, sachant que trop souvent, le « senti » ment ! Vous ne refoulez pas pour autant vos émotions (nous en discuterons dans la facette émotionnelle). Vous les comprenez, mais vous ne les laissez pas vous dominer. Vous demeurez connectée avec votre réalité, mais vous choisissez de croire et de mettre en pratique ce qui est vrai et bon pour votre vie, c'est-à-dire les promesses et les préceptes de Dieu. C'est en adoptant cette attitude que de votre bouche jaillira des paroles de « vie » au lieu des paroles destructrices, des paroles de « mort ».*

✦ *vous réalisez pleinement que vous n'êtes qu'une passagère sur cette terre, et que la récompense qui compte réellement vous sera accordée au ciel.*

Permettez-moi de vous donner quelques exemples afin de vous permettre de mieux saisir ce principe. Une femme qui s'élève traverse les différentes saisons de sa vie en croyant :

✦ qu'elle peut avoir une vie significative, remplie et joyeuse, malgré les circonstances dans sa vie ;

✦ que la douleur n'est pas un guet-apens et que c'est plutôt le fait de croire qu'il n'y a aucune issue qui est une tromperie ;

✦ qu'en admettant ses faiblesses, elle fait un pas vers la guérison ;

✦ que pardonner n'absout pas l'offenseur, mais libère son propre cœur de l'offense ;

✦ que les biens matériels ne sont pas garants de son bonheur, c'est pourquoi elle apprend à vivre dans le contentement ;

✦ que la richesse dans la vie, c'est de mettre l'emphase sur ce qu'elle a et non sur ce qu'elle n'a pas ou ce qu'elle désire ;

✦ qu'à chaque étape de sa vie, elle abandonne certaines choses, mais ce faisant, elle en gagne d'autres ;

✦ que sa valeur ne dépend pas de ce qu'elle possède, de ses diplômes ou de son apparence physique, mais qu'elle est fondée sur l'amour de Jésus-Christ manifesté à la croix. La grandeur et la générosité de cet acte nous rappellent combien nous sommes aimées et d'une valeur inestimable pour Dieu ;

✦ qu'une part de son identité est rattachée à ce qu'elle fait, mais que ce qu'elle fait ne détermine pas son identité ;

✦ que chaque décennie dans laquelle elle entre, lui apporte de nouveaux aspects d'elle-même à aimer, physiquement et émotionnellement ;

✦ qu'elle ne contrôle pas sa destinée, mais qu'elle peut y participer activement ;

✦ que le bonheur n'est pas l'art de bâtir une vie aseptisée de problèmes, mais plutôt l'art de réagir face à l'adversité ;

✦ que le bonheur n'est pas une destination, mais une façon de voyager ;

✦ que le bonheur c'est de continuer à désirer ce que l'on possède déjà ;

◆ qu'une bonne attitude, des relations interpersonnelles solides, une communion avec Dieu et une vie significative pour Christ sont les principaux ingrédients du bonheur.

Mes amies, souvent, ce qui nous empêche de nous rendre au sommet ou au « TOP » repose sur trois facteurs déterminants :

T : *Temps*

O : *Obstacles*

P : *Planification*

Premièrement, prenez le *temps* d'évaluer qu'elle est la sphère de votre vie que vous aimeriez voir changer afin d'atteindre de nouveaux sommets. Alors que vous commencez la lecture de la facette spirituelle de ce journal, j'aimerais vous encourager à vous fixer des objectifs personnels que vous voudriez atteindre. Quelles émotions ou attitudes souhaiteriez-vous mieux gérer ? Êtes-vous une femme colérique ou jalouse ? Quel aspect du fruit de l'Esprit désireriez-vous cultiver : l'amour, la joie, la paix, la patience, la bienveillance, la bonté, la fidélité, la douceur et la maîtrise de soi ?[5] Quelle situation de votre vie aimeriez-vous être capable de traverser dans la perspective de Dieu ?

Comprenez que vous allez rencontrer des obstacles sur votre route.

Deuxièmement, comprenez que vous allez rencontrer des *obstacles* sur votre route. C'est inévitable ! Ils vous feront probablement trébucher, vous laissant avec l'idée que vous ne serez jamais capable d'y arriver. Ne vous laissez pas berner. Rappelez-vous qu'une femme qui s'élève n'est pas une femme qui n'échoue jamais. C'est avant tout une femme qui sait se relever après la chute. Malgré le fait qu'elle ait manqué la cible, elle ne baisse les bras que pour relever ses manches. Ne croyez jamais que votre vie n'est qu'un échec ou pire, que vous êtes un échec. La Grâce et le pardon de Dieu sont à votre portée à tout moment.

Demandez-les, recevez-les et recommencez. C'est la seule façon de se rendre au sommet. La culpabilité et la honte ne servent qu'à vous paralyser et à ralentir, voire anéantir votre ascension. Ne tombez pas dans le piège. Les personnes qui ont réalisé de grands exploits ont, pour la plupart, subi aussi de grands revers. Saviez-vous que :

✦ La compagnie Coca-Cola a vendu seulement quatre-cents bouteilles de Coca-Cola Classique au cours de sa première année d'existence.

✦ Au cours de ses trois premières années dans l'industrie de l'automobile, Henry Ford a fait faillite deux fois.

✦ En 1905, l'Université de Bern a rejeté la thèse de doctorat d'Albert Einstein disant qu'elle était non pertinente et fantaisiste.

✦ La marathonienne Joan Benoit a subi une opération au genou, dix-sept jours avant les Jeux olympiques, malgré cela, elle a remporté la médaille d'or.

Les obstacles sont inévitables, mais Dieu est avec vous pour vous aider à les surmonter et à remporter « notre médaille d'or ». Demandez-Lui Son soutien et Sa force pour surmonter vos difficultés.

Finalement, soyez *proactive et planifiez*. Nous les femmes, nous planifions et sommes organisées dans beaucoup d'aspects de notre vie. Nous planifions les repas pour la semaine, les vêtements que nous allons porter, nos vacances et bien d'autres choses. Malheureusement, lorsque nous sommes dans le domaine spirituel ou émotionnel, beaucoup perdent leur sens de l'organisation. Nous devenons comme des feuilles mortes portées par le vent. Nous allons dans toutes les directions. Soyons plutôt des femmes proactives. Fixons-nous des objectifs et donnons-nous les moyens de les atteindre. Lisez des livres et écoutez des messages qui portent sur la gestion de vos émotions si vous en avez besoin. Planifiez votre vie de prière. Lorsque vous organisez vos journées, réservez un moment précis à la prière et à la lecture de la Bible. Respectez-le comme si vous aviez un rendez-vous chez le médecin. Achetez-vous un cahier de prière et écrivez les versets qui vous édifient. Trouvez-vous une façon de rendre ces moments délicieux et mémorables. Vous savez, le moment et la durée vous appartiennent. Quinze minutes par jour sont de loin préférables à une heure de prière que vous n'arrivez jamais à faire. Le temps que vous pouvez passer dans la présence de Dieu variera en fonction des saisons de votre vie. Le plus important, c'est de passer du temps avec Dieu. Mes amies, l'ascension vers le sommet est une marche qui s'effectue à genoux, dans la prière. Il est impossible d'y arriver par nos propres forces, mais avec Dieu, les impossibilités de nos vies peuvent se transformer en d'extraordinaires possibilités. Je le crois sincèrement, car j'ai vu de nombreuses femmes l'expérimenter sous mes yeux.

Au sein du ministère *Femme Chrétienne Contemporaine* que je dirige à l'Église Nouvelle Vie, des groupes d'épanouissement et de soutien sont conçus spécialement pour répondre au besoin des femmes. Par le biais de ces rencontres, mon souhait est de donner aux femmes les outils nécessaires pour atteindre de nouveaux sommets dans les facettes spiritu*elle*, émotionn*elle*, personn*elle* et relationn*elle* de leur vie, afin d'être au « TOP ». Un de ces groupes est animé par une femme fantastique qui se nomme Georges-Marie.

Dernièrement, j'ai reçu le témoignage d'une femme qui venait de terminer le programme offert à travers le groupe « vie renouvelée » dirigé par Georges-Marie. Par souci de confidentialité, je ne mentionnerai pas son nom. Cette jeune femme a vécu une enfance extrêmement douloureuse. Victime de plusieurs abus, elle est arrivée dans ce groupe alors qu'elle se dépréciait totalement et pensait que personne ne pouvait vraiment l'aimer, à moins d'en retirer un bénéfice. Après plusieurs démarches pour tenter de s'élever au-dessus des blessures de son passé, cette femme a entendu parler du groupe « vie renouvelée ». Elle décida de se joindre à ces rencontres hebdomadaires.

Dans son témoignage, elle raconte qu'à cette nouvelle, elle s'est dit intérieurement : « *Il faut que je me joigne à ce groupe, je dois être libre, je dois être libre, je veux un cœur nouveau où la souffrance ne dicte pas mon cœur* ». Elle ajoute : « Dieu savait très bien ce qu'Il faisait en permettant que j'assiste à ces rencontres. Il m'a libérée des anciennes blessures et me fait aujourd'hui tenir la tête haute. À vie renouvelée, tout se fait avec douceur, quoique certaines étapes furent douloureuses, j'ai appris à me connaître et à me faire confiance, à prendre certaines décisions et retrouver ma dignité. Mais par-dessus tout, Dieu m'a libérée. Je crois maintenant que l'amour est plus fort que tout et que le pardon est ce qu'il y a de plus victorieux dans la libération des souffrances. » Ce témoignage est magnifique et tellement inspirant. N'est-ce pas là une femme qui choisit d'appuyer sur la flèche pointant vers le haut et de vivre sa vie en haute altitude ?

J'espère que cette pensée a suscité dans vos cœurs le désir de vous élever au-dessus de vos circonstances, vos déceptions, vos émotions et même de vos questionnements, avec l'aide et la force de Dieu. Cette semaine, je vous suggère de mettre en pratique cette pensée. Pour ce faire, je vous encourage à prendre un moment pour répondre aux questions de la section *Mes réflexions et mes objectifs*. Cette étape est cruciale et vous aidera à appuyer sur la bonne flèche au moment opportun. Alors que vous le ferez, attendez-vous à vivre des moments libérateurs, apaisants, épanouissants et tellement réjouissants. Souvenez-vous que dans les hôtels, la plus belle vue, les meilleures chambres et les plus grands restaurants se trouvent au sommet. C'est là que sont servis les mets les plus succulents. Ne nous tenons pas au sous-sol ni dans le garage, là où tout est sombre. Choisissons plutôt le « penthouse », le sommet. Cet endroit est infiniment plus agréable. Bonne semaine !

Mes réflexions et mes objectifs

Faites le bilan. Quelle est la sphère de votre vie que vous aimeriez voir changer ou améliorer pour atteindre de nouveaux sommets ?

Ma relation avec Dieu, ma vie de prière :

_____

_____

_____

La pureté dans mes actions et dans mes pensées :

_____

_____

_____

Mes relations avec les autres (pardonner, surmonter mes déceptions, baisser mes attentes, apprécier davantage ce que j'ai au lieu de fixer ce que je n'ai pas) :

_____

_____

_____

La gestion et l'expression de mes émotions :

_____

_____

_____

La manifestation du fruit de l'Esprit dans ma vie (l'amour, la joie, la paix, la patience, la bienveillance, la bonté, la fidélité, la douceur et la maîtrise de soi) :

_____

_____

_____

Quels sont les moyens que vous pouvez prendre pour atteindre votre objectif ? Demandez à Dieu de vous donner Ses stratégies.

_____

_____

_____

Ma prière

Seigneur, je te demande de faire de moi une femme qui s'élève. Je désire de tout mon cœur aller à un niveau plus élevé avec Toi cette année. Donne-moi le vouloir et la détermination pour me hisser au-dessus des circonstances, des déceptions et des attentes de ma vie. Aide-moi à rechercher « les choses d'en haut ». Aide-moi à poursuivre ce qui te plait afin que je te sois agréable. Éclaire-moi sur ce que tu désires voir transformé dans ma vie. Si j'ai échoué, relève-moi afin que je surmonte les obstacles qui m'empêchent de m'élever. Inspire-moi, montre-moi tes stratégies pour les atteindre. Merci Seigneur pour ton amour. Quel privilège d'être ton enfant. Je t'aime.

Cherchez premièrement le royaume et la justice (ce que Dieu demande) *de Dieu ; et toutes ces choses vous seront données par-dessus. Ne vous inquiétez donc pas du lendemain ; car le lendemain aura soin de lui-même. À chaque jour suffit sa peine*[6].

Réclamer notre héritage

TEXTES BIBLIQUES :
Nombres 27.1-7 ; Jean 15.15-16 ; Éphésiens 1.5, 3.20 ;
Philippiens 4.6-7 ; Jérémie 29.11-14 ; Éphésiens 3.20 ;
Marc 11.24

Mes chères amies, la prière est tellement importante dans notre vie. Je dirais même plus, elle conditionne notre survie spirituelle. Autrement dit, elle est vitale. À tout moment et en toutes circonstances, nous pouvons élever notre voix pour nous adresser au Dieu créateur de l'univers, celui qui peut tout changer et ressusciter ce qui est mort ou ce qui nous semble mort. Par le moyen de la prière, nous pouvons être renouvelées, fortifiées, restaurées, réconfortées et rassurées. Lorsque nous sommes dans Sa présence, nous pouvons nous blottir dans les bras de notre Père céleste et ressentir Son pardon, Sa force et Son amour. Croyez-moi, cet endroit est le plus merveilleux de la terre. De plus, la prière est la clé que Dieu nous a donnée pour ouvrir le ciel et nous emparer des bénédictions que nous avons en lui.

Parfois, nous limitons la prière à un moyen de véhiculer nos malheurs, oubliant même à qui nous nous adressons.

Je n'ai pas à vous convaincre de l'importance de la prière. Je suis persuadée que vous en saisissez la valeur et l'impact. Toutefois, bien que nous en reconnaissions les bienfaits, pourquoi avons-nous tant de difficultés à faire de la prière une priorité de notre vie ? Pourquoi éprouvons-nous trop souvent certains malaises, voire un inconfort à nous approcher de notre Père céleste afin d'exprimer ce que nous vivons, ou de réclamer la bénédiction pour nous et pour ceux que nous aimons ? Parfois, nous limitons la prière à un moyen de véhiculer nos malheurs, oubliant même à qui nous nous adressons. Nous ressortons alors du lieu de recueillement sans aucune conviction et avec si peu de foi, perdant de vue que c'est par ce moyen que nous pouvons voir le miraculeux s'accomplir.

J'aimerais vous relater l'histoire de cinq femmes remarquables qui ont vu l'impossible prendre place sous leurs yeux. Ces femmes ont changé leur destinée, modifié la trajectoire de leur vie ainsi que celle de leurs enfants de façon extraordinaire. Je crois sincèrement qu'elles possédaient une clé que nous devons nous approprier si nous voulons saisir notre héritage spirituel dans la prière. Il s'agit de Machla, Noa, Hogla, Milca et Thirtsa. Peut-être n'avez-vous jamais entendu parler d'elles ? Rassurez-vous, vous n'êtes pas les seules ! On ne parle d'elles qu'une seule fois dans les Écritures et pourtant, croyez-moi, en tant que femmes de l'époque, ce qu'elles ont osé faire est absolument exceptionnel. Leur histoire est décrite dans le livre des Nombres[7].

> *Les filles de Tselophad, fils de Hépher, fils de Galaad, fils de Makir, fils de Manassé, fils de Joseph, et dont les noms étaient Machla, Noa, Hogla, Milca et Thirtsa, s'approchèrent et se présentèrent devant Moïse, devant le sacrificateur Éléazar et devant les princes et toute l'assemblée, à l'entrée de la tente d'assignation. Elles dirent :*
>
> *Notre père est mort dans le désert ; il n'était pas au milieu de l'assemblée de ceux qui se révoltèrent contre l'Éternel, de l'assemblée de Koré, mais il est mort pour son péché, il n'avait point de fils.*
>
> *Pourquoi le nom de notre père serait-il retranché du milieu de sa famille, parce qu'il n'avait point eu de fils ? Donne-nous une possession parmi les frères de notre père.*
>
> *Moïse porta la cause devant l'Éternel. Et l'Éternel dit à Moïse : **Les filles de Tselophad ont raison. Tu leur donneras en héritage une possession parmi les frères de***

leur père, et c'est à elles que tu feras passer l'héritage de leur père.

En lisant ce passage, on constate que ces femmes ont failli perdre leur héritage et vivre misérablement et pauvrement jusqu'à la fin de leurs jours. Toutefois, elles ont catégoriquement refusé le sort qui leur avait été réservé. Elles sont allées réclamer leur héritage. Elles étaient déterminées à recevoir leur bénédiction ainsi que celle de leur descendance. Ces femmes ne se sont pas laissées intimider par la situation et l'injustice, ni par les personnes à qui s'adressaient leurs revendications, encore moins par leur statut de femmes. Le texte nous révèle qu'elles se sont présentées devant Moïse ; le sacrificateur Éléazar ; les princes et toute l'assemblée. Essayez de vous imaginer devant Moïse, le sacrificateur et les princes, pour revendiquer votre cause ! Un peu intimidant, n'est-ce pas ? Ces femmes savaient qu'elles avaient raison et qu'elles avaient droit à cet héritage. Aussi, elles ont fait fi de cette intimidation et sont allées chercher leurs bénédictions. Dieu les a honorées. Ce verset est tellement révélateur et puissant : *L'Éternel dit à Moïse : Les filles de Tselophad ont raison. Tu leur donneras leur héritage !*

Chères amies, qu'est-ce qui nous empêche aujourd'hui de réclamer notre héritage ? Je crois que ce qui nous retient, c'est le fait de nous laisser intimider. Nous entrons dans la prière sans réellement savoir qui nous sommes. Trop souvent, nous nous présentons devant Dieu en nous dénigrant, en prétendant ne pas être à la hauteur, ne pas mériter d'être bénies. Nous déclarons que nous sommes indignes. En fait, nous nous laissons intimider par l'ennemi de notre âme, par notre mauvaise estime de nous-mêmes, par nos émotions et nos pensées négatives. Ces cinq femmes auraient pu se dire qu'étant sans valeur, jamais Moïse, les sacrificateurs et les princes ne les écouteraient. Nous pouvons comprendre qu'elles puissent penser ainsi. Cependant, elles étaient animées d'une autre conviction. Elles ont décidé de croire qu'elles avaient droit à cet héritage, peu importe qui elles étaient. Elles étaient profondément convaincues de leur identité et des droits qui s'y rattachaient.

Quelle est votre identité mes amies ? Le savez-vous vraiment ? En tant que croyantes, nous connaissons notre identité du point de vue intellectuel et théologique, de par ce que la Bible nous en dit, mais nous n'en sommes pas toujours convaincues d'un point de vue spirituel. Permettez-moi de vous rappeler qui vous êtes en Jésus-Christ.

> *Je ne vous appelle plus serviteur, parce que le serviteur ne sait pas ce que fait son maître ; mais je vous ai appelés amis, parce que je vous ai fait connaître tout ce que j'ai appris de mon Père. Ce n'est pas vous qui m'avez choisi, mais moi, je vous ai choisis, et je vous ai établis, afin que vous portiez du fruit, et que votre fruit demeure, afin que ce que vous demanderez au Père en mon nom, il vous le donne[8].*

> *Il nous a prédestinés dans son amour à être ses enfants d'adoption par Jésus Christ selon le bon plaisir de sa volonté[9].*

Peu importe notre passé ou notre présent, la Parole de Dieu nous dit que nous sommes des amies de Dieu. Dieu est votre ami ! Plus encore, nous avons été adoptées par le Père céleste, ainsi, nous sommes Ses enfants. Vous êtes l'enfant du Roi des rois. Si vous êtes la fille du Roi, vous êtes donc une princesse ! Cessons de nous laisser intimider et saisissons notre identité en Christ. Nous sommes des princesses et nous avons droit à notre héritage ! Réclamons-le !

Myles Munroe, l'auteur du livre *La prière, comment déclencher la puissance de Dieu*, a écrit : « Prier, ce n'est pas essayer d'amener Dieu à faire quelque chose pour vous en l'apitoyant sur votre sort, mais c'est venir à Lui, sachant que non seulement vous méritez ce que vous demandez à cause de la justice de Christ, mais que vous avez aussi le droit de le faire selon Sa Parole. » Arrêtons de nous approcher de Dieu comme des mendiantes. Allons plutôt dans sa présence comme des princesses, des filles du Roi. Ce

Prier, ce n'est pas essayer d'amener Dieu à faire quelque chose pour vous en l'apitoyant sur votre sort, mais c'est venir à Lui.

n'est en rien arrogant. Je crois au contraire que cela plait au cœur de Dieu. Comment préférez-vous que vos enfants vous demandent quelque chose, comme des mendiants qui se dévalorisent constamment ou comme des enfants confiants ? Si vos enfants sont comme les miens, ils sont plutôt du type confiant !

N'oublions jamais que lorsque nous prions, Dieu, dans Sa toute-puissance et toute Sa majesté, s'arrête pour nous écouter, pour écouter Ses enfants bien-aimés. Lorsque nous prions :

✦ Nous avons une ligne directe ouverte sur le ciel ;

✦ Nous faisons bouger le bras de Dieu ;

✦ Nous avons l'autorité pour changer le monde ;

✦ Nous avons la puissance de changer des destinées.

En terminant cette pensée, j'aimerais vous rappeler quel est ce magnifique héritage auquel nous avons droit. Étant des enfants de Dieu, Ses princesses, nous pouvons réclamer :

Le pardon de Dieu. Si nous avons déplu à Dieu par notre comportement, nos paroles et nos pensées, ne nous privons pas de Sa Grâce et de Sa miséricorde. Elles sont à notre portée en tout temps. Le pardon de nos péchés fait partie intégrante de l'héritage des croyants. Par amour pour nous, Dieu a envoyé Son précieux Fils à la croix, afin que lorsque nous demandons pardon à Dieu pour nos manquements, nous puissions le recevoir immédiatement. Ne gaspillez pas un si grand sacrifice. La Bible nous rappelle que :

Dieu a tant aimé le monde qu'il a donné son fils unique afin que quiconque croit en lui ne périsse pas, mais ait la vie éternelle[10].

Jésus a porté nos péchés dans son corps à la croix afin que, libérés du péché, nous vivions pour la justice [...][11]

Par le sang de Jésus, nous sommes rachetés, pardonnés de nos fautes, conformément à la richesse de sa grâce[12].

Si nous reconnaissons nos péchés, il est fidèle et juste pour nous les pardonner et pour nous purifier de tout mal[13].

Il n'y a donc maintenant aucune condamnation pour ceux qui sont en Jésus-Christ [...][14]

La présence de Dieu dans notre vie. La Bible affirme que Dieu nous a envoyé une aide, le Saint-Esprit, qui est avec nous pour nous consoler et nous guider dans tous les aspects de notre vie. Alors qu'Il était encore sur cette terre, Jésus a dit : *Et moi, je prierai le Père, et il vous donnera un autre consolateur afin qu'il demeure éternellement avec vous[15].*

*Si vous m'aimez, vous obéirez à mes commandements, et moi, je prierai le Père et il vous donnera quelqu'un d'autre **pour vous aider, quelqu'un qui sera avec vous pour toujours** : c'est l'Esprit de vérité. En effet, le monde ne peut pas le recevoir, parce qu'il ne le voit pas et ne le connaît pas. Vous, vous connaissez l'Esprit de vérité, parce qu'il reste avec vous, **il habite en vous. Je ne vous laisserai pas orphelins,** je reviendrai vers vous. Ce jour-là, vous comprendrez que je vis dans mon Père, que vous vivez en moi et moi en vous[16].*

La puissance du Saint-Esprit. En plus d'avoir droit à la présence de Dieu, mes chères amies, nous disposons de toute Sa puissance. Plusieurs versets dans la Parole nous attestent ceci : *Je vous enverrai une puissance le Saint-Esprit survenant sur vous [...][17]*

Celui qui est en vous est plus grand que celui qui est dans le monde [...][18]

L'Esprit de celui qui a ressuscité Jésus d'entre les morts habite en vous [...][19]

Cette puissance nous a été léguée. Réclamons-la lorsque nous en avons besoin !

Un futur. Dieu a une destinée pour nous. Il a des plans merveilleux en réserve pour notre vie. Osons nous les approprier dans la prière. Ne laissons pas notre esprit s'embrouiller par toutes sortes de pensées négatives, mais plutôt croyons et confessons les versets qui suivent. Ils ont été écrits spécialement pour nous. Ils font partie de notre héritage !

Si quelqu'un est en Christ, il est une nouvelle créature. Les choses anciennes sont passées ; voici, toutes choses sont devenues nouvelles[20].

Car je connais les projets que j'ai formés sur vous, dit l'Éternel, projets de paix et non de malheur, afin de vous donner un avenir et de l'espérance[21].

Mon désir est que nous soyons comme les filles de Tselophad, des femmes qui s'approprient leur identité en Christ, qui réclament leur héritage et qui changent la destinée de leur vie et de celle de leurs descendants.

Pour conclure sur cette pensée, j'aimerais vous faire part du témoignage que j'ai reçu de Mélanie, suite à la prédication de ce message lors d'une réunion pour femmes que nous avons eue à l'Église Nouvelle Vie :

« *Bonjour Stéphanie,*

Oui, c'est vrai que je suis une enfant de Dieu, que nous sommes Ses bien-aimés, mais je n'avais jamais réalisé que j'étais une fille du Roi avant cette soirée. Quand tu as défini ce que nous sommes, j'ai réalisé : WOW ! Je suis une fille du Roi !!! Notre Dieu est vraiment grand ! Je suis donc une princesse. Depuis ce soir-là, j'ai changé ma façon de penser. Je n'ai pas à me sentir intimidée devant mon Père, je n'ai pas à venir à Lui avec le sentiment que je ne suis pas assez bien, car je suis sa fille et Il m'aime au-delà de ce que je peux imaginer. Je n'avais jamais pris conscience de ma valeur. J'ai moi aussi des enfants, et je les aime quoi qu'ils fassent. Alors, je me suis dit que si je les aime, Dieu aussi m'aime malgré mes chutes et Il me relève et me relèvera chaque fois que je trébucherai. J'ai réalisé que je n'avais pas à avoir peur de Lui et que je pouvais m'approcher de Lui avec assurance (comme tu nous l'as dit).

Quand je prie, je n'ai pas à me dire que je ne prie pas assez bien, que je ne suis pas assez digne, que cela ne fait que quelques mois que je suis chrétienne et que je ne connais pas encore assez bien Sa Parole. Au contraire, je vais à Lui avec confiance.

Depuis dimanche soir, j'ai décidé de réclamer mon héritage, de me revêtir de mon habit de combat et de mon esprit de guerrière. L'indolence et la médiocrité ne feront plus partie de ma vie, je vais me battre et travailler dur s'il le faut pour l'avoir. Peu importe si les gens me disent que c'est impossible, peu importe s'ils me disent que je suis trop petite, trop gentille, trop naïve. Car je puis tout par celui qui me fortifie.

Merci pour ton message de dimanche soir,

Mélanie »

Mes réflexions et mes objectifs

Qu'aimeriez-vous réclamer en héritage ?

Dans votre vie personnelle :

_____

_____

_____

Dans votre mariage :

_____

_____

_____

Dans la vie de vos enfants :

_____

_____

_____

Dans votre vie professionnelle et/ou votre service pour Dieu :

_____

_____

_____

Ma prière

Seigneur Jésus, aide-moi à m'approprier mon identité comme enfant de Dieu. Aide-moi à réaliser que je suis une princesse, la fille du Roi des rois. Donne-moi la force et la foi pour réclamer mon héritage. Que je puisse saisir que j'y ai droit. Aide-moi à organiser mes journées afin que mes rendez-vous avec Toi soient une priorité, afin que je puisse réclamer les bénédictions pour moi et pour les personnes qui m'entourent. Merci, parce que Tu entends mes prières lorsque je crie à Toi. Merci Seigneur, car Tu peux faire par la puissance qui agit en moi infiniment au-delà de ce que je peux demander et même penser. Que toute la Gloire te revienne ! Amen !

L'Éternel dit à Moïse : Les filles de Tselophad ont raison. Tu leur donneras leur héritage ![22]

P e n s é e
N° . 3

Réclamer notre héritage pour nos enfants

T E X T E S   B I B L I Q U E S :
*Exode 10.3, 8-9 ; Proverbes 3.5 ; Marc 9.23 ; Ésaïe 55.8-13 ;
59.21 ; 65.23 ; 44.3-4 ; Proverbes 14.26*

Voilà quelques années de cela, j'ai lu un article dans le journal qui m'a complètement bouleversé. Je pense être de mon temps et être relativement bien informée, pourtant, j'avoue ne pas avoir pesé l'ampleur de la situation. Cet article m'a saisie et m'a fait réaliser toutes les pressions sociales que peuvent subir nos enfants. Je sais bien que nos enfants sont influencés par leur environnement qui est aujourd'hui, passablement troublé. Toutefois, cet article publié dans le journal *Le Devoir*, un quotidien montréalais très sérieux, m'a fait réaliser combien je devais prier, plaider et intercéder pour mes enfants. J'ai relevé quelques paragraphes de cet article afin de vous permettre de mieux comprendre ce que je désire vous partager cette semaine :

« *Ados au pays de la porno* ; par Marie-Andrée Chouinard
Édition du samedi 16 et du dimanche 17 avril 2005

Je ne veux pas vous alarmer, mais je crois que la situation que l'on vit actuellement dans les écoles est inquiétante, leur avait d'entrée de jeu lancé la sexologue Francine Duquet. Les jeunes vivent des expériences sexuelles étonnantes de plus en plus jeunes, et la société hypersexuelle dans laquelle ils baignent banalise le phénomène. Ces parents ont écouté la professionnelle pendant trois heures. Mal à l'aise au début, souvent consternés, parfois même dubitatifs, ils l'ont entendue brosser un portrait en effet inquiétant des pratiques et du discours sexuels de leurs enfants, qu'on dit de plus en plus précoces. Cela tourmente les spécialistes qui évoquent maintenant avec assurance la « sexualisation de l'enfance ». En ce moment, le primaire est notre baromètre, explique Francine Duquet, professeure de sexologie à l'Université du Québec à Montréal (UQAM). C'est de là qu'on saisit que ce qui se passe est inquiétant. Sensationnalisme que tout cela, dramatisation et démesure, le tout livré à la sauce journalistique ? Pas du tout, explique la sexologue Jocelyne Robert, qui vient tout juste d'exposer dans le livre Le Sexe en mal d'amour, son ras-le-bol face à cette détérioration de la situation, qui se traduit par une perte de sens et de signification liés au sexuel, un dérapage de cette société qui nage dans la pornographie. Quand on me réplique que ce n'est pas pire aujourd'hui qu'avant, je dis : mon œil !, ajoute-t-elle. Je pense qu'on vit une période qui est sans précédent, une période qui n'est portée par aucune valeur. »

Ce qui m'a frappé dans ce texte, c'est qu'il est écrit par des gens qui, à ma connaissance, n'ont pas d'arrière-plan religieux. On y cite des sexologues. Au premier abord, et ceci, sans aucun jugement, on pourrait penser qu'ils ont des standards plus larges que la gente chrétienne. Pourtant, ils affirment haut et fort que « nous vivons une période qui est sans précédent, une période qui n'est portée par aucune valeur ». Chères amies, nous devons réaliser que nos enfants, à l'école, avec leurs amis, au hockey, au soccer, au piano et même au cours de ballet, sont influencés par un tissu social dont les valeurs sont contraires à leur foi. Ceci est encore plus difficile lorsqu'ils traversent l'adolescence et pénètrent dans le monde adulte. Qu'ils soient à l'école primaire ou parvenus à l'âge où ils ont déjà quitté la maison, nos enfants doivent faire face à d'énormes défis. Ils ont constamment des choix à faire, des décisions à prendre qui ne sont pas toujours populaires aux yeux des autres, et qui demandent des sacrifices. Ils ont besoin de nous, de notre écoute, de notre amour, de notre grâce, et ils ont désespérément besoin de nos prières afin d'être et de vivre comme des enfants de Dieu. Nous devons prier et réclamer la protection de Dieu sur cette génération, car leur vie spirituelle est menacée. C'est extrêmement important et crucial pour leur salut et leur destinée. Je vous prie de ne pas interpréter cela comme une condamnation, mais l'urgence et l'importance de la situation doivent nous pousser à agir. Lorsque nous nous relâchons quant à la prière en leur faveur, c'est comme si, petit à petit, nous abandonnions les êtres qui nous sont les plus chers sur le champ de bataille, entre les mains de l'adversaire. Cette semaine, je lance un appel solennel à se tenir à la brèche pour nos enfants et nos petits-enfants, et ceci, peu importe leur âge.

> Lorsque nous nous relâchons quant à la prière en leur faveur, c'est comme si, petit à petit, nous abandonnions les êtres qui nous sont les plus chers sur le champ de bataille, entre les mains de l'adversaire.

Dans la Bible, on retrouve de nombreux passages qui nous inspirent à prier pour nos enfants. Il y a un texte qui me défie particulièrement, car il révèle non seulement le désir, mais surtout la farouche détermination de Moïse à sortir le peuple d'Israël de la servitude dont il fait l'objet en Égypte, ainsi que de la domination de Pharaon, afin de le faire entrer dans la terre promise avec ses fils et de ses filles. Regardez avec moi ce passage[23].

*Moïse et Aaron allèrent vers Pharaon, et lui dirent : Ainsi parle l'Éternel, le Dieu des Hébreux : Jusques à quand refuseras-tu de t'humilier devant moi ? Laisse aller mon peuple afin qu'il me serve [...] On fit revenir Moïse et Aaraon vers Pharaon : Allez, leur dit-il, servez l'Éternel, votre Dieu. Qui sont ceux qui iront ? Moïse répondit : **Nous irons avec nos enfants et nos vieillards, avec nos fils et nos filles** [...] Pharaon leur dit : Que l'Éternel soit avec vous, car je vais vous laisser aller, vous et vos enfants !*

Puissions-nous être des femmes aussi déterminées que Moïse. Des mères ou des grands-mères, qui, ayant quitté l'Égypte spirituelle, c.-à-d. la servitude de notre ancienne vie, de nos mauvaises habitudes et de nos dépendances, réclament la terre promise ; cette vie de paix, de réconciliation et d'abondance que Dieu a pour nous, pour nos fils et nos filles. Puissions-nous être des femmes qui intercèdent et déclarent les promesses de Dieu pour eux, par la foi. Des femmes qui, comme les filles de Tselophad (Pour plus de détails, voir la pensée no 2 de la facette spiritu*elle*.), réclament l'héritage pour notre famille et pour les générations futures. La Parole de Dieu nous exhorte à ne pas nous appuyer sur notre intelligence, mais à nous confier en l'Éternel[24]. Même si vos enfants semblent être loin de Dieu ou de vous-même, si en ce moment vous ne comprenez pas tout ce qui se passe, ne vous appuyez pas sur ce que vous voyez ou ne voyez pas, et encore moins sur ce que vous comprenez ou ne comprenez pas ! La Bible affirme que les voies de Dieu ne sont pas nos voies et que nos pensées ne sont pas Ses pensées[25]. Les plans de Dieu sont parfaits et s'accomplissent en Son temps. Tout est possible à celle qui croit (Il n'est pas écrit à celle qui voit !). Existe-t-il quelque chose qui soit étonnant de la part de Dieu ? Absolument pas ! Mes amies, Dieu est capable de protéger, de garder et de ramener à Lui, vos fils et vos filles. *Voici mon alliance avec eux, dit l'Éternel : Mon esprit, qui repose sur toi, et mes paroles, que j'ai mises dans ta bouche, ne se retireront point de ta bouche, ni de la bouche des enfants de tes enfants, dit l'Éternel, dès maintenant et à jamais*[26].

Je veux vous encourager à persévérer dans la prière pour vos enfants. L'histoire de Francine illustre tellement bien comment la prière d'une mère peut influencer la destinée de ses enfants. Francine et Réal sont parents de trois enfants dont une fille qui se nomme Julie. Toute cette belle famille marchait au meilleur de leur connaissance et de leurs principes chrétiens.

Toutefois, alors qu'elle venait d'avoir treize ans, le cœur de Julie commença à s'éloigner de ses parents et de Dieu. Elle rejeta leurs enseignements et se retrouva littéralement aspirée par l'enfer des gangs de rue et de la violence de Montréal. Deux ans après cette mauvaise décision, Julie vivait dans la peur, la confusion, la captivité constantes, et subissait des sévisses de la part de ces groupes. Elle devint enceinte d'un homme, membre d'un des pires gangs de rue de Montréal de l'époque.

C'est dans cet état que Julie se retrouva à la croisée des chemins, dans un hôpital où elle s'apprêtait à mettre fin à la vie de son enfant. Juste avant l'avortement, on lui fit une échographie. Son cœur chavira et elle choisit finalement de garder ce fragile être humain qu'elle portait en elle.

Quelques mois plus tard, sans comprendre pourquoi, Julie décide de délaisser complètement les gangs de rue et le style de vie qui s'y rattache. Elle fait un choix déterminant pour sa vie, celui de revenir à Dieu et à l'Église.

Durant toutes ces années de noirceur, et alors qu'elle était dans un des moments les plus ténébreux de sa vie, sa maman priait et intercédait pour elle, faisant totalement abstraction de ce qu'elle voyait ou comprenait. Francine persévérait dans la prière, car elle savait qu'elle était entendue depuis le trône de Grâce. Mes amies, Dieu n'est pas indifférent ni insensible à la prière de Ses filles. Francine a eu raison de croire en la puissance de la prière. Elle a réclamé son héritage, et Dieu le lui a accordé ! Aujourd'hui, Julie est la directrice des programmes de l'organisme communautaire *Action Nouvelle Vie*, qui nourrit huit mille personnes chaque mois à travers sa banque alimentaire. Julie est passionnément impliquée dans les programmes *Retour à l'école*, qui pourvoit des vêtements et des effets scolaires aux enfants défavorisés à la rentrée ; et *Bon départ* pour les femmes enceintes et les jeunes parents en difficulté.

Aujourd'hui, Julie a une vie épanouie et une belle famille. Elle a épousé Emmanuel le père de sa fille. Alors qu'il était un leader très impliqué dans un des gangs de rue les plus menaçants de Montréal, Emmanuel décida de cesser toutes ces activités illicites et de mettre sa vie en règle. Le dur à cuire qu'il était ne put résister à l'amour et au pardon de Dieu. Il est aujourd'hui directeur d'un centre qui vient en aide aux jeunes de la rue. Quotidiennement, il se dédie littéralement à aller arracher du danger, des adolescents qui sont prisonniers de la drogue, de la violence et de la prostitution. Dieu a sorti Julie et Emmanuel de l'enfer de la rue et les a unis d'un même cœur et pour une même cause. Ils brillent tous les deux pour la Gloire de Dieu. Ensemble, ils consacrent leur vie à combattre la pauvreté, l'injustice et la violence. Pour eux, s'occuper de ceux qui souffrent, c'est imiter Jésus et c'est leur désir le plus cher. Tout ceci n'aurait pas été possible sans l'intervention de la Grâce de Dieu et sans les prières d'une mère persévérante et combattive ! Attendez-vous à voir Dieu agir, car *Il vient en puissance à l'appel de son nom !*[27]

Mes réflexions et mes objectifs

Priez-vous régulièrement pour vos enfants ?

_____

_____

_____

Est-ce que vos enfants traversent ou vivent des situations difficiles en ce moment ? Si oui, quelles sont-elles ? Arrêtez-vous un instant et déposez ces fardeaux au trône de Grâce. Demandez à Dieu Sa sagesse et Son discernement afin d'aider vos enfants à surmonter leurs difficultés.

_____

_____

_____

Il est écrit : *Ils ne travailleront pas en vain, et ils n'auront pas des enfants pour les voir périr ; car ils formeront une race bénie de l'Éternel, et leurs enfants seront avec eux*[28]. Méditez, mémorisez, priez et déclarez cette promesse pour la vie de vos enfants. Rappelez-vous que ce que Dieu a fait dans la vie de Francine et de sa fille Julie, il peut aussi le faire pour vous et votre famille.

Ma prière

J'aimerais vous suggérer une stratégie de prière pour vos enfants. Prononcez des prières précises pour eux quotidiennement. Voici quelques requêtes que vous pouvez présenter à notre Roi, Celui qui détient tout pouvoir et qui répond lorsqu'on crie à Lui :

Seigneur je place mon enfant devant Toi. Je te prie pour _____ (Placez le nom de votre ou de vos enfants.) afin que Tu agisses dans les domaines suivants :

- ✦ *Sa vie. Qu'il Te connaisse personnellement. Que Tu deviennes le Sauveur et le Seigneur de sa vie.*

- ✦ *Sa protection. Garde-le en santé. Protège-le de toutes maladies.*

- ✦ *Son caractère. Qu'il soit un enfant selon Ton cœur. Aide-le à devenir un enfant doux, humble, généreux, respectueux, reconnaissant, joyeux et patient.*

- ✦ *Ses amitiés. Entoure-le de bonnes personnes et de bons amis.*

- ✦ *Sa pureté. Protège-le des mauvaises relations qui pourraient lui nuire et même le détruire, de la consommation de drogue, etc.*

- ✦ *Son orientation professionnelle. Guide-le dans ses choix afin qu'il soit épanoui et satisfait, capable de pourvoir à ses besoins.*

- ✦ *Son futur époux ou sa future épouse. Guide-le dans son choix. Qu'il puisse vivre heureux et être aimé tout au long de sa vie.*

Terminez votre temps de prière avec des actions de grâce et commencez à remercier Dieu pour vos enfants.

Craindre ou croire ?

TEXTES BIBLIQUES :

Hébreux 11 ; Matthieu 17.14-21 ; Luc 17.5-6 ; Romains 12.2 ;
Psaumes 13.4-6 ; Luc 8.41-51 ; Proverbes 15.23

La Parole de Dieu affirme que *sans la foi, il est impossible de lui être agréable, et celui qui s'approche de Dieu doit croire qu'il existe et qu'il recompense ceux (celles) qui le cherchent*[29].

Dans le temple de la renommée des héros de la foi, on trouve de nombreux exemples d'hommes et de femmes de Dieu qui se sont appuyés sur la foi :

> *C'est par la foi que Noé, divinement averti des choses qu'on ne voyait pas encore, et saisi d'une crainte respectueuse, construisit une arche pour sauver sa famille [...] C'est par la foi qu'Abraham, obéit et partit pour un lieu qu'il devait recevoir en héritage, et il partit sans savoir où il allait [...] C'est par la foi que Sara elle-même, malgré son âge avancé, fut rendue capable d'avoir une postérité, parce qu'elle crut à la fidélité de celui qui avait fait la promesse. C'est pourquoi d'un seul homme, déjà usé de corps, naquit une postérité nombreuse comme les étoiles du ciel, comme le sable qui est sur le bord de la mer et qu'on ne peut compter. C'est par la foi qu'Abraham offrit Isaac, lorsqu'il fut mis à l'épreuve, et qu'il offrit son fils unique, lui qui avait reçu les promesses [...] Il pensait que Dieu est puissant même pour ressusciter les morts ; aussi il retrouva son fils [...]*[30].

La foi, c'est la ferme assurance des choses qu'on espère, la démonstration de celles qu'on ne voit pas[31]. À maintes reprises, Jésus dira : « Mon enfant, ma fille, ta foi t'a sauvée… ».

La foi est un catalyseur. Elle est cruciale pour plaire à Dieu et pour voir nos prières se réaliser ; voir le miraculeux s'accomplir dans notre vie.

Matthieu, dans son Évangile, nous rapporte les paroles que Jésus a prononcées alors que les disciples faisaient face à une impossibilité. Jésus leur rappelle que c'est leur incrédulité (leur manque de foi) qui les a empêchés de voir le miraculeux. Il leur dira : *[…] Si vous aviez la foi comme un grain de sénevé, vous diriez à cette montagne : Transporte-toi d'ici là, et elle se transporterait ; rien ne vous serait impossible*[32]. La foi est un catalyseur. Elle est cruciale pour plaire à Dieu et pour voir nos prières se réaliser ; voir le miraculeux s'accomplir dans notre vie.

Mes chères amies, comment est votre foi aujourd'hui ? Êtes-vous comme les disciples en ce moment ? Faites-vous face à des situations où vous vous sentez impuissantes ? Ces circonstances vous semblent-elles totalement insurmontables ? Peut-être qu'une personne de votre entourage : une amie, un mari, un parent ou un enfant traverse des difficultés qui ébranlent votre foi ? J'aimerais vous rassurer. Vous n'êtes pas les seules. Chacune d'entre nous a, à un moment ou à un autre, déjà été ébranlée dans sa foi. Je ne porte aucun jugement sur l'incrédulité des disciples. Si nous sommes honnêtes, nous reconnaitrons toutes avoir déjà manqué de foi. La question n'est pas de savoir si nous avons une grande ou une petite foi. Nous ne sommes absolument pas en compétition. De plus, il faut bien avouer que la foi est difficile à mesurer. Ce qui est important, c'est d'avoir la foi requise pour traverser la situation difficile que nous vivons, et la surmonter.

Notre foi s'accentue avec les années qui passent et avec notre connaissance de Dieu. Si elle s'est effritée avec le temps et l'usure de la vie, il est possible, dès aujourd'hui, de nous approcher de notre Père céleste avec cette requête : « Seigneur, viens au secours de mon incrédulité ! Ce que je désire, c'est de joindre ma voix à celle des apôtres pour demander à Dieu : *Seigneur augmente notre foi* ![33] Je veux que ma foi ne cesse de grandir toujours plus. Je souhaite recevoir de Dieu la portion de foi nécessaire à ce que j'obtienne Sa bénédiction pour moi, ma famille, mon église, et afin de Le voir agir partout dans la francophonie, de l'Europe à l'Afrique en passant par le Québec ! Je veux que ma foi plaise à mon Dieu car je cherche à Lui être agréable ! Avez-vous la même aspiration que moi, cette même soif de voir votre foi augmenter afin de vivre le miraculeux ?

Comment fait-on pour voir notre foi augmenter ? Premièrement, nous devons demander à Dieu de raviver notre pensée, afin d'avoir la grâce de voir au-delà des apparences. Dieu peut renouveler notre intelligence pour nous permettre de discerner quelle est Sa volonté, ce qui est bon, agréable et parfait[34]. David, le psalmiste, a imploré Dieu d'éclairer ses yeux, afin qu'il ne chancelle pas[35]. Si notre foi est faible, demandons-Lui de restaurer notre vision, que nous puissions regarder toutes choses dans Sa perspective. Demandons à Dieu de nous mettre ses lunettes Spirituelles.

Deuxièmement, pour augmenter notre foi nous pouvons fréquenter des gens qui ont la foi. Par leurs paroles, ces personnes stimuleront votre foi et feront du bien à votre âme. Tel qu'écrit dans Proverbes 12.25 : *L'inquiétude dans le cœur de l'homme l'abat, mais une bonne parole le réjouit.* Combien est agréable une parole dite à propos[36]. La foi est contagieuse, laissez-vous contaminer !

En ce qui me concerne, je nourris ma foi en lisant les histoires des hommes et des femmes de Dieu dans la Bible. D'Abraham à Moïse, de Joseph à Josué, de Rahab à Paul ; en passant par les autres héros et héroïnes de la foi, tous ont grandement contribué à bâtir ma confiance en Dieu. Je ne me lasse pas de lire leurs exploits. Je sais au plus profond de mon cœur que Dieu est le même hier, aujourd'hui et éternellement. Ce qu'Il a fait dans le passé, tous les miracles décrits dans Sa Parole, toutes les actions de foi rapportées sont encore possibles aujourd'hui. En tant que fille du Roi, j'ai accès aux ressources célestes pour devenir, moi aussi, une héroïne de la foi ! Ma confiance en Dieu, en Sa Parole, en Son amour envers moi et en Sa souveraineté sont l'ancre de mon âme.

Voici une histoire de foi qui m'a profondément édifiée dans une période de ma vie où j'en avais besoin. C'est l'histoire de Jaïrus.

> *Et voici, il vint un homme, nommé Jaïrus, qui était **chef de la synagogue**. Il se jeta à ses pieds, et le supplia d'entrer dans sa maison, parce qu'il avait une fille unique d'environ douze ans qui se mourait. Pendant que Jésus y allait, il était pressé par la foule [...] (Récit de la femme avec la perte de sang) [...] Comme il parlait encore, survint de chez le chef de la synagogue quelqu'un disant : **Ta fille est morte ; n'importune pas le maître**. Mais Jésus, ayant entendu cela, dit au chef de la synagogue : **Ne crains pas, crois seulement, et elle sera sauvée. Lorsqu'il fut arrivé à la maison** [...] il saisit par la main, et dit d'une voix forte : Enfant, lève-toi ! Et son esprit revint en elle, et à l'instant elle se leva ; et Jésus ordonna qu'on lui donne à manger[37].*

Ce texte est fantastique. Pour en apprécier toute sa richesse, permettez-moi de vous le remettre dans son contexte. Jaïrus, un juif, chef de synagogue, vint s'humilier et se jeter aux pieds de Jésus, le suppliant de guérir sa fille mourante. Cet homme avait beaucoup de foi. Premièrement, parce qu'il était juif et religieux et qu'en ce temps-là, peu de juifs croyaient en Jésus. En se déclarant comme étant le Messie, Jésus se mit à dos la communauté juive de l'époque. C'est le moins que l'on puisse dire ! La plupart d'entre eux cherchaient à le faire mourir ! Deuxièmement, la situation de Jaïrus était critique : sa fille se mourait. Bien que cet homme ait eu la foi, celle-ci fut rudement mise à l'épreuve. Avez-vous déjà vécu ce genre de situation ? Moi, oui ! Tout allait bien pour Jaïrus, tout était encore possible jusqu'au moment où une pauvre femme atteinte d'une perte de sang vint déranger et retarder Jésus[38]. Vous connaissez cette merveilleuse histoire (merveilleuse pour nous, mais un peu moins pour Jaïrus). Jésus s'arrête et la guérit, se rendant Lui-même impur. Selon la loi, quiconque touchait une femme impure devenait impur et devait être mis à l'écart jusqu'au soir[39]. À ce moment, Jaïrus perd complètement le contrôle de la situation. Comme si cela ne suffisait pas pour éprouver sa foi, *survint de chez le chef de la synagogue quelqu'un disant : Ta fille est morte ; n'importune pas le maître !*[40]

Lorsque je serai au ciel, je me promets d'aller prendre un petit café avec Jaïrus pour lui demander quelles pensées lui ont traversé l'esprit à cet instant (En plus, je suis certaine que le café sera délicieux au ciel !). À quoi a-t-il songé ?

Il y a deux types de foi. Celle qu'on possède lorsqu'on contrôle encore la situation et celle qu'on doit s'approprier lorsque tout semble impossible. Pour s'attendre à ce que sa fille ressuscite, je crois que Jaïrus devait avoir le deuxième type de foi. Lorsqu'on veut tout comprendre ; lorsqu'on éprouve de la peine et qu'on se laisse envahir par le découragement ; lorsque parfois on commence même à éprouver de la rancune envers Dieu, nos pensées deviennent ennemies de notre foi. Jaïrus a dû les vaincre. Voici comment il aurait pu réagir :

Il y a deux types de foi. Celle qu'on possède lorsqu'on contrôle encore la situation et celle qu'on doit s'approprier lorsque tout semble impossible.

 ✦ **Dans sa douleur**, *il aurait pu s'apitoyer et s'effondrer en larmes, car sa fille était morte. Au lieu d'écouter sa foi, il aurait pu questionner Dieu avec des « pourquoi Seigneur ». Dans ce cas, il n'aurait jamais vu le miraculeux se produire.*

 ✦ **Dans son incompréhension**, *il aurait pu dire à Jésus : « Comment as-Tu pu favoriser la guérison de cette femme non-juive et impure à mon détriment ? ». Sa foi aurait pu reposer sur son statut : il était juif, religieux et chef de synagogue. Après tout, il méritait d'être exaucé, du moins, bien plus que cette femme impure. Sa foi aurait pu dépendre de ses actions : « Jésus, je t'ai fait confiance. Je me suis jeté à tes pieds. Pourquoi ne m'as-Tu pas répondu ? » Il aurait pu être envahi par des sentiments d'injustice, de rejets et par la pensée que Jésus l'ait oublié. Au lieu d'écouter sa foi, il aurait pu se mettre*

à nourrir de la rancune. Dans ce cas, il n'aurait jamais
vu sa fille passer de la mort à la vie.

✦ **Dans sa détresse**, il aurait pu simplement dire à Jésus :
« Laisse tomber, ça ne sert plus à rien de continuer, elle
est morte maintenant. » Au lieu d'écouter sa foi, il aurait
pu se laisser aller aux sentiments de frustration et
d'abandon. Dans ce cas, l'impossible n'aurait pu être
possible.

Franchement, je ne sais pas à quoi Jaïrus a pensé. Les Écritures
nous révèlent que Jésus a vu ce qui se passait dans son âme et lui a
dit : « *Ne crains pas, crois seulement.* »[41] Sur ces paroles, Jaïrus, fort de
sa foi, a continué sa marche vers sa maison avec Jésus. Ce n'est qu'une
fois arrivé à destination qu'il vit la résurrection prendre place. Jaïrus
avait compris que s'il avait laissé sa douleur, sa détresse et ses
incompréhensions le dominer, il n'aurait pu continuer sa route avec
Jésus, avortant ainsi le miracle dans sa vie et dans celle de sa fille. Il a
choisi de croire au lieu de craindre.

J'ai beaucoup d'admiration pour cet homme ! Je me suis déjà
retrouvée dans un contexte similaire au sien. Toutes ces pensées
négatives que je viens de vous exposer m'ont déjà traversé l'esprit
alors que je voyais une amie s'enliser dans une dépression profonde.
Après des semaines voire des mois où nous combattions désespérément ensemble afin qu'elle puisse émerger de ses pensées
suicidaires, j'ai vu cette femme passer des paroles aux actes. Dans un
moment de découragement intense, elle ingurgita une grande
quantité de médicaments et d'alcool, ce qui la plongea dans un état
critique. Alors que je me rendais à l'hôpital à son chevet pour
m'enquérir de son état, je vous avoue que j'ai eu une « bonne »
discussion avec Dieu. Je ne comprenais pas pourquoi tout ceci était
arrivé. Pourquoi nos prières n'avaient-elles pas été exaucées ?
Pourquoi toute cette énergie déployée si tout cela devait se terminer
ainsi ? En toute franchise, je me suis mise à douter qu'un jour, mon
amie pourrait vraiment s'en sortir et vivre une vie épanouie avec son
mari et ses enfants. Alors que je la voyais endormie sur son lit
d'hôpital, je pouvais presqu'entendre le serviteur de Jaïrus dire :

« *N'importune pas le maître…C'est terminé pour elle… Elle ne s'en sortira pas…* ». Des pensées similaires vous sont-elles déjà passées par la tête au sujet de quelqu'un que vous aimez profondément ou à propos d'une situation qui vous semble sans issue ? Peut-être est-ce votre cas en ce moment ? Par ce témoignage, je désire vous encourager à croire au lieu de craindre. Comme Jaïrus, accrochez-vous aux paroles de Jésus et continuez de marcher par la foi jusqu'au moment où vous verrez ressusciter ce qui est mort.

C'est avec le cœur rempli de joie et de reconnaissance que je peux vous assurer que l'histoire que je viens de vous raconter ne s'est pas terminée dans cette chambre d'hôpital. Par la Grâce de Dieu, dans les mois qui suivirent, j'ai vu cette précieuse femme passer de la mort spirituelle à une vie abondante ! Alors que j'étais en train de prier, Dieu a ranimé ma foi et mes forces, afin que je recommence à m'investir dans la vie de cette femme. Avec l'aide de l'équipe pastorale, dans le jeûne et la prière, nous avons recommencé à travailler et à espérer. Nous avons fini par remporter des victoires déterminantes pour sa vie.

Aujourd'hui, elle est très impliquée dans la vie de ses enfants. Elle a repris ses fonctions d'infirmière où elle excelle. Elle est une source de réconfort pour ses patients. Comme si ce n'était pas suffisant, elle a entrepris des études en psychologie et en *counselling pastoral*, dans le but un jour, d'aider des gens qui sont aux prises avec la dépression. C'est une femme que j'admire beaucoup et je désire lui rendre hommage aujourd'hui.

Mes chères amies, rappelez-vous ce que je vous ai mentionné plus haut : *Dieu est le même hier, aujourd'hui et éternellement*. Ce qu'Il a fait dans le passé, tous les miracles décrits dans Sa Parole, toutes les actions de foi rapportées sont encore possibles aujourd'hui. En tant que fille du Roi, vous avez accès aux ressources célestes pour devenir, vous aussi, une héroïne de la foi ! Placez votre confiance en Dieu, en Sa Parole, en Son amour envers vous et n'oubliez pas qu'Il est souverain. Faites-en l'ancre de votre âme et de votre foi.

Je terminerai cette pensée par une lettre qui a été écrite spéciale-ment pour vous par votre Père céleste.

« *Chère fille,*

Rien ne m'est impossible. Je peux faire beaucoup plus que tu ne peux l'imaginer et même penser. En moi, toutes choses sont créées dans les Cieux et sur la Terre, visibles et invisibles : les trônes, les puissances, les gouvernements, les autorités, etc. Toutes choses j'ai créées et Je suis avant toutes choses. En moi, toutes choses sont une.

À moi appartiennent la grandeur, la puissance, la gloire, la majesté et la splendeur. Je suis exalté comme étant la tête. La richesse et l'honneur viennent de moi. Dans mes mains sont la force et la puissance pour exalter. Il n'existe aucun autre comme moi sur toute la Terre.

Je sais quand tu t'assois et quand tu te lèves ; je connais tes pensées les plus cachées. Je connais tes voies. Avant même que les mots ne soient dans ta bouche, je les connais complètement. Tu ne peux pas te sauver de ma présence. Si tu montes dans les Cieux, je suis là, si tu descends dans les entrailles de la terre, je suis là. Quand bien même tu t'élèverais sur les ailes de l'aurore pour aller aux confins des océans, même là, ma main te guiderait et ma droite toute-puissante te tiendrait. Même les ténèbres sont lumières devant moi.

J'élargis les Cieux comme un voile et j'en fais ma demeure. Je mesure les eaux dans le creux de ma main et avec la largeur de ma main, j'établis les limites des Cieux.

Je suis le Créateur, je suis le merveilleux Conseiller, le Dieu Tout-puissant, le Père éternel, le Prince de la paix. Je suis l'alpha et l'oméga, le commencement et la fin.

Je suis immortel et ma demeure est éblouissante. Pourtant, je te dis : « *Approche-toi de mon trône de grâce avec confiance, afin de recevoir compassion et grâce pendant les moments difficiles.* »

Je ne connais pas la fatigue ni l'inquiétude. Ma connaissance est insondable, mes jugements sont impénétrables, mes voies sont au-delà de toute compréhension. Mes pensées sont précieuses et vaste en est le nombre. Personne ne peut saisir complètement ma pensée. Personne ne m'a instruit, personne ne m'a enseigné la voie à suivre, rien ne se compare à moi.

Je serai toujours avec toi. Sois assurée que ni la mort ni la vie ; ni les anges ni les démons ; ni les choses présentes ni les choses à venir ; ni les puissances ; rien dans la Création ne parviendra à te séparer de mon amour.

Ton Père céleste »

Mes réflexions et mes objectifs

Faites-vous face à une situation où vous avez besoin que Dieu intervienne d'une façon miraculeuse ? Si oui, quelle est-elle ?

_____

_____

_____

Êtes-vous envahie par des sentiments de découragement, de détresse, de douleur ou de crainte face à cette situation ? Si oui, écrivez ce qui vous angoisse ? Demandez à Dieu de calmer votre crainte. Rappelez-vous ce que Jésus à dit à Jaïrus : « *Ne crains pas, crois seulement…* » Demandez à Dieu de renouveler votre foi.

_____

_____

_____

En toute honnêteté, êtes-vous déçue ou avez-vous déjà été déçue parce que Dieu n'a pas répondu à votre prière ? Si oui, déposez votre crayon et ouvrez-Lui votre cœur. Exprimez-Lui vos déceptions et dites-lui quelles étaient vos attentes envers Lui. Demandez-Lui de guérir votre cœur.

_____

_____

_____

Ma prière

Seigneur Jésus, je déclare aujourd'hui que Tu détiens tout pouvoir pour redonner la vie à ce qui est mort. Comme Tu as ressuscité la fille de Jaïrus, Tu as la capacité de ressusciter ce qui est mort dans ma vie, dans ma famille et dans les gens que j'aime. Seigneur, augmente ma foi ! Viens aujourd'hui me donner la Grâce de voir au-delà de ce qui frappe aux yeux. Éclaire mes yeux, afin que je trouve la force de continuer à marcher et à prier pour voir le miraculeux. Aide-moi à croire, au lieu de craindre. Je dépose à Tes pieds toutes mes déceptions, mes douleurs et mes doutes. Je te remercie pour ce que Tu vas entreprendre dans cette situation. Merci, car avec Toi, l'impossible peut devenir possible. Amen !

Pensée
Nº . 5

Prendre la bonne décision

TEXTE BIBLIQUE :
Le livre de Ruth

À mon humble avis, le livre de Ruth est l'un des plus beaux livres de la Bible. Toutes les femmes aiment les histoires d'amour et, entre vous et moi, celle-ci est d'une incroyable beauté et d'une grande profondeur. Cependant, il faut avouer qu'au premier abord, aucun élément du récit de la vie de Ruth ne laissait présager que cette femme terminerait sa vie de façon si remarquable. Peu de gens auraient pensé qu'un livre de la Bible porterait son nom et que nous parlerions d'elle encore aujourd'hui. Ruth est un modèle et une source d'inspiration pour moi. Chaque fois que je lis ce livre, je me dis : « Wow ! Quelle femme, quelle loyauté, quelle détermination et quel impact ! » Tout son entourage reconnaissait qu'elle était une femme de grande valeur[42]. Je suis impressionnée par la façon dont une décision qu'elle a prise a pu complètement changer le cours de sa vie et lui permettre de rentrer dans sa destinée.

Si vous le voulez bien, retournons ensemble à l'époque des Juges et penchons-nous sur la vie de cette merveilleuse femme. Ruth est née et a grandi à Moab. L'origine de la nation moabite n'est pas très reluisante. Elle tire ses racines de la relation incestueuse entre Loth et ses filles qui donna naissance à deux garçons, Moab et Ben-Ammi. Ces derniers sont les ancêtres des Moabites et des Ammonites, deux nations qui ont combattu contre Israël. Les gens de la lignée de Moab étaient des sanguinaires qui adoraient un dieu du nom de Chemosh. Un de leurs rituels consistait à offrir des enfants en sacrifice[43].

À cette époque-là, il y eut une famine en Israël. Élimélec, le mari de Naomi, partit avec sa femme et ses deux fils pour un séjour dans le pays de Moab où ils finirent par fixer leur demeure. Élimélec mourut, laissant Naomi seule avec ses deux fils. Ceux-ci prirent des femmes Moabites. L'une se nommait Orpa et l'autre Ruth[44].

L'histoire commence après que les deux fils de Naomi meurent. Elle décide alors de retourner en Israël :

> *Naomi dit à Ruth : « Voici ta belle-sœur est retournée vers son peuple et vers ses dieux ; retourne, comme ta belle-sœur. » Ruth répondit : « Ne me presse pas de te laisser, de retourner loin de toi ! Où tu iras j'irai, où tu demeureras je demeurerai ; ton peuple sera mon peuple, et ton Dieu sera mon Dieu ; où tu mourras je mourrai, et j'y serai enterrée. Que l'Éternel me traite dans toute sa rigueur, si autre chose que la mort vient à me séparer de toi ! » Naomi, la voyant décidée (résolue, déterminée) à aller avec elle cessa ses instances. Elles firent ensemble le voyage jusqu'à Bethléem[45].*

Ce texte nous révèle qu'à ce moment de sa vie, Ruth était à la croisée des chemins : rester à Moab ou marcher vers Bethléem. Elle décida de s'attacher à Naomi et à son Dieu (*voyant qu'elle était décidée* ou *déterminée*, selon certaine version[46]). Qu'aurait été la destinée de Ruth si elle n'avait pas choisi de laisser son pays et de s'attacher à sa belle-mère ? Personne ne le sait réellement. Quoi qu'il en soit, il est certain que si cela s'était produit, on ne parlerait pas de cette femme encore aujourd'hui, et sa vie n'aurait pas été une source d'inspiration pour des milliers d'hommes et de femmes à travers le monde. Ruth n'a pas choisi le chemin facile ou la voie que tous aurait naturellement empruntée. Bien au contraire, Ruth a choisi l'option suprêmement difficile. Lorsqu'on étudie Ruth 1.16-19 à la lumière de son arrière-plan, on constate que cette déclaration était loin d'être sans conséquences. Ceci traduit l'importance et la valeur de sa décision. Permettez-moi de vous replacer dans le contexte historique de l'époque afin de vous aider à mieux saisir la portée de cette décision.

Le choix de Ruth de retourner à Bethléem avec Naomi engendre une série d'abnégations dans sa vie. En prenant cette décision, Ruth doit renoncer à toute possibilité de rencontrer l'amour. Elle savait qu'il était impossible à une Moabite de se marier avec un Hébreu. Il était tout aussi ridicule de penser que si Naomi tombait à nouveau enceinte et enfantait un fils, elle pourrait se marier avec ce dernier[47]. En outre, en abandonnant l'idée de se marier, Ruth fait une croix sur une certaine sécurité financière. À cette époque, les ressources pécuniaires provenaient uniquement du mari.

En plus de cela, la coutume lui imposait, une fois arrivée à Bethléem, de prendre en charge et de pourvoir aux besoins de sa belle-mère. Vous pouvez vous imaginer que ceci n'améliorerait aucunement sa situation financière ! Elle devait aussi faire le deuil de son désir d'avoir des enfants. Cela impliquait de sa part un renoncement au statut social qui valorisait toute femme de son époque, c'est-à-dire être épouse et mère. Elle se confinait ainsi à porter l'étiquette de veuve pour le reste de ses jours. En fait, être une veuve Moabite était une des pires conditions sociales en Israël.

> Ces deux femmes font face à la même situation. L'une d'elle tourne le dos, tandis que l'autre choisit le chemin le plus difficile, celui qui est peu fréquenté.

Finalement, cette décision impliquait aussi un abandon de ses dieux et de ses coutumes pour s'attacher à un Dieu qui lui était tout à fait méconnu. En faisant cette déclaration d'allégeance à Dieu et à Naomi, Ruth fait une rupture avec son passé, elle sacrifie son bien-être personnel et met de côté l'espoir d'un meilleur lendemain. Elle fait cette alliance sans espérance ni attente quant à obtenir une quelconque bénédiction. À ce moment-là, son beau Boaz est bien loin, voire totalement inexistant. Elle prend également cette décision sans aucun encouragement de la part de son entourage. L'histoire nous révèle qu'Orpa, sa belle-sœur, décide de retourner à Moab, trouvant probablement trop élevé le prix à payer. Orpa porte très bien son nom : « *celle qui tourne le dos* ». Ces deux femmes font face à la même situation. L'une d'elle tourne le dos, tandis que l'autre choisit le chemin le plus difficile, celui qui est peu fréquenté.

Lorsque je m'arrête et que je médite sur ce moment clé de la vie de Ruth, je me demande toujours quelles étaient les pensées de son cœur quand elle a fait ce choix. Quelle était sa motivation ? L'a-t-elle fait avec frustration ? Avec la mort dans l'âme ? Je ne le pense pas. Cependant, si Ruth nous ressemble, j'imagine qu'elle devait être inquiète et anxieuse, ne sachant pas quel serait son avenir. Son cœur devait être rempli de crainte, peut-être aussi de tristesse, sachant qu'elle quittait des gens qu'elle aimait, des parents, des amis. Je ne sais

Aujourd'hui, Dieu désire peut-être que vous marchiez par la foi vers Bethléem, laissant vos doutes et vos douleurs à Moab.

pas. Peu importe ses motivations et ses appréhensions, les Écritures nous dévoilent que cette femme était décidée et déterminée. Je crois sincèrement que son amour pour Naomi et sa confiance envers son Dieu étaient plus grands que toutes ses inquiétudes et lui ont permis de marcher vers Bethléem. C'est cette facette de sa vie qui me touche, m'inspire et me défie. Je désire de tout mon cœur être comme Ruth. Je veux être cette femme qui est capable de faire des choix difficiles, malgré ses douleurs et ses craintes, et que ma loyauté et mon amour pour Dieu me fassent triompher.

Chères amies, faites-vous face à des situations où vous savez que vous devez prendre des décisions ? Êtes-vous dans une saison de votre vie où Dieu vous demande de quitter ou de renoncer à quelque chose ou à quelqu'un ? Ressentez-vous dans votre esprit que Dieu vous demande de mettre fin à une relation, à de mauvaises pensées ou à une mauvaise habitude ? Peut-être devez-vous pardonner et recommencer à aimer ? Peut-être êtes-vous loin de Dieu en ce moment parce que vous avez été blessée ou déçue par des personnes ou des évènements ? Dieu vous demande peut-être de Lui faire confiance et de revenir à Lui ? Aujourd'hui, Dieu désire peut-être que vous marchiez par la foi vers Bethléem, laissant vos doutes et vos douleurs à Moab. Je veux vous encourager à soumettre votre volonté à celle de Dieu et à prendre des décisions qui vont influencer positivement votre futur.

De nos jours, de nombreuses personnes ont le désir d'accomplir la destinée que Dieu a pour elles. Elles ont soif de répondre à l'appel de Dieu, mais lorsque vient le moment de renoncer et d'abandonner certaines choses ou certaines émotions, et d'être déterminée et résolue dans leurs choix et décisions, elles se comportent trop souvent comme Orpa : *Elle tourne le dos.* Malheureusement, en tant que femmes, nous laissons trop souvent nos craintes, nos blessures et nos mauvaises expériences nous dominer. Nous regardons les situations présentes, les renoncements et le prix de l'obéissance à Dieu à travers une loupe qui en amplifie l'importance, au lieu de les regarder à travers le télescope de Dieu qui nous rapproche de la bénédiction. L'apôtre Paul a lui-même mis ce principe en action : *Oubliant ce qui est en arrière et **me portant vers ce qui est en avant**, je cours vers le but, pour remporter le prix de la vocation céleste de Dieu en Jésus-Christ*[48]. Portons-nous vers ce qui est en avant mes amies. Croyez-moi, le renoncement au présent n'est pas comparable au plan et à la destinée que Dieu a pour nous. Le futur de Ruth a été bien plus glorieux que son passé. La décision de Ruth lui a ouvert la porte de la bénédiction. Ce qui lui semblait impossible arriva. La réalité a dépassé la fiction !

Boaz, un riche propriétaire, proche parent de Naomi, tombe amoureux d'elle et rachète tout ce qui avait appartenu à Élimélec et à ses fils. Il la prend également pour épouse. En étant rachetée par Boaz, Ruth est intégrée au peuple élu et même à la lignée des ancêtres de Jésus-Christ. Ainsi, grâce à son renoncement, Ruth fut rachetée[49] et aimée[50]. Sa belle-mère fut comblée[51] et elle donna naissance à l'arrière-grand-père de David, le roi le plus puissant d'Israël. Quelle destinée ! Aujourd'hui, vos choix peuvent complètement changer votre destinée.

Ruth est une femme fantastique, mais j'aimerais vous partager l'histoire d'une Ruth des temps modernes. Je vais me souvenir toute ma vie de ce matin du 18 novembre 2005. Comme d'habitude, j'ouvris la porte de mon bureau un café à la main. À peine eus-je le temps de

m'asseoir qu'on vint m'apprendre cette tragique nouvelle :
« Stéphanie, le mari de Sophie est décédé la nuit dernière. » J'en eus
le souffle coupé et ne pus m'empêcher de pleurer. Sophie était mon
assistante. Une belle grande femme d'à peine quarante ans. Elle était
mariée depuis près de dix-huit ans et mère de deux adolescents de
quinze et treize ans.

En une nuit, sa vie avait complètement basculé. L'amour de sa vie,
cet homme de quarante ans s'est effondré et ne se relèvera jamais. Les
mots me manquent pour décrire sa douleur, mais je crois que vous
comprenez. Quelle tragédie ! Pendant les jours et les mois qui ont suivi
ce drame, tous les pourquoi et les comment l'envahirent : Comment
vais-je survivre sans celui que j'aime ? Comment vais-je pouvoir être
une mère et un père à la fois ? Comment vais-je faire face à toutes mes
obligations financières ? Comment sera mon futur ? Comment vais-je
m'en sortir ? Pourquoi lui ? Pourquoi une telle chose m'arrive ?
Pourquoi, Dieu ?

Mais un jour, Sophie a dû faire un choix : demeurer dans ses
questionnements, dans sa tristesse, ses inquiétudes, ses doutes et sa
colère, ou décider de faire confiance à Dieu et quitter cet état d'âme.
Impossible d'oublier ce tragique évènement, mais seulement le
reléguer doucement au second plan. Par la foi, elle dut choisir de
croire que Dieu avait encore un futur et une destinée pour elle et ses
enfants. C'est ce qu'elle décida de croire. Pour avoir marché avec elle
sur ce chemin, je sais que cela fut une décision qui a été, à certains
moments, extrêmement difficile, mais combien en a-t-elle valu la
peine.

L'an dernier, j'ai été invitée à apporter la Parole dans une grande
conférence pour femmes en France. Tout juste avant que j'ouvre les
Écritures, le pasteur organisateur s'est avancé sur l'estrade et a invité
une femme resplendissante à s'approcher pour nous interpréter un
chant. Devinez qui c'était ? C'était Sophie ! Elle prit le microphone et
ouvrit la bouche pour déclarer la bonté et la fidélité de son Dieu. En
quelques phrases, elle raconta le décès de son mari et proclama avec
douceur et assurance combien Dieu l'a consolée et aidée à traverser
cette épreuve. Puis elle se mit à chanter de sa douce voix les bontés de

l'Éternel. Si vous pouviez voir l'auditoire ! Les femmes l'écoutaient attentivement. L'émotion était palpable. Sophie fut une source de bénédiction et d'inspiration pour chacune d'entre elles.

Que serait la vie de Sophie aujourd'hui si elle était restée dans sa douleur et ses questions ? Sophie a fait le bon choix et Dieu a été son Boaz tout au long de cette difficile épreuve. Aujourd'hui, les portes lui sont ouvertes et elle chante pour la Gloire de Dieu.

Les bonnes décisions sont des catalyseurs de l'accomplissement de notre destinée et de nos rêves les plus secrets. Le catalyseur est l'élément qui sert à déclencher une réaction chimique. Sans catalyseur, la réaction chimique n'a pas lieu et tous les autres éléments de la réaction demeurent inopérants. Mon désir est que Dieu puisse faire de nous des femmes à l'image de Ruth, des femmes déterminées qui auront le courage de prendre de bonnes décisions, sachant que l'obéissance à Dieu ouvre la porte de la bénédiction et permet d'entrer pleinement dans la destinée et l'appel que Dieu a pour nous. Alors que vous mettrez en pratique ce principe, attendez-vous à voir le miraculeux de Dieu dans vos vies.

> Les bonnes décisions sont des catalyseurs de l'accomplissement de notre destinée et de nos rêves les plus secrets.

Mes réflexions et mes objectifs

Que retenez-vous de l'histoire de Ruth ?

_____

_____

_____

Comme Ruth, avez-vous déjà dû renoncer ou quitter quelque chose (une relation amoureuse, une émotion douloureuse, un travail, un rêve, un pays, etc.) ?

_____

_____

_____

Comment avez-vous vécu cet évènement ? Comment cela s'est-il terminé ?

_____

_____

_____

Êtes-vous à la croisée des chemins ? Est-ce que Dieu vous demande d'abandonner certaines situations, comportements, relations ou émotions ? Avez-vous besoin de prendre une décision qui influencera positivement votre destinée (reprendre des études, retourner sur le marché du travail, vous impliquer dans un ministère ou une œuvre humanitaire, etc.) ? Si oui, quel est ce pas que vous êtes appelée à faire ?

_____

_____

_____

Dans les prochains jours, méditez sur le livre de Ruth afin de vous encourager et de vous fortifier dans cette prise de décision. Remémorez-vous comment Dieu a honoré la résolution de cette femme, et comment de cette décision, découla une vie exceptionnelle. Rappelez-vous comment Orpa, « celle qui tourne le dos », est passée à côté de sa destinée en choisissant le chemin facile.

Ma prière

Seigneur Jésus, merci pour l'histoire de Ruth. Je te demande aujourd'hui de m'aider à prendre de bonnes décisions pour ma vie. Dirige-moi et conduis-moi dans les voies et les œuvres que Tu as préparées pour moi. Donne-moi Ta sagesse dans les choix que j'ai à faire pour ma vie. Accorde-moi la force nécessaire, afin que je puisse renoncer aux choses que Tu me demandes d'abandonner. Je désire marcher dans l'obéissance, par la foi et avec joie, sachant que Tu diriges ma vie. Merci mon Dieu, car je sais que Tu as des projets de paix et non de malheur pour ma vie. Je place ma confiance en Toi car Tu es mon Père et Tu prends soin de moi. Amen !

Pensée
N°. 6

Se donner pour les autres

Textes bibliques :
*Ruth 2.1-18, 3.11 ; 2 Corinthiens 4.16-18 ; Jean 13.1-6 ;
Matthieu 23.11 ; Luc 10.25-37.*

Dans le récit de Ruth, nous avons vu comment, par une décision, un choix, un renoncement ; cette femme, une pauvre veuve Moabite, est devenue un modèle pour plusieurs. Un livre de la Bible porte son nom et on parle encore d'elle au XXIe siècle. Les Écritures nous révèlent que Ruth fut une femme loyale et fidèle qui s'est donnée sans retenue par amour pour sa belle-mère. Lorsqu'elle décida de quitter son pays pour partir avec Naomi, elle savait qu'une fois arrivée en Israël, elle devrait la prendre en charge et subvenir à tous ses besoins. La loyauté de Ruth a été soulignée par plusieurs auteurs. Toutefois, ce texte contient plus que cela. L'histoire de Ruth, tel un coffre aux trésors, renferme des joyaux d'une valeur inestimable pour notre vie. Cette vignette de la vie de Ruth nous révèle que la clé qui ouvre ce coffre et nous donne accès à cette richesse est *le don de soi*. Alors que Ruth se donne et travaille fidèlement pour le bien-être de quelqu'un d'autre, sans le savoir, elle se trouve à l'aube de la bénédiction. La porte d'un futur meilleur est sur le point de s'ouvrir : elle rencontre Boaz, cet homme qui l'aimera et changera sa vie à jamais.

J'aimerais que nous puissions découvrir ce trésor ensemble en plongeant nos regards dans le livre de Ruth[52] :

> *Naomi avait un parent de son mari. C`était un homme*
> *puissant et riche, de la famille d`Élimélec, et qui se nommait*
> *Boaz. Ruth la Moabite dit à Naomi : Laisse-moi, je te prie,*
> *aller glaner des épis dans le champ de celui aux yeux duquel je*

trouverai grâce. Elle lui répondit : Va, ma fille. Elle alla glaner dans un champ, derrière les moissonneurs. **Et il se trouva par hasard que la pièce de terre appartenait à Boaz,** *qui était de la famille d'Élimélec. Et voici, Boaz vint de Bethléhem, et il dit aux moissonneurs : Que l'Éternel soit avec vous ! Ils lui répondirent : Que l'Éternel te bénisse ! Et Boaz dit à son serviteur chargé de surveiller les moissonneurs : À qui est cette jeune femme ? Le serviteur chargé de surveiller les moissonneurs répondit : C'est une jeune femme Moabite, qui est revenue avec Naomi du pays de Moab. Elle a dit : Permettez-moi de glaner et de ramasser des épis entre les gerbes, derrière les moissonneurs. Et depuis ce matin qu'elle est venue, elle a été debout jusqu'à présent, et ne s'est reposée qu'un moment dans la maison. Boaz dit à Ruth : Écoute, ma fille, ne va pas glaner dans un autre champ ; ne t'éloigne pas d'ici, et reste avec mes servantes. Regarde où l'on moissonne dans le champ, et va après elles.* **J'ai défendu à mes serviteurs de te toucher. Et quand tu auras soif, tu iras aux vases, et tu boiras de ce que les serviteurs auront puisé.**

Alors elle tomba sur sa face et se prosterna contre terre, et elle lui dit : Comment ai-je trouvé grâce à tes yeux, pour que tu t'intéresses à moi, à moi qui suis une étrangère ? Boaz lui répondit : **On m'a rapporté tout ce que tu as fait pour ta belle-mère depuis la mort de ton mari, et comment tu as quitté ton père et ta mère et le pays de ta naissance, pour aller vers un peuple que tu ne connaissais point auparavant.** *Que l'Éternel te rende ce que tu as fait, et que ta récompense soit entière de la part de l'Éternel, le Dieu d'Israël, sous les ailes duquel tu es venue te réfugier ! Et elle dit : Oh ! Que je trouve grâce à tes yeux, mon seigneur ! Car tu m'as consolée, et tu as parlé au cœur de ta servante. Et pourtant je ne suis pas, moi, comme l'une de tes servantes. Au moment du repas, Boaz dit à Ruth :* **Approche, mange du pain, et trempe ton morceau dans le vinaigre. Elle**

s'assit à côté des moissonneurs. On lui donna du grain
rôti ; elle mangea et se rassasia, et elle garda le reste.
Puis elle se leva pour glaner. Boaz donna cet ordre à ses
serviteurs : Qu'elle glane aussi entre les gerbes, et ne
l'inquiétez pas, et même vous ôterez pour elle des gerbes
quelques épis, que vous la laisserez glaner, sans lui faire
de reproches. Elle glana dans le champ jusqu'au soir, et elle
battit ce qu'elle avait glané. Il y eut environ un épha d'orge.
Elle l'emporta et rentra dans la ville, et sa belle-mère vit ce
qu'elle avait glané. Elle sortit aussi les restes de son repas, et
les lui donna.

Je suis toujours émerveillée par la richesse de la Parole. Ce passage exprime si bien le cœur de Dieu. Il met merveilleusement en lumière à quel point Dieu honore la fidélité d'une femme qui se donne pour le bien-être de quelqu'un. Ce simple texte nous révèle comment Ruth a été dirigée[53] ; considérée[54] ; protégée[55] ; approvisionnée[56] et récompensée[57], alors qu'elle marche dans l'obéissance. C'est fascinant de constater qu'au moment où Ruth respecte fidèlement son engagement envers Naomi, elle se retrouve « par hasard » (dans certaines versions ce terme est traduit par « par bonheur ») dans le champ qui appartenait à un homme qui s'avérera être Boaz, celui qui a le droit de rachat sur sa vie. Boaz étant un des proches parents du mari de Naomi, d'après la loi, il avait le droit de racheter tout ce qui appartenait à ce dernier[58]. Personnellement, je ne crois pas au hasard. Je crois plutôt qu'alors qu'elle s'acquittait de ses responsabilités, Dieu l'a souverainement dirigée dans ce champ afin qu'elle trouve le bonheur et celui qui deviendra son époux. Outre le fait d'avoir été dirigée, Ruth a également été vue, reconnue et considérée pleinement dans sa condition de femme. La suite de l'histoire m'a profondément touchée. Lorsque Boaz l'aperçoit dans le champ, il demande à ses serviteurs qui elle est. Après avoir été informé, il s'approche d'elle pour lui rappeler tout le bien qu'elle a fait et pour l'honorer :

On m'a rapporté tout ce que tu as fait pour ta belle-mère
depuis la mort de ton mari, et comment tu as quitté ton père
et ta mère et le pays de ta naissance, pour aller vers un peuple

que tu ne connaissais point auparavant. Que l'Éternel te rende ce que tu as fait, et que ta récompense soit entière de la part de l'Éternel, le Dieu d'Israël, sous les ailes duquel tu es venue te réfugier ![59]

Mes chères amies, ce passage touche une corde sensible en moi et m'émeut considérablement. Boaz représente Christ. Lorsqu'il prononce ces paroles, j'ai l'impression d'entendre Dieu nous dire : « Je te vois. Je te connais. Je connais tous les sacrifices et le don de toi que tu fais. Je sais parfaitement ce que tu as quitté ou laissé. Moi, ton Dieu, j'ai une récompense pour toi. » N'est-ce pas réconfortant ? N'est-ce pas apaisant ? Le récit ne s'arrête pas là. Boaz rassure Ruth, lui signifiant qu'elle n'a rien à craindre et que personne ne la touchera. Il s'érige en protecteur et défend à ces serviteurs de la toucher. En tant que femme Moabite, Ruth était considérée comme étant inférieure aux servantes et aux serviteurs, elle était comme une moins que rien. À n'importe quel moment, les hommes pouvaient abuser d'elle et avoir une attitude déshonorante. Mais Boaz veillait et avait pleine autorité pour les en empêcher. Mes amies, l'autorité de notre Dieu est encore plus grande de celle de Boaz. Il est là pour nous protéger. N'est-il pas écrit que toutes armes forgées contre nous seraient sans effet ? Dieu a une protection et une provision pour chacune d'entre nous. Ruth n'avait pas de quoi se nourrir, Boaz lui offrit de manger à sa table et lui donna accès à l'eau pour se désaltérer et au pain pour se fortifier. Comme Boaz prit soin de Ruth, notre Dieu prend soin de nous. Quel trésor inestimable ! Ce magnifique passage des Écritures nous dévoile comment Ruth fut dirigée, considérée, protégée, approvisionnée, et finalement comment elle fut récompensée pour sa fidélité. Permettez-moi de vous citer les paroles de Boaz[60] : *Je ferai pour toi ce que tu diras, car toute la population sait que tu es une femme vertueuse.* N'est-ce pas fantastique ? En plus de lui donner son cœur, Boaz l'honore, la loue et la bénit.

Je désire vous encourager aujourd'hui par cette histoire qui nous dévoile les intentions de Dieu pour Ses enfants. Bien que ce récit ait été écrit il y a plusieurs milliers d'années, notre vie ressemble à celle de Ruth à certains égards. Bien sûr, nous ne sommes pas dans un champ à glaner, mais comme cette femme, nous sommes engagées envers des gens. Chaque jour, nous devons assumer une multitude de responsabilités. Nous nous donnons pour nos enfants et notre mari ; au travail et dans un ministère ou dans d'autres aspects de notre vie, et ceci, sans nécessairement être vues ou appréciées.

Éduquer les enfants n'est pas une tâche facile et avouons-le, pas toujours gratifiante. Il faut sans cesse leur répéter les mêmes choses et pourvoir à leurs besoins matériels et émotionnels et bien souvent, en oubliant les nôtres. Élever des enfants nécessite un don de soi. Peut-être êtes-vous en ce moment dans une saison de votre vie où vous glanez pour quelqu'un d'autre : un enfant difficile, un parent vieillissant, une amie en détresse, un mariage en difficulté. Je vous exhorte à ne pas abandonner. Persévérez. Continuez à vous donner. N'arrêtez pas de glaner. Ruth a été fidèle à ses engagements envers Naomi, mais ô combien Dieu l'a été vis-à-vis elle.

Mes précieuses amies, cette promesse est également pour vous aujourd'hui. Comme Ruth a été dirigée précisément dans le champ de Boaz, Dieu vous dirigera dans toutes Ses voies. Dieu a le regard sur vous et Il vous voit. Il connaît tous les sacrifices que vous faites. Il comprend que ce n'est pas facile. Vos actions ne sont ni cachées ni oubliées. Dieu le sait et Il n'est pas injuste pour oublier votre travail. Votre renommée est connue au ciel ! Dieu vous protègera comme Il a protégé Ruth. Il ordonnera à Ses serviteurs de vous garder. Approchez-vous de Lui et vous trouverez une provision spirituelle. La présence de Son Esprit et la lecture de Sa Parole sont l'eau et le pain qui vous donneront la force de continuer. Rappelez-vous que si Ruth n'avait pas pris soin de sa belle-mère, elle n'aurait jamais rencontré Boaz, cet homme qui l'aima profondément et changea son destin. Continuons donc de glaner, continuons à nous donner afin d'obtenir ce trésor que Dieu a en réserve pour nous.

Je termine cette pensée par les paroles d'un merveilleux chant écrit par Olivier Cheuwa, un auteur, compositeur et interprète chrétien de notre église qui chante partout dans la francophonie. Il s'intitule :

Persévère. Lisez attentivement ces paroles. Cette chanson a été une source d'édification pour moi. J'espère qu'elle vous sera d'un réconfort comme elle l'a été pour moi, dans des moments de ma vie où j'aurais tout simplement voulu cesser de glaner...

Persévère

Si Dieu a mis un rêve dans ton cœur
Écris-le, garde-le comme un trésor
Quoiqu'on dise protège la vision avec passion
Quand tu sais, tu sais de tout ton être
Que ce rêve ne vient pas de toi
Même si tu ne vois que le contraire
Persévère

Refrain
Persévère
Car Sa Parole, elle s'accomplira
Si dans ton cœur est réelle cette promesse
Quand vient le doute, lève-toi et confesse
Que Dieu est vrai et que Sa Parole demeure
Éternelle
Car ce qu'Il promet mon frère, ma sœur, n'est jamais vain
Toujours fidèle et Son chemin certain
Même si les choses semblent n'aboutir à rien
Persévère
Quand Il dit, la chose arrive
Quand Il ordonne, elle existe
Son regard est sur ceux qui Lui appartiennent.

*Olivier Cheuwa**

* Tiré de son album « Persévère ».

Mes réflexions et mes objectifs

Avez-vous besoin de l'aide de Dieu pour persévérer dans une situation de votre vie ? Si oui, laquelle ? Après avoir identifié cette situation, arrêtez-vous un instant et demandez à Dieu la force de continuer.

_____

_____

_____

Vous sentez-vous peu considérée dans certaines de vos relations, à votre travail, dans votre service pour Dieu ? Après avoir identifié dans quel domaine vous souhaiteriez être appréciée, demandez à Dieu de venir vous consoler.

_____

_____

_____

Remémorez-vous un évènement de votre vie où Dieu vous a dirigée protégée ou un moment précis où Il a pourvu à vos besoins ? Rappelez-vous que ce que Dieu a fait pour Ruth et pour vous, Il a la capacité et la puissance de le faire à nouveau. Offrez-Lui des actions de grâce pour ce qu'Il a fait et pour ce qu'Il va faire.

_____

_____

_____

Ma prière

Seigneur, viens à mon aide aujourd'hui. J'ai besoin de Toi. Accorde-moi la force de persévérer. Aide-moi à continuer à me donner pour mes enfants et mon mari. Je te prie de déposer en moi la foi, afin que je puisse être convaincue de la réalité de ce que je ne vois pas. Dirige-moi dans la voie que je dois suivre. Protège-moi dans cette saison de ma vie. Renouvelle-moi et rafraîchis-moi par Ta présence. J'ai besoin de Toi pour continuer mon chemin. Merci de prendre soin de moi. Merci pour Ton amour pour moi. Merci, car Ta Parole est vraie et Tu peux faire dans ma vie ce que Tu as fait dans celle de Ruth. Amen !

Pensée
N°. 7

Je bénirai l'Éternel en tout temps !

TEXTES BIBLIQUES :
1 Samuel 21 ; Psaumes 34 ; Psaumes 57 ; Philippiens 4.4-7 ;
Éphésiens 1. 21, 2.12, 19 ; Romains 12.12 ; Proverbes 18.20-
21 ; Proverbes 15.4 ; Proverbes 21, 23 ; Romains 15.3

La quête du bonheur des êtres humains n'est-elle pas universelle ? Nous désirons tous que notre vie soit remplie de bonheur. Bien que nous le recherchions, savons-nous réellement ce qu'est le bonheur ? Savons-nous véritablement ce à quoi nous aspirons ? Par définition, selon le Dictionnaire Robert, le bonheur est l'« état de la conscience pleinement satisfaite ». Selon cette définition, le bonheur ne repose pas sur le succès, la célébrité ou la prospérité, mais sur la satisfaction ! Pourtant, nous souhaitons tous avoir plus de réussites, être plus célèbres ou plus appréciés, et sans aucun doute, devenir plus riches ! Cependant, tout ceci n'est pas l'essence même du bonheur. Vous me direz que toutes ces choses contribuent à notre bonheur.

Le bonheur ne dépend pas de ce qui se passe autour de nous, mais bien de ce qui se passe à l'intérieur de nous.

Vous avez raison. Connaissez-vous ce vieil adage : « Mieux vaut vivre riche et en bonne santé que pauvre et malade » ? Toutefois, vous savez aussi bien que moi que vous pouvez avoir du succès dans la vie, être aimées et prospérer, tout en vous sentant comme la femme la plus malheureuse au monde. L'inverse est aussi vrai. Vous pouvez traverser les pires épreuves de votre vie et pourtant être une femme épanouie, sereine et heureuse. Le bonheur ne dépend pas de ce qui se passe autour de nous, mais bien de ce qui se passe à l'intérieur de nous. Être heureux est un état d'âme. Nous sommes heureux dans la mesure où nous *décidons* de l'être. Comprenez-moi bien. Je ne prétends pas que c'est votre faute si vous êtes malheureuse. Ce n'est vraiment pas le sens de mon propos. Nous subissons les situations difficiles de notre vie : la perte d'un emploi, un mariage difficile, le divorce, la solitude, le rejet, l'injustice, la maladie, etc. Ce sont des évènements pénibles à traverser. Néanmoins, je crois que nous pouvons être heureuses malgré les épreuves, les tentations, les craintes et les inquiétudes. Chères amies, n'attendons pas d'être parfaites ; n'attendons pas que notre mari, nos enfants ou notre vie soient parfaits avant d'être heureuses, sinon nous ne le serons jamais. Le bonheur est une façon de voyager et non une destination !

Comment fait-on pour voyager de la sorte ? Cette semaine, nous allons nous pencher sur la vie d'un homme qui a su être heureux, malgré les moments extrêmement difficiles qu'il traversait. Cet homme est David[61]. David avait été oint par Samuel pour devenir le futur roi d'Israël. Il avait connu des victoires incroyables en commençant par abattre le terrifiant géant Goliath. Des milliers de Philistins sont morts par son épée. David réussissait partout où l'envoyait Saül. Il plaisait à tout le peuple[62]. Il *avait plus de succès que tous les serviteurs de Saül, et son nom devint célèbre*[63]. Le roi Saül était si jaloux du succès et de la popularité de David qu'il résolut de le tuer. Face à cette terrible hargne, David doit à tout prix quitter le palais de Saül s'il veut rester en vie. Après avoir été oint pour la royauté, connu de grandes victoires et un succès retentissant, David doit se sauver et se cacher comme un vulgaire malfaiteur. Il doit tout laisser derrière lui, jusqu'à son précieux ami Jonathan qui était son allié, son confident et presqu'un frère. Il se retrouve alors bien seul.

La Parole de Dieu nous dit que David se rendit à Nob, vers le sacrificateur Achimélec. À son arrivée, le sacrificateur lui demande : « *Pourquoi es-tu seul et n'y a-t-il personne avec toi ?* »[64] David était un chef d'armée, mais à ce moment, il est complètement abandonné. Plus l'ombre d'un soldat, plus d'amis. Il est aussi sans ressources. Alors qu'il a connu la richesse et l'abondance du palais royal, il n'a plus rien à manger à cet instant. Ainsi, il ira jusqu'à demander à Achimélec de lui donner les pains consacrés pour la maison de Dieu : « *Donne-moi cinq pains ou ce qui se trouvera [...]* »[65]. Le grand commandant n'a plus rien non plus pour se défendre, plus aucune arme : «*N'as-tu pas sous la main une lance ou une épée ?* » demanda-t-il à Achimélec[66]. Comme si ce n'était pas assez, David a perdu tout honneur. Par crainte d'être retrouvé par Saül, il s'enfuit de chez Achimélec pour se rendre chez Akisch, le roi de Gath. En le voyant, les serviteurs d'Akisch lui dirent : « *N'est-ce pas là David, roi du pays ? N'est-ce pas celui pour qui l'on chantait en dansant : Saül a frappé ses mille, et David ses dix mille ?* »[67]

Dans sa vulnérabilité, David eut peur d'être reconnu et entreprit de feindre d'être fou sous leurs yeux. La Bible nous dit qu'il faisait des extravagances, allant même jusqu'à laisser couler sa salive sur sa barbe. Quel moment humiliant et pathétique pour un si grand homme ! N'avait-il pas été choisi pour devenir le futur roi d'Israël ? Il devait se sentir bien loin de son appel ! Pour combler le tout, David n'avait plus de demeure. Aucun endroit où reposer sa tête. Il alla donc se réfugier dans la caverne d'Adullam, un lieu froid et austère où d'autres personnes en difficultés allèrent le rejoindre pour trouver protection auprès de lui. Au lieu d'être entouré de milliers d'hommes d'élite et d'être à la tête de la plus puissante armée, David était maintenant le chef de quatre-cents personnes en détresse, ainsi que des mécontents. La Bible nous dit que dans cette caverne, David attendait de savoir ce que Dieu ferait de lui[68].

Vous accordez-vous avec moi pour dire que ce n'était pas une saison propice au bonheur ? David avait connu de bien meilleurs jours ! Toutefois, dans cette caverne, David vivra un moment déterminant de sa vie. Il aurait pu décider de tout abandonner. Il aurait pu en vouloir à Dieu. Il aurait pu douter de son appel à devenir roi. Mais David choisit de ne pas abdiquer. Il accepta la situation et résolut d'en tirer le meilleur parti possible. Malgré tout ce qu'il vivait, David était rayonnant de joie dans cette affreuse grotte. Pourquoi puis-je affirmer ceci ? Tout simplement parce que c'est dans cette caverne, alors qu'il était poursuivi par le puissant et redoutable Saül, que David a écrit le psaume 34. C'est dans ce lieu de détresse qu'il a déclaré ces célèbres paroles : *Je bénirai l'Éternel en tout temps !*[69]

Je bénirai l'Éternel en tout temps ; sa louange sera toujours dans ma bouche. Que mon âme se glorifie en l'Éternel ! Que les malheureux écoutent et se réjouissent. Exaltez avec moi l'Éternel ! Célébrons tous son nom ! J'ai cherché l'Éternel, et il m'a répondu ; il m'a délivré de toutes mes frayeurs. Que les malheureux écoutent et se réjouissent. Exaltez avec moi l'Éternel ! Célébrons tous son nom ! J'ai cherché l'Éternel, et il m'a répondu ; Il m'a délivré de toutes mes frayeurs. Quand on tourne vers lui les regards, on est rayonnant de joie, et le visage ne se couvre pas de honte. Quand un malheureux crie, l'Éternel entend, et il le sauve de toutes ses détresses. L'ange de l'Éternel campe autour de ceux qui le craignent, et il les arrache au danger. Sentez et voyez combien l'Éternel est bon ! Heureux l'homme qui cherche en lui son refuge ![70]

> Lorsque nous nous confions en Dieu et que nous avons confiance en sa bienveillance, nous pouvons trouver la force de bénir l'Éternel en tout temps.

David aimait Dieu pour qui Il était et non uniquement pour ce qu'Il faisait. Dans sa détresse, David a béni, exalté et s'est réjoui en l'Éternel. Trois grandes leçons ressortent de ce psaume.

Premièrement, David a été **constant**. Il écrit : Je bénirai l'Éternel *en tout temps*. Je n'ai aucune difficulté avec la première partie de cet énoncé, mais admettez qu'il n'est pas facile de bénir l'Éternel *en tout temps*. Dites avec moi « Ouch ! » Ce principe n'est pas simple, mais je crois qu'il constitue une clé importante dans notre quête de bonheur ! Lorsque nous traversons des périodes ardues dans notre vie, que nous puissions bénir l'Éternel. David a glorifié Dieu malgré l'épreuve, car il Le connaissait et avait confiance en Sa bonté et Sa fidélité. Le psaume 57 a aussi été écrit par David, alors qu'il traversait cette même période difficile :

En toi mon âme cherche un refuge ; je cherche un refuge à l'ombre de tes ailes, jusqu'à ce que les calamités soient passées. Je crie au Dieu Très-Haut, au Dieu qui agit en ma faveur [...] Dieu enverra, sa bonté et sa fidélité [...] Réveille-

toi, mon âme ! [...] Je te louerai car ta bonté atteint jusqu'aux cieux et ta fidélité jusqu'aux nues[71].

Lorsque nous nous confions en Dieu et que nous avons confiance en sa bienveillance, nous pouvons trouver la force de bénir l'Éternel en tout temps.

La seconde leçon à tirer du psaume 34 est qu'alors qu'il était sous la pression, David n'a pas **critiqué**. Il écrit : *Sa louange sera toujours dans ma bouche* ! Et il ajoute : *Quel est l'homme qui aime la vie, qui désire la prolonger pour jouir du bonheur ? Préserve ta langue du mal et tes lèvres des paroles trompeuses*[72]. Je veux encourager chacune d'entre nous à choisir de prononcer des louanges au lieu d'émettre des critiques lorsque nous sommes dans des situations de stress ou que nous nous trouvons pressées par la vie. Quand nous passons par le creuset, que notre bouche ne soit pas un instrument de médisance, d'accusation ou de reproche. Élevons-nous au-dessus de cela mes chères amies. Puissent nos lèvres glorifier Dieu au lieu d'abaisser et de critiquer les gens autour de nous. Puissions-nous placer pleinement notre confiance en Lui. Dieu est bon, Il nous aime et Il veut notre bien. Qu'Il ne soit surtout pas l'objet de notre mécontentement ou de notre déception. Dieu est avec nous et non contre nous. Il est notre plus grand allié.

Finalement, David eut une attitude de **célébration** malgré l'épreuve (Rien de moins chères amies !) Il célébra la Gloire de son Dieu bien que sa vie soit menacée. David dit : Que *mon âme se glorifie en l'Éternel*. La traduction la plus adéquate serait : Que mon âme se glorifie de l'Éternel. Selon le Dictionnaire Robert, le verbe glorifier signifie : « honorer quelqu'un en proclamant ses mérites, sa gloire ». Pour être heureuse lorsque nous sommes dans l'épreuve, nous devons glorifier notre Dieu et proclamer Ses mérites, Sa Gloire et Sa grandeur. Il est le même hier, aujourd'hui et éternellement, et ceci, malgré tout ce que vous traversez. Son caractère, Son amour, Sa fidélité, Sa miséricorde, Sa puissance, Sa force et Ses promesses sont immuables. En glorifiant l'Éternel et en déclarant les promesses de Dieu pour notre vie, nous parvenons à considérer nos difficultés présentes selon une tout autre perspective, celle du divin. Les situations qui nous semblaient impossibles peuvent alors devenir possibles. N'est-ce pas là une merveilleuse sensation de bonheur ? Commencez à le remercier pour votre précieux salut. Souvenez-vous de ce que vous étiez sans Christ. Que serait votre vie aujourd'hui sans Dieu ? La Bible nous dit que *nous étions des étrangers exclus de la promesse divine et que nous vivions dans le monde sans espérance. Maintenant par le sacrifice de Jésus à la croix, nous ne sommes plus des étrangers, ni des gens du dehors ; mais nous sommes des concitoyens, des saints et nous appartenons à la famille de Dieu*[73].

Commencez à Le remercier *pour l'espérance qui s'attache à son appel, pour la richesse de la gloire de son héritage qu'il vous a réservée, et quelle est envers vous qui croyez, l'infinie grandeur de sa puissance, se manifestant avec efficacité par la vertu de sa force qu'il a déployée en Christ, en le ressuscitant des morts, et en le faisant asseoir à sa droite dans les lieux célestes, au-dessus de toute domination, de toute autorité, de toute puissance, de toute dignité et de tout nom qui peut se nommer, non seulement dans le siècle présent, mais encore dans le siècle à venir*[74].

J'aimerais terminer cette pensée en rendant hommage à une femme extraordinaire que j'ai rencontrée lors d'un voyage au Cameroun. Elle se nomme Mama Christiane. Quelle femme inspirante ! Alors que je prêchais jour après jour sous le chaud soleil africain, Mama Christiane était toujours là dans l'église, assise au premier rang. Elle arborait un sourire éclatant. J'irais jusqu'à dire qu'elle était éblouissante. Elle louait Dieu avec une joie débordante. Vous savez, c'est le genre de personne qui encourage les prédicateurs. Plus je la regardais, plus j'avais l'impression que mes messages étaient extraordinaires. Mais j'eus vite compris que la joie de cette femme ne reposait absolument pas sur les qualités homilétiques de l'oratrice, mais plutôt sur l'amour de son Dieu. Cette femme rayonnait.

Après quelques jours passés là, Mama Christiane s'approcha de moi pour m'offrir un présent. C'est alors que je me suis enquise de son témoignage. Je découvris le secret de son bonheur : *elle louait l'Éternel en tout temps* ! Mama Christiane est une femme monoparentale qui a élevé ses enfants sans l'aide de personne. Son mari l'a quittée il y a plusieurs années. Elle vit seule dans une très modeste maison tout près de l'église. Ses moyens financiers sont extrêmement limités étant donné son humble travail. Ainsi, sans mari, sans richesse, sans gloire, mais avec un cœur débordant de reconnaissance pour tout ce que Jésus a fait dans sa vie ; elle ne cessait de glorifier Dieu parce qu'Il l'avait sauvé et parce qu'elle était aimée de Lui. Elle louait l'Éternel non pas pour ce qu'elle avait, mais pour ce qu'Il était. Quelle source d'inspiration pour moi ! Cette femme avait vraiment compris ce qu'est le bonheur : « l'état de la conscience pleinement satisfaite ». Mama Christiane est une femme vraiment heureuse, car son bonheur ne repose pas sur ce qui se passe autour d'elle, mais bien sur ce qui se passe en elle. Je garderai à jamais le souvenir de cette merveilleuse femme. Chères amies, puissions-nous louer l'Éternel en tout temps, que Sa louange soit toujours dans notre bouche.

Mes réflexions et mes objectifs

Avez-vous de la difficulté à bénir l'Éternel dans un aspect de votre vie ? Si oui, lequel ?

_____

_____

_____

Traversez-vous une saison de votre vie où votre bouche est remplie de critiques ? Semez-vous des paroles négatives autour de vous ? Si oui, méditez le texte de Jacques 3.2-13. Écrivez et mémorisez Proverbes 21.23.

_____

_____

_____

Faites la liste des bénédictions que Dieu vous a accordées (Son salut, Sa guérison, Son pardon, Son amour, etc.). Arrêtez-vous un instant et commencez à Le remercier pour tout ce qu'Il a fait pour vous.

_____

_____

_____

Ma prière

Seigneur Jésus, je viens devant Toi pour te demander de m'aider à te bénir et à te louer à travers toutes les circonstances de ma vie. Accorde-moi la Grâce de comprendre que tout concourt à mon bien. Ouvre mon intelligence afin que je discerne ce qui est bien, ce qui t'est agréable et ce qui est parfait. Remplis-moi de Ta joie et accorde-moi le contentement. Je te demande pardon si la critique et le mécontentement ont été prononcés de ma bouche. À partir d'aujourd'hui, préserve ma langue du mal. Je désire célébrer la Gloire de Ton nom, car Tu en es digne. Amen !

> *Que le Dieu de l'espérance vous remplisse de toute joie et de toute paix dans la foi, pour que vous abondiez en espérance,* **par la puissance du Saint-Esprit**[75].

Facette émotion*nelle*

P e n s é e
Nº . I

Avoir des émotions ou *être* émotive ?

TEXTES BIBLIQUES :
Jean 11.32-35 ; Jean 2.13-17 ; Psaumes 13 ; 55 ; 30.12-13 ;
Proverbes 6.34 ; 27.4 ; Cantique des Cantiques 8.6 ;
Genèse 4.36 ; 1 Samuel 18.8-11 ; Genèse 16 ; 29 ;
Luc 15.25-30 ; Proverbes 14.29 ; 16.32 ; 19.19 ; Romains 8.1 ;
Colossiens 2.13-14 ; 1 Jean 1.9

Chères amies, quel sujet passionnant que celui des émotions, n'est-ce pas ? Sans vouloir tomber dans les stéréotypes, avouons que ce sujet intéresse particulièrement les femmes. Bien que l'homme et la femme soient égaux et aient été tous deux créés à l'image de Dieu, notre manière de vivre nos sentiments est un des traits qui nous distinguent de la gent masculine. De façon générale, nous sommes plus sujettes à verbaliser nos émotions que les hommes. Ceci ne sous-entend absolument pas que les hommes n'aient pas besoin d'exprimer leurs émotions ou qu'ils les contrôlent mieux que les femmes. Je crois qu'un tel point de vue relève aussi d'un cliché dont je désire me distancer. Malheureusement, les pressions machistes ou une éducation trop rigide véhiculant sans cesse certains messages — un homme ne doit pas pleurer —, ont causé une répression de l'émotivité de plusieurs. Je crois sincèrement que beaucoup d'hommes ont eux aussi besoin d'apprendre à exprimer sainement leurs émotions, et que cela leur serait extrêmement bénéfique et libérateur. Mais puisque ce journal dévotionnel a été écrit spécialement pour les femmes, regardons ensemble, chères amies, comment nous pouvons vivre harmonieusement avec nos émotions.

Ainsi donc, les hommes et les femmes perçoivent et vivent les évènements de façon très différente. Parfois, ces différences constituent des forces qui nous permettent d'être complémentaires. Mais bien souvent, ces particularités engendrent des conflits, de l'incompréhension et de l'insatisfaction face aux personnes du sexe opposé.

On reçoit toutes sortes d'histoires par le biais d'Internet. Récemment, j'ai reçu une blague qui m'a bien fait rire. Je trouve qu'elle illustre parfaitement ce que je tente de vous décrire. Lisez bien ce qui suit :

> « *Au moment où elle se réveille, une femme dit à son mari : Chéri, je viens de faire un rêve incroyable. Je rêvais que tu m'offrais un collier de perles pour la Saint-Valentin. À ton avis, qu'est-ce que ça peut vouloir dire ?*
>
> *Tu le sauras ce soir, répond le mari avec un léger sourire.*
>
> *Le soir venu, l'homme rentre du travail avec un petit paquet cadeau. Sa femme, ravie, commence à le déballer et, à l'intérieur, elle découvre un livre intitulé "L'interprétation des rêves "...* »

Je crois que maintenant vous comprenez ce que je veux dire lorsque je parle de différence entre les hommes et les femmes !

C'est notamment dans l'expression de nos émotions qu'il existe un important écart entre hommes et femmes. Face à une situation difficile qui nous touche particulièrement, la plupart d'entre nous (Et si vous êtes différentes mes amies réjouissez-vous !) avons comme premier réflexe d'exprimer nos sentiments en manifestant par exemple de la colère, de l'agressivité, de la jalousie ; ou en nous sentant immédiatement coupables ou honteuses. En général, nous ne désirons pas trouver immédiatement une solution au problème auquel nous faisons face : nous voulons verbaliser nos émotions avant de dénouer la situation. Le seul fait d'en parler nous fait un immense bien, n'est-ce pas ? Par contre, un homme faisant face au même évènement aura tendance à rechercher premièrement une solution. Dans la plupart des cas, l'homme vivra la situation de façon beaucoup moins émotive.

Pour illustrer mes propos, j'aimerais vous raconter une scène de la vie quotidienne que vous avez probablement déjà vécue : Vous rentrez à la maison après une dure journée de travail au cours de laquelle vous avez eu un conflit avec votre patron ou une collègue. Alors que vous franchissez le pas de la porte de votre demeure, votre bouche se transforme en une fontaine d'où jaillit un flot de mots chargés d'émotions. Votre mari qui vous attendait, (tout en préparant peut-être le repas… On peut rêver ! Je plaisante bien sûr, je sais que plusieurs hommes participent activement aux tâches ménagères.) est tout ouïe, buvant vos paroles (On peut rêver ! C'est une autre plaisanterie !). Animé des meilleures intentions du monde, il désire vous aider. Alors, dès qu'il en a l'occasion il vous expose votre problème et vous propose diverses pistes de solutions. Mais si vous êtes comme moi, vous ne voulez pas entendre la solution. Vous voulez uniquement verbaliser vos émotions et avoir une oreille attentive. Vous voulez vivre votre émotion !!!

En général, nous ne désirons pas trouver immédiatement une solution au problème auquel nous faisons face : nous voulons verbaliser nos émotions avant de dénouer la situation.

Il est tout à fait normal d'éprouver des émotions. Dieu nous a créées ainsi. La Bible en parle abondamment.

Jésus exprimait Ses émotions. Rappelez-vous sa réaction lorsque son ami Lazare est mort. La Bible nous dit qu'Il a pleuré[76]. Jésus s'est aussi mis en colère à la vue des vendeurs dans le temple[77]. Il a tressailli de joie[78] et fut même rempli d'une joie qui transcendait la mesure et les limites humaines[79]

De même, David a ressenti et manifesté des sentiments. Au psaume 13 il est écrit : *Jusqu'à quand, Éternel, m'oublieras-tu sans cesse ? Jusqu'à quand me cacheras-tu ton visage ? Jusqu'à quand aurais-je des soucis dans mon cœur ?*[80].

Pour sa part, le psaume 55 nous révèle la tristesse de David : *Ô Dieu, prête l'oreille à ma prière et ne te dérobe pas à mes supplications ! Écoute-moi et réponds-moi ! J'erre çà et là dans mon chagrin et je m'agite […] Mon cœur tremble au fond de moi, et les terreurs de la mort fondent sur moi. La peur et l'épouvante m'assaillent et la terreur m'envahit […]*[81].

Il a aussi amplement exprimé sa joie : *Tu as changé mes lamentations en allégresse, tu m'as retiré mes habits de deuil pour me donner un habit de fête. Ainsi mon cœur chante tes louanges et ne reste pas muet*[82].

À la pensée n° 2, nous nous pencherons sur la façon de contrôler et d'exprimer sainement nos émotions. Mais avant cela, j'aimerais vous définir quelques types d'émotions qui, lorsque mal gérées, peuvent miner notre vie relationnelle. Je crois que cet exercice est nécessaire afin de parvenir à faire la distinction entre « *avoir* des émotions » et « *être* des femmes émotives ».

Une personne émotive est prompte à ressentir des émotions. Elle a tendance à se laisser envahir par ses émotions, au point où se sont principalement ces dernières qui dictent ses décisions. Vous comprendrez que dans le cadre d'un journal dévotionnel, je ne pourrais pas aborder en profondeur tous les types d'émotions que les femmes peuvent éprouver, parce qu'il s'agit d'un domaine qui est très vaste. J'ai donc choisi de me pencher brièvement sur quatre d'entre elles, soit la jalousie, la colère, la culpabilité et la honte ; car je crois que se sont celles qui affectent le plus la vie des femmes.

La jalousie

La jalousie est un sentiment hostile qu'on éprouve en voyant un autre jouir d'un avantage qu'on ne possède pas ou qu'on désirerait posséder exclusivement. C'est aussi une inquiétude qu'inspire la crainte de partager cet avantage qu'on possède ou de le perdre au profit d'autrui[83]. La Bible nous met en garde contre la jalousie :

> *La jalousie rend un homme (et une femme) furieux, et il est sans pitié au jour de la vengeance[84].*

> *La fureur est cruelle et la colère impétueuse, mais qui résistera devant la jalousie[85].*

> *La jalousie est inflexible comme le séjour des morts ; ses ardeurs sont des ardeurs de feu[86].*

Plusieurs personnages de la Parole de Dieu ont manifesté de la jalousie. Parmi ceux-ci on retrouve notamment Caïn envers Abel [87], Saül envers David[88], Sarah envers Agar[89], Léa envers Rachel[90], le frère du fils prodigue envers le fils prodigue[91].

La jalousie trouve souvent ses racines chez les femmes qui ont une mauvaise estime d'elles-mêmes (pensées n° 3 et n° 4).

La colère

La colère est l'expression d'un mécontentement ou d'une insatisfaction accompagnée d'agressivité[92]. La Parole de Dieu traite abondamment de la colère. Voici quelques citations :

> *Celui qui est lent à la colère a une grande intelligence, mais celui qui est prompt à s'emporter proclame sa folie[93].*

> *La lenteur à la colère vaut mieux que l'héroïsme ; mieux vaut être maître de soi que s'emparer de villes[94].*

> *Celui que la colère emporte doit en subir la peine[95].*

La culpabilité

La culpabilité est une émotion qui peut être destructrice et complètement nous paralyser. La culpabilité provient du fait que nous percevons nos actions, notre état même, comme allant à l'encontre de ce qui est bien, normal, correct ou moral. Cette émotion, lorsqu'elle est bien gérée, nous indique que quelque chose ne va pas dans notre relation avec Dieu ou avec les autres. Une saine culpabilité agit comme un baromètre et nous permet de réajuster nos comportements[96]. Malheureusement, plusieurs femmes se culpabilisent pour tout et pour rien. Nous ne nous sentons jamais à la hauteur. À la moindre faute, nous pensons que nous ne sommes pas de bonnes épouses, mères, femmes ; ou que nous ne sommes pas suffisamment efficaces ou performantes au travail. Pourtant, la Bible affirme *qu'il n'y a plus aucune condamnation pour celles qui sont en Jésus-Christ*[97], et que *Dieu a effacé l'acte dont les ordonnances nous condamnaient et qui subsistait contre nous en le clouant à la croix*[98]. De plus, *si nous confessons nos fautes, Dieu est fidèle et juste pour nous les pardonner*[99].

D'où provient la culpabilité ? Principalement, elle nous envahit lorsque nous :

✦   avons péché ;

✦   avons reçu une éducation trop rigide, manquant d'équilibre et de nuances, souvent axée sur la performance ;

✦   avons une fausse conception de Dieu ;

✦   avons une mauvaise estime de soi.

La honte

« La honte est un sentiment pénible d'infériorité ou d'humiliation devant autrui. »[100] Cette émotion ressemble à la culpabilité, mais elle est encore plus néfaste lorsqu'elle est mal gérée. La culpabilité fait référence aux actions et aux comportements d'une personne. Lorsque j'agis mal, je me sens coupable. Si je demande pardon et que je tente de corriger mes actions, la culpabilité devrait disparaître. La honte est plus sournoise. Elle fait appel à votre identité. Selon Merle Fossum, « la honte est une émotion profondément pénétrante qui signifie à la personne qu'elle est fondamentalement mauvaise, inadéquate et indigne comme être humain »[101].

Il existe une honte qui est normale. Les femmes qui ont subit des abus sexuels, physiques et verbaux éprouvent un sentiment de honte. Si vous avez été victime de rejet ou d'abandon, il est tout à fait compréhensible qu'un sentiment de honte vous habite. Toutefois, dans tous les cas, la honte est toxique et intoxique l'esprit. Lorsque vous vous sentez comme le pire être humain sur terre, quand vous vous sentez exclue et rejetée, si vous vous comparez et vous dévaluez constamment ; ceci peut être causé par un sentiment de honte.

Je terminerais cette pensée en vous invitant à vous examiner. David a demandé à Dieu de le sonder : Dans le psaume 139, il est écrit : *Examine-moi, Ô Dieu, et connais mon cœur, mets-moi à l'épreuve et connais mes pensées ! Regarde si je suis sur une mauvaise voie et conduis-moi sur la voie de l'Éternité !*[102]

Tentez d'évaluer vos émotions et voyez si certaines d'entre elles vous envahissent et contrôlent votre vie. Nous avons succinctement abordé la jalousie, la colère, la culpabilité et la honte. Ces émotions sont-elles sainement exprimées dans votre quotidien ? Certaines vous minent-elles ou vous paralysent-elles ? Ne vous limitez pas aux émotions que je viens de vous décrire. Profitez de ce moment pour faire l'inventaire.

Peut-être ressentez-vous une forte antipathie, du dégoût, un détachement, de l'agressivité, de l'anxiété ou du découragement. Demandez au Seigneur, le Prince de la paix, de vous apaiser. Dieu peut vous aider à bien gérer l'expression de vos sentiments. Croyez qu'Il peut le faire en vous, comme Il l'a fait pour David. Ainsi, vous aussi pourrez proclamer : *Tu as changé mes lamentations en allégresse, tu m'as retiré mes habits de deuil pour me donner un habit de fête. Ainsi mon cœur chante tes louanges et ne reste pas muet*[103].

Voici un simple mot d'encouragement que j'ai écrit spécialement pour vous :

*Vous êtes une femme **Inégalable**, d'une valeur **Inestimable**.*

*Même si parfois vous êtes **Indisposée**, que votre humeur est bien **Inégale** et que vous êtes un peu **Incisive**, n'oubliez pas que rien n'est **Inchangeable** et que votre identité n'est pas altérée, vous êtes une femme **Inspirante** et vous êtes **Indispensable**, **Irremplaçable**. C'est un fait **Indiscutable** et **Indéniable**.*

*Même si à certains moments vous vous sentez **Incomprise,
Impatiente, Inquiète, Impuissante, Impulsive, Inapte** et
bien **Imparfaite** ; même s'il y a des moments où vous pensez
que vos actions sont **Impardonnables** et qu'alors, vos prières
deviennent **Incertaines** voire **Inaudibles** ou pour une
saison, **Inexistantes**, souvenez-vous toujours que la fidélité
et la Grâce de Dieu sont **Immuables et Ineffables**. Rappelez-
vous que rien n'est **Insurmontable** et qu'avec Dieu, vous
êtes **Invincible**, car Il est **Infaillible**.*

*Même s'il y a des saisons où vos désirs sont **Inassouvis** et
que vous croyez que votre **Identité** et votre **Intimité** se sont
envolées, allez et **Imprégnez**-vous de la présence de Dieu,
afin de saisir que Son amour est **Inlassable**,
Incommensurable et **Infini** ; afin de comprendre qu'avec
Lui, rien n'est **Impossible** et qu'Il a le pouvoir de vous
rendre **Inébranlable**.*

*Vous êtes une femme **Inégalable**, d'une valeur **Inestimable**.*

Mes réflexions et mes objectifs

Traversez-vous en ce moment une période de votre vie où vous êtes plus émotive ou plus prompte à exprimer vos émotions ? Si oui, pourquoi en est-il ainsi ?

_____

_____

_____

Prenez un temps d'arrêt et faites le bilan. Tentez d'identifier quel type d'émotion vous envahit. Est-ce la jalousie, la colère, la culpabilité, la honte ou toute autre émotion ?

_____

_____

_____

Identifiez quelles situations de vos vies éveillent en vous ces émotions. Décrivez-les ici.

_____

_____

_____

Tentez d'évaluer pourquoi ces évènements déclenchent en vous de telles émotions. Demandez à Dieu de vous guider et de vous aider à en reconnaître les causes. Écrivez vos réflexions.

_____

_____

_____

Ma prière

Seigneur Jésus, merci de m'avoir créé avec des émotions. Je désire te plaire dans toutes les facettes de ma vie, alors sonde mon cœur aujourd'hui. Montre-moi si certaines émotions ne sont pas sainement exprimées dans ma vie. Suis-je paralysée par certaines d'entre elles ? Suis-je une femme jalouse, colérique ou rongée par la culpabilité ou la honte ? Suis-je envahie par l'anxiété, l'angoisse ou le découragement ? Je te prie de me faire réaliser les évènements ou les personnes qui éveillent en moi de tels sentiments. Révèle-moi ce qui en est la cause. Seigneur, dès aujourd'hui, viens guérir mon cœur et mon âme afin que je sois une femme libre et épanouie. Donne-moi Ta paix. Aide-moi à bien gérer toutes mes émotions et transforme-moi. Je te remercie pour ce que Tu vas faire dans ma vie. Je place ma confiance en Toi. Amen !

Pensée
Nº. 2

Gérer sainement nos émotions

TEXTES BIBLIQUES :
Jean 11 ; Matthieu 26.36-55 ; Ecclésiaste 3.1-8 ;
Philippiens 3.12-14 ; Jacques 1.5 ; 3.2-6

Chères amies, que nous soyons d'accord ou pas, Dieu nous a créées avec des émotions. Jésus Lui-même a beaucoup aimé et a pleuré lorsque son ami Lazare est mort[104]. Il a été attristé lorsque ses amis l'ont abandonné[105]. Il a même été saisi d'angoisse alors qu'il était dans le jardin de Gethsémané[106]. Il est sain d'exprimer ses émotions et j'ajouterais qu'il est avantageux de le faire avec sagesse. Par contre, une manifestation excessive de nos émotions peut s'avérer extrêmement épuisante et nous emporter dans un tourbillon de difficultés et de blessures. Cela peut considérablement nuire à notre vie relationnelle et spirituelle. Dans certains cas, nous pouvons ainsi nous retrouver complètement isolées de notre réseau social. Notre entourage pourrait même en venir à vouloir nous éviter. Dans ce cas, nous aurons tendance à percevoir nos émotions comme des obstacles ou des faiblesses.

Pour d'autres femmes, le problème ne se situe pas dans l'expression de leurs émotions, mais plutôt dans leur refoulement. Si vous exprimez peu vos émotions, cela ne veut aucunement dire que vous les dominez. Ce qui est réprimé finit par s'exprimer ! En réalité, elles ne sont que refoulées, et attention au jour où elles émergeront. Étouffer nos émotions est tout aussi destructeur que les extérioriser de

Si vous exprimez peu vos émotions, cela ne veut aucunement dire que vous les dominez. Ce qui est réprimé finit par s'exprimer !

façon excessive. Dans certains aspects de notre vie, il peut arriver que nous choisissions de ne plus manifester d'émotions. Par exemple, dans notre mariage, dans des relations familiales ou des relations insatisfaisantes, certaines femmes s'interdisent toute expression de leur émotivité. S'empêchant de constamment ressentir des insatisfactions et laisser libre cours à la colère, elles en viennent à la réprimer. Pourtant, une saine discussion où nous formulons correctement nos émotions pourrait être salutaire pour notre mariage ou pour une précieuse relation. Souvent, sous un couvert religieux, basé sur une compréhension malsaine des Écritures, plusieurs femmes choisissent de ne pas faire de scène jugée inutile et se referment ainsi sur elles-mêmes. D'autres se laissent aspirer par le découragement occasionné par de nombreux échecs du passé. Ces dernières vont simplement baisser les bras, ne croyant plus qu'exprimer leur mécontentement ou leurs déceptions changera quelque chose. Elles se retrouvent alors dans la même impasse et décident de ne plus s'aventurer sur ce chemin. Les raisons qui poussent à agir ainsi peuvent certes être valables et comporter une part de vérité, mais quoi qu'il en soit, le résultat final est le même : vous allez vous éteindre.

Même si parfois, l'expression de certaines émotions peut engendrer des difficultés dans nos relations, il est nécessaire et extrêmement utile de verbaliser ce que nous ressentons. Par exemple, la peur déclenche en nous des réactions physiques qui nous aident à faire face au danger plus efficacement. Notre vision devient plus précise, nos réflexes plus vifs, nos muscles plus forts, et nous sommes plus résistantes à la douleur. Nous avons alors tout ce qu'il faut pour mieux réagir au danger, en combattant ou en nous éloignant salutairement.

D'autre part, les émotions servent à évaluer notre état de satisfaction ou d'insatisfaction. Les illustrations qui suivent vous aideront à mieux comprendre cet énoncé. Lorsque vous traversez une période de votre vie où vous constatez que vous êtes prompte à vous mettre en colère, vous devez vous dire que vous n'êtes peut-être pas comblée dans une dimension de votre vie. Si vous vous emportez régulièrement et que vous sortez de vos gonds au moindre petit écart de vos enfants, peut-être que des mises au point devraient être effectuées dans votre dynamique familiale. Si vous enviez fréquemment les gens autour de vous et que vous êtes habitée par un sentiment d'infériorité, il est alors possible que vous ayez un problème d'estime de soi. Les émotions sont le baromètre de notre état de satisfaction intérieure. Lorsque vous éprouvez une émotion particulière, au lieu de l'extérioriser sur-le-champ ou de la refouler immédiatement, donnez-vous la peine d'y réfléchir afin de discerner ce qu'elle désire vous dévoiler. Cet exercice constitue la première étape vers une saine gestion de nos émotions.

Il est écrit : *Il y a un moment pour tout et un temps pour toute chose sous le soleil [...] Un temps pour pleurer et un temps pour rire [...] Un temps pour se lamenter et un temps pour danser [...] Un temps pour aimer et un temps pour haïr [...][107].*

Oui, c'est vrai qu'il est sain de vivre ses émotions, mais comment fait-on pour les gérer adéquatement ? Premièrement, il faut savoir qu'une saine gestion repose sur un état d'équilibre entre la *raison* et *l'émotion*. Imaginez une balance à plateaux dont la raison se retrouve d'un côté et les émotions de l'autre. Lorsque la balance penche et a tendance à demeurer du côté de l'émotion, vous êtes une femme émotive. Lorsque vous basculez constamment vers la raison, cela peut signifier que vous refoulez vos émotions au profit de la raison.

Une saine gestion repose sur un état d'équilibre entre la raison et l'émotion.

Expression excessive
de nos émotions

Refoulement
nos émotions

Raison   **Émotion**   **Raison**   **Émotion**

La bonne gestion de nos émotions résulte de l'équilibre entre notre émotion et notre raison. Nous atteignons cet équilibre lorsque nous sommes capables de maîtriser nos émotions quand cela est nécessaire et de les exprimer correctement quand il le faut :

Équilibre dans l'expression de nos émotions

Raison   Émotion

Par exemple, lorsque vous vivez un conflit et que la moutarde vous monte au nez, l'état d'équilibre serait de faire appel à la raison, à la maîtrise de soi et de ne pas entamer sur-le-champ une discussion qui pourrait dégénérer. Prenez une grande respiration ! L'envers de la médaille serait que par exemple, après une discussion (avec votre conjoint, votre mère, votre sœur ou une amie) qui vous a attristée, vous ne vous soyez jamais risquée à exprimer ce qui vous a déplu ou affligé. Vous refoulez votre insatisfaction, votre frustration, votre douleur et vous retenez vos émotions en vous enfermant dans le mutisme. Le sain équilibre consiste à prendre son courage à deux mains et à manifester sagement ce que vous ressentez. Dans les deux cas, nous avons besoin de l'aide de Dieu. Osons Lui demander Son assistance dans cet aspect de notre vie, afin de devenir des femmes épanouies. Franchement, je crois qu'il est extrêmement difficile d'atteindre cet équilibre par nos propres forces. Mais avec le soutien de Dieu, il nous est possible de devenir des femmes sages, c'est à dire qui réussissent à maîtriser leurs émotions au bon moment ; et des femmes courageuses, c'est-à-dire qui savent exprimer leurs sentiments convenablement.

La deuxième clé pour une bonne gestion de nos émotions repose sur notre façon de réagir face aux évènements que nous vivons. Il est important de comprendre qu'une émotion provient tout d'abord de l'intérieur, puis se manifeste par une réaction extérieure, soit un comportement. L'émotion est provoquée par la confrontation à une situation, ainsi qu'à l'interprétation que nous en faisons. En d'autres mots, la manifestation excessive ou refoulée de notre émotion, repose sur notre perception de l'évènement qui nous affecte. De plus, la lecture que nous faisons de ces évènements est basée sur divers facteurs dont notre passé, notre éducation, les pressions sociales que nous subissons et nos expériences de vies, qu'elles soient négatives ou positives. Le schéma ci-dessous illustre ce principe :

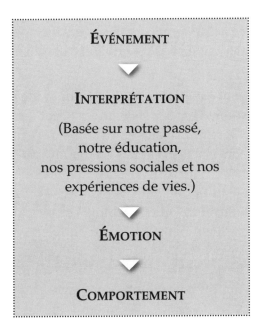

ÉVÉNEMENT

▼

INTERPRÉTATION

(Basée sur notre passé,
notre éducation,
nos pressions sociales et nos
expériences de vies.)

▼

ÉMOTION

▼

COMPORTEMENT

Malheureusement, nous n'avons aucun contrôle sur les évènements auxquels nous devons faire face. Toutefois, nous pouvons en faire une sage et juste interprétation. Notre perception de la situation affectera l'ampleur de notre émotion, qui à son tour influencera notre comportement.

Je vais tenter d'illustrer ce principe en vous racontant une petite anecdote qui vous sera probablement familière. Par un beau dimanche matin ensoleillé, vous arrivez à l'église, sereine et joyeuse. Alors que vous franchissez le pas de la porte, vous croisez le regard d'une femme que vous connaissez bien, mais avec laquelle vous avez eu un conflit auparavant. Vous vous regardez, mais elle omet de vous saluer. Vous allez vous asseoir pour attendre le début de la réunion, et pendant ce temps, vous sentez une foule d'émotions monter en vous : l'inquiétude, la tristesse, la frustration, voire la colère. Vos pensées se bousculent : « *Je savais qu'elle ne m'avait pas pardonnée ! Peut-être que lorsque j'ai dit cela ou fait ceci, elle s'est sentie personnellement concernée et elle est encore frustrée ! Je suis fatiguée de me faire traiter ainsi ! Là, franchement, elle exagère !* » C'est l'escalade dans votre tête. Selon votre personnalité, votre seul désir est maintenant de quitter votre siège et d'aller régler vos comptes avec elle ; (avec amour, bien sûr !) ou bien de retourner à la maison, blessée. Une circonstance banale vient de vous voler votre paix, votre joie et d'assombrir complètement votre journée.

Les femmes sont expertes dans « l'art » de sauter aux conclusions et de se laisser submerger par les pensées négatives et destructrices. Je crois que vous saisissez ce que je veux dire, n'est-ce pas ? Dans cette simple histoire, une saine gestion des émotions aurait nécessité une meilleure lecture de cette furtive rencontre. Si nous rembobinons le film des évènements et que nous le regardons sous un autre angle, nous pourrions découvrir que la femme en question ne nous a pas saluée parce qu'elle ne nous avait tout simplement pas vue, étant absorbée dans ses pensées. Il est possible qu'elle soit arrivée préoccupée ce matin-là, ou qu'elle ait été distraite. Notre interprétation de cette situation s'appuie sur une expérience passée qui nous a blessée. Ainsi, nous jugeons les faits à la lumière de cet incident. La lecture que nous avons faite de la situation a généré en nous des émotions négatives qui ont influencé notre comportement. Le bon réflexe aurait été de valider la perception que nous avons de la situation en allant interroger la femme : « Est-ce que ça va ce matin ? J'ai remarqué que nous ne nous sommes pas saluées, est-ce que j'ai fait quelque chose qui t'aurait déplu ? » De cette façon, nous aurions pu désamorcer tout cet imbroglio et passer une magnifique journée.

Je crois que chacune d'entre nous s'est retrouvée dans une situation plus ou moins semblable. En lisant ces lignes, il est possible que vous ayez découvert que vous étiez une femme émotive, et qu'à certains moments, dans certaines circonstances, vous exprimiez manifestement trop vos émotions. Cela engendre des conséquences déplorables dans votre vie. À l'inverse, vous venez peut-être de réaliser que vous étouffez vos émotions depuis plusieurs années. Par crainte de déplaire, d'être blessée, d'être encore déçue, ou à cause d'un enseignement religieux strict ou d'une éducation trop rigide, vous refoulez vos émotions. En y pensant bien, vous venez peut-être de réaliser que vous souffrez et que vous vous êtes complètement oubliée. Aujourd'hui, vous pouvez décider de changer ces comportements et de commencer, avec l'aide de Dieu, à gérer adéquatement vos émotions. L'apôtre Paul nous encourage à nous porter vers l'avant[108]. Mes chères amies, oublions ce qui est derrière nous : nos échecs, nos erreurs, nos peurs, nos blessures, nos doutes, nos paroles désagréables, nos comportements inadéquats, et courrons vers le but afin de remporter le prix. Aspirons et travaillons à une saine gestion de nos émotions !

> *Si l'une de vous manque de sagesse, qu'elle la demande à Dieu, qui donne tout simplement et sans faire de reproche, et elle lui sera donnée*[109].

Mes réflexions et mes objectifs

Décrivez une situation qui a éveillé en vous de vives émotions. Quelle a été votre réaction ?

_____

_____

_____

Lorsque vous faites face à des évènements qui suscitent en vous des émotions, avez-vous tendance à exprimer ce que vous ressentez ou avez-vous plutôt l'habitude de refoulez vos sentiments ?

_____

_____

_____

Si vous êtes du type à exprimer vos émotions, croyez-vous que vous le faites de la bonne façon ou estimez-vous que souvent, vous faites des choses et prononcez des paroles que vous regrettez par la suite, et qui peuvent nuire à vos relations ?

_____

_____

_____

Si vous êtes du type à étouffer et réprimer vos émotions, tentez d'en identifier le pourquoi. Écrivez vos pistes de réflexion.

_____

_____

_____

Si vous vivez une situation difficile dans votre vie, prenez quelques minutes et écrivez ce qui vous affecte dans cette situation. Arrêtez-vous un instant et questionnez-vous sur votre interprétation. Est-ce la bonne façon de voir la situation ? Ne seriez-vous pas influencée par une mauvaise expérience du passé, par vos craintes ou vos doutes, ou par votre éducation ? Demandez à Dieu de vous aider à percevoir la situation telle qu'elle est vraiment, afin que vous puissiez réagir sainement.

_____

_____

_____

Ma prière

Seigneur Jésus, merci parce que Tu me connais mieux que moi-même. Tu sais tout de moi, rien n'est caché devant Toi. Seigneur, je désire être une femme qui gère sainement ses émotions. Aide-moi à les exprimer avec sagesse et à me maîtriser. Aide-moi à ne pas refouler au plus profond de moi ce que je ressens. Enlève de moi la peur et donne-moi la force et le courage d'extérioriser mes sentiments. Fais de moi une femme en parfait équilibre entre la raison et l'émotion. J'ai besoin de Toi, car par moi-même, j'en suis incapable. Toutefois, je sais qu'avec Toi tout est possible, et que c'est lorsque je suis faible que Tu es fort. Merci, car Ta puissance s'accomplit à travers ma faiblesse. Par Ta Grâce qui agit en moi, je saurai maîtriser mes émotions lorsque c'est nécessaire et les exprimer correctement quand il le faut. Amen !

Pensée
N° · 3

Vivre avec les changements hormonaux : Seigneur, viens à notre secours !

TEXTES BIBLIQUES :
1 Pierre 5.7 ; Matthieu 11.28 ; Psaumes 23.4 et Jean 14.27

Quel thème intéressant et surprenant ! Si nous voulons discuter de toutes les facettes de la vie d'une femme, ce sujet est un incontournable. Tout au long de notre vie, nous vivons avec des changements hormonaux qui se manifestent en différentes phases. Ce sont : le syndrome prémenstruel (SPM), le baby blues ou dépression *post-partum* (suite à l'accouchement), la pré-ménopause et finalement la ménopause. Peut-être vous demandez-vous pourquoi aborder ce sujet dans un livre dévotionnel pour les femmes. Quel lien existe-t-il entre les hormones et notre vie spirituelle ? La réponse est simple : Les changements hormonaux affectent nos émotions et ces dernières influencent notre vie spirituelle et relationnelle.

> Les changements hormonaux affectent nos émotions et ces dernières influencent notre vie spirituelle et relationnelle.

Tout au long de notre vie, nous subissons les effets des changements hormonaux qui influent sur notre humeur. Ces bouleversements rendront complètement impossible la vie de certaines, alors qu'ils ne provoqueront qu'un simple petit soubresaut émotif pour d'autres. Dans quels groupes vous retrouvez-vous ? Dans le cadre de cette pensée, nous allons tenter de répondre à certaines questions que plusieurs se posent, alors que nous sommes aux prises avec nos changements hormonaux.

Suis-je normale ? Mes changements d'humeur sont-ils uniquement dus à mon mauvais caractère ?

La réponse est : vous êtes normale ! Si lorsque vous êtes dans votre période prémenstruelle ou dans votre ménopause, vous vous sentez plus émotive, d'une humeur triste, morose, déprimée, la larme à l'œil et envahie par des pensées négatives et dévalorisantes, vous êtes normale ! Si vous vous sentez plus vulnérable, irritable, colérique voire agressive, vous êtes normale ! Si je peux vous entretenir de cela, ce n'est pas parce que j'ai déjà expérimenté ces états d'âme. C'est uniquement parce que j'ai beaucoup lu sur le sujet. Je plaisante !! Mieux vaut en rire, car certaines journées ne sont vraiment pas amusantes. Ce n'est pas parce qu'on en rit que c'est drôle. Dédramatisons !

Afin de vous aider à mieux comprendre et pour vous amener à apprivoiser vos variations hormonales, permettez-moi d'expliquer brièvement quelles sont les différentes phases hormonales de la vie d'une femme :

Le syndrome prémenstruel : mythe ou réalité ?

Certains hommes pensent que c'est un mythe, alors que toutes les femmes savent que c'est une réalité. Le syndrome prémenstruel (SPM) se définit comme une manifestation cyclique de symptômes physiques et psychologiques liés aux règles, engendrant des symptômes suffisamment importants pour perturber les activités quotidiennes[110]. Ceux-ci commencent environ sept à quatorze jours avant les règles, et prennent généralement fin deux ou trois jours après leur début.

Plus de 150 symptômes différents ont été attribués au SPM. Voici les plus fréquents[111] :

+ *Symptômes liés à la rétention d'eau* : prise de poids, douleur aux jambes ou jambes lourdes, transpiration abondante des mains et des pieds, et parfois, seins douloureux (mastalgie), gonflés et tendus.

✦ *Symptômes émotionnels et psychologiques* : tension nerveuse, humeur changeante, irritabilité, crises de larmes, sensation d'être mal dans sa peau, dépression, anxiété, agressivité.

✦ *Changement d'appétit* : fringales d'aliments sucrés ou salés. C'est ce qui explique votre « rage » de croustilles et de chocolat. Vous êtes normale !

✦ *Maux de tête ou migraines.*

✦ *Fatigue souvent accompagnée de troubles du sommeil (insomnie ou hypersomnie).*

✦ *Problèmes cutanés* : acné, peau grasse, pilosité accrue.

✦ *Augmentation ou diminution de la libido.*

Les symptômes qui amènent le plus souvent les femmes à consulter sont liés aux changements d'humeur. Notons que la sévérité des symptômes tend à s'accentuer chez les femmes dans la trentaine et la quarantaine. Une étude épidémiologique a démontré que[112] :

✦ seulement 3 à 10 % de la population féminine ne présente aucun trouble prémenstruel.

✦ 50 % des femmes présenteraient un malaise d'intensité modérée.

✦ 35 % des femmes présenteraient des symptômes entraînant une perturbation de la vie sociale, professionnelle ou familiale.

✦ Finalement, 5 à 10 % des femmes souffriraient d'un SPM sévère, entraînant une perturbation grave de leurs vies.

Le *baby blues* ou dépression post-partum : N'ayez pas peur de consulter un médecin !

Pour la majorité des femmes, mettre un enfant au monde est une expérience très intense, tant du point de vue physique qu'émotionnel. Il est donc naturel que bon nombre de nouvelles mamans éprouvent des sautes d'humeur après l'accouchement, se sentant heureuses et tristes par moment. Ces sentiments sont parfois appelés *baby blues* ou syndrome du troisième jour. Chez 60 % à 80 % des femmes, un état de tristesse, de nervosité ou d'anxiété se manifestera dans le premier mois suivant la naissance. Habituellement, cette dépression se résorbe d'elle-même. Dans la plupart des cas, elle disparait environ dix jours après l'accouchement. Cependant, certaines femmes peuvent éprouver une dépression profonde et continue qui durera plus longtemps. Il s'agit de la dépression *post-partum*.

Les femmes qui en sont atteintes éprouvent les symptômes suivants : découragement, tendance à pleurer constamment, sentiment de ne pas être à la hauteur, culpabilité, anxiété, irritabilité et fatigue. Les symptômes physiques comprennent : des maux de tête, un engourdissement, des douleurs thoraciques et de l'hyperventilation.

Une femme souffrant d'une dépression *post-partum* peut éprouver des sentiments d'ambivalence, de négativité ou de désintérêt envers son enfant. De tels sentiments peuvent avoir des répercussions négatives sur le développement du lien affectif qui unit la mère et l'enfant. *Si vous ressentez ces symptômes, il est important d'aller consulter un médecin.* Il n'y a aucune honte à cela, au contraire. Allez-y pour votre mieux-être, mais aussi pour le bien-être de votre enfant.

On estime que la dépression *post-partum* se manifeste dans 3 % à 20 % des accouchements. Elle peut se présenter à n'importe quel moment au cours des six mois qui suivent l'accouchement, et peut demeurer pendant plusieurs mois voire un an[113].

La pré-ménopause et la ménopause : Seigneur viens à notre aide !

La ménopause est la période qui commence avec la disparition permanente des menstruations. À ce moment, les ovaires arrêtent de produire les hormones de la reproduction : l'œstrogène et la progestérone. On estime à cinquante-et-un ans, l'âge moyen de la ménopause dans les sociétés occidentales, mais elle peut survenir entre quarante et cinquante-cinq ans. La ménopause n'arrive pas brutalement. Elle est précédée d'une période appelée pré-ménopause (ou péri-ménopause) qui s'étend sur cinq à dix ans (ouf !) avant le moment des dernières menstruations. Pendant cette période, les ovaires produisent graduellement moins d'œstrogènes. Dans la dernière ou les deux dernières années de la pré-ménopause, la diminution d'œstrogènes s'accélère et plusieurs femmes voient apparaitre certains symptômes :

✦ *Les bouffées de chaleur* : Ce symptôme est très fréquent. Chez certaines femmes, les bouffées de chaleur s'accompagnent de sueurs intenses (notamment des sueurs nocturnes). Les bouffées de chaleur sont sans danger mais peuvent être très incommodantes. N'est-ce pas chères amies ?

✦ *La prise de poids* : Souvent, au moment de la ménopause, les femmes prennent du poids et trouvent qu'il est plus difficile qu'auparavant d'en perdre. La ménopause entraîne une modification de la répartition des graisses. Celles-ci s'accumulent plus fréquemment au niveau du ventre plutôt qu'aux niveaux des cuisses et des fesses. N'est-ce pas chères amies ?

Plus élevé est votre niveau de stress, plus sévères seront les symptômes de la ménopause.

✦ *Les troubles du sommeil (insomnie)* : Selon une récente recherche, ce symptôme serait le plus fréquent et le plus sévère.

✦ *Les changements d'humeur* : Accroissement de l'irritabilité, anxiété et état dépressif.

✦ *Une diminution de la libido.*

La ménopause s'accompagne également d'une modification de la structure et de la texture de la peau qui est influencée par les hormones sexuelles. Après la ménopause, la peau devient plus fine et plus fragile. C'est pour cela que l'apparition des rides s'accentue. Et oui ! En plus de prendre du poids, de mal dormir et d'avoir des humeurs changeantes, notre peau se ride. C'est difficile à lire, mais c'est vrai ! La sévérité de tous ces symptômes et leurs conséquences sur la qualité de vie sont étroitement liées au niveau de stress de la femme concernée. Plus élevé est votre niveau de stress, plus sévères seront les symptômes de la ménopause[114].

Comment les changements hormonaux affectent notre humeur ?

Plusieurs causes sont à l'origine de ces variations d'humeur. Tout ceci n'est pas uniquement dans votre tête. C'est biochimique ! Les explications sont nombreuses et complexes. Vous conviendrez que dans le cadre d'un journal dévotionnel, il est difficile d'expliquer, d'un point de vue biochimique, les processus impliqués dans les modifications de l'humeur et les changements hormonaux. Toutefois, tout en demeurant rigoureux, on peut affirmer que la chute du niveau d'œstrogènes que nous subissons lors de notre SPM, *baby blues* ou lors de la ménopause, en est une des principales causes. Il existe en effet un lien étroit entre la diminution du niveau d'œstrogènes et la régulation de plusieurs neurotransmetteurs, dont la sérotonine[115]. Cette dernière, joue un rôle majeur dans la dépression et les variations de l'humeur. Alors, lorsque les personnes de votre entourage vous diront que vous êtes de mauvaise humeur, répondez-leur que vous n'en êtes pas responsable, c'est la faute de vos œstrogènes. Je plaisante !

Mes chères amies, il est tout à fait vrai que les variations du niveau d'œstrogènes que nous subissons tout au long de notre vie affectent notre humeur. Je ne veux absolument pas en minimiser l'importance. Je comprends très bien tous les désagréments que cela comporte, étant moi-même à l'aube de la pré-ménopause, hélas ! En dépit de tout, cela ne nous donne pas carte blanche. Ce n'est pas un « laissez-passer » nous permettant de faire subir nos états d'âme à tous. Soyons des femmes vigilantes et attentives aux symptômes décrits précédemment. Ne tombons pas dans le piège mes amies. Si vous vous sentez plus émotive, l'humeur triste, morose, déprimée, la larme à l'œil et envahie par des pensées négatives et dévalorisantes, avant de remettre en question votre mari, vos enfants, votre travail, votre église ou carrément votre vie entière, prenez le temps de vous questionner : « Suis-je dans ma période prémenstruelle ? Est-ce que je commence ma ménopause ? Toutes ces émotions qui m'accablent soudainement, seraient-elles dues à un changement hormonal ? » Dans l'affirmatif : ne vous condamnez pas ; ne vous justifiez pas ; ne vous faites pas piéger et finalement, prenez le temps de vous relaxer, vous reposer et méditer la Parole de Dieu.

Il y a aussi des gestes simples que nous pouvons faire et qui peuvent aider à diminuer les effets de ces variations hormonales. Par exemple, pour contrer[116] :

✦ *Le syndrome prémenstruel* : Utilisez un calendrier de prévision des règles (voir ci-dessous). Pour les jours concernés de chaque mois du calendrier, évaluez vos symptômes sur une échelle de 1 (très doux) à 5 (très graves). Indiquez l'évaluation à côté de la lettre correspondant à votre symptôme. Au bout de trois mois, regardez si vous êtes en mesure de dégager un schéma, c'est-à-dire, si vous avez les mêmes symptômes, à la même période de chaque mois.

✦ *Les sautes d'humeur* : La meilleure solution est de vous rendre la vie facile !
   a. Évitez les confrontations avec les autres, parce que vos réactions seront probablement excessives et irrationnelles.
   b. Évitez les situations stressantes (lieux bruyants).
   c. Faites de l'exercice (promenade extérieure, l'air frais, ça relaxe).
   d. Reposez-vous autant que possible.

✦ *La léthargie* : Vous vous sentez léthargique lorsque vous n'arrivez pas à sortir du lit ou que vous n'avez pas le courage de faire quoi que ce soit. Bien qu'il s'agisse d'un problème psychologique, il pourrait avoir une base physique. Certains scientifiques pensent que le taux de sucre dans le sang peut chuter avant et après les règles, vous plongeant ainsi dans un état léthargique. Une solution consiste à maintenir les sucres dans le sang à un niveau constant. Essayez de manger de petites collations vitaminées toutes les trois heures (pas de tablettes de chocolat !).

✦ *La prise de poids* : Juste avant vos règles, vous trouverez peut-être que vos vêtements, vos chaussures et même vos bagues sont trop étroits. Cette sensation de ballonnement est due à la rétention d'eau dans votre corps. Afin de les éviter, ne mangez pas d'aliments à haute teneur en sel et évitez de consommer des quantités excessives de café, chocolat, thé, cola.

✦ *L'insomnie* : Évitez la caféine. Attention à ne pas manquer de sommeil durant cette période. Prenez l'habitude de vous coucher et vous lever à des heures régulières pour favoriser la régulation de votre horloge biologique. Réservez-vous du temps de détente avant le coucher (lecture de la Parole). Malheureusement, lors de la préménopause, les bouffées de chaleur sont souvent responsables de l'insomnie.

✦ *La sensation de déprime* : Si vous vous sentez larmoyante, misérable, bonne à rien et antisociale, la meilleure chose à faire est de laisser aller les choses (relâchez !). Demandez du réconfort à Dieu. Recherchez aussi du soutien. Ayez un réseau d'amies auprès desquelles vous puissiez vous appuyer et avec lesquelles vous puissiez prier lorsque l'une ou l'autre traverse cette période difficile. N'oubliez surtout pas que toutes ces sensations disparaissent. Cependant, si l'intensité des symptômes entraîne une perturbation grave de votre vie sociale, professionnelle ou familiale (5 à 10% des femmes), vous devez consulter un médecin.

Cette semaine, en guise d'antidote à vos variations d'humeur, je vous suggère de méditer et de confesser les versets suivants : 1 Pierre 5.7 ; Matthieu 11.28 ; Psaumes 23.4 et Jean 14.27. Si vos pensées dépressives persistent et s'accentuent, n'hésitez pas à consulter un pasteur ou un médecin. Dieu a placé des gens autour de nous avec des compétences qui peuvent nous être salutaires. Ne restez pas isolée. Allez chercher de l'aide. Il n'y a pas de honte à cela. Personne n'est à l'abri d'une période de dépression, mais il y a des moyens d'en sortir. Prenez courage !

> *Je vous laisse ma paix, je vous donne ma paix. Je ne vous la donne pas comme le monde donne. Que votre cœur ne se trouble point, et ne s'alarme point [...]*[117]

Calendrier des symptômes

Date	Janv.	Fév.	Mars	Avril	Mai	Juin	Juil.	Août	Sept.	Oct.	Nov.	Déc.
1												
2												
3												
4												
5												
6												
7												
8												
9												
10												
11												
12												
13												
14												
15												
16												
17												
18												
19												
20												
21												
22												
23												
24												
25												
26												
27												
28												
29												
30												
31												

M = Menstruation R = Mal aux reins T = Maux de tête G = Gonflement D = Dépression I = Irritablilité

Mes réflexions et mes objectifs

À présent, seriez-vous en mesure d'évaluer si vous avez des symptômes associés au syndrome prémenstruel, au *baby blues*, ou à la pré-ménopause ?

_____

_____

_____

Décrivez vos symptômes.

_____

_____

_____

Ces symptômes affectent-ils votre qualité de vie ? Si oui, de quelle façon ? Sur une échelle allant de 1 (légèrement) à 10 (sévèrement), quel chiffre qualifie le mieux votre état ? Si vous avez répondu 8 et plus, je vous suggère fortement d'appeler un médecin.

_____

_____

_____

Transcrivez ici le psaume 23. Prenez un moment pour le méditer.

_____

_____

_____

Ma prière

Seigneur Jésus, je te prie de m'aider à traverser ces différentes saisons de ma vie. Si j'ai fait subir mes sautes d'humeur aux gens qui m'entourent, je te demande pardon. Aide-moi à bien gérer mes états d'âme. Donne-moi la sagesse afin que je puisse discerner les causes de mes variations d'humeur. Si les pensées négatives, l'angoisse et l'anxiété viennent m'envahir, viens me donner Ta paix. Aide-moi à traverser cette période de ma vie de façon plus sereine. Amen !

P e n s é e
Nº . 4

Réaliser que nous avons une grande valeur !

T E X T E S   B I B L I Q U E S :
Romains 5.8 ; Romains 8.17 ; 1 Pierre 2.9 ; Jacques 2.5 ;
1 Corinthiens 1.19 ; Éphésiens 2.22 ; Matthieu 5.14 ;
1 Jean 1.9 ; 1 Corinthiens 12 ; Romains 12

Vous êtes-vous déjà levée un matin et, vous regardant dans la glace, n'avez pas apprécié l'image reflétée par le miroir ? (Même après avoir changé trois fois de vêtements !) Vous êtes-vous déjà couchée le soir en pensant à un trait de votre personnalité que vous aimeriez changer ? Rassurez-vous, vous n'êtes pas seule ! La mauvaise estime de soi est un fléau qui touche la majorité des femmes. Elle fait partie des maux de ce siècle qui nous paralysent. Chères amies, je crois profondément qu'en tant qu'enfant de Dieu, nous devrions aspirer à développer une bonne estime de nous-mêmes. Trop souvent, parce que nous avons reçu un enseignement religieux inadéquat, basé sur une compréhension malsaine des Écritures, nous endossons des attitudes intérieures destruc-trices qui contribuent à diminuer notre estime de soi. Se sentir constamment inférieure, se dégrader, se dévaloriser, s'abaisser, sont loin d'être des com-portements spirituels qui plaisent à Dieu. Nous ne sommes pas plus spirituelles ou humbles lorsque nous nous dévalorisons. Toutes ces croyances ne sont que des mythes et de faux concepts que nous devons briser. Il est important de pouvoir faire la distinction entre :

Dieu nous demande de vivre dans l'humilité et non dans l'humiliation.

✦ *L'humilité et l'humiliation* : Il faut bien comprendre que Dieu nous demande de vivre dans l'humilité et non dans l'humiliation. L'humilité consiste à nous voir telles que nous sommes, avec nos forces, nos faiblesses et nos limites, sans nous élever ni nous abaisser.

✦ *Avoir une nature imparfaite et n'avoir aucune valeur :* Nous savons que nous avons hérité d'une nature pécheresse, mais cela ne veut pas dire que nous sommes sans valeur. Bien au contraire, car lorsque nous étions pécheurs, Christ est mort pour nous[118]. Je crois que si Dieu considérait que nous n'avions aucune valeur, Il n'aurait pas envoyé ce qu'Il avait de plus précieux, Son Fils unique, mourir pour nous.

✦ *S'aimer et être égoïste :* L'égoïsme est un défaut à multiples facettes dont un attachement excessif à soi-même. Une des caractéristiques d'une personne égoïste est qu'elle a tendance à trop parler d'elle-même, à tout rapporter à elle. Un des antidotes à l'égoïsme est la bonne estime de soi. Lorsqu'on se connaît et qu'on s'apprécie avec ses qualités et ses limites ; lorsqu'on travaille sur ses faiblesses, on a moins tendance à tout rapporter à soi, on est plus ouverts aux autres et plus généreux.

L'estime de soi est très bénéfique pour notre vie : elle facilite les relations avec autrui ; elle permet d'avoir une plus grande sécurité émotionnelle ; elle permet d'être plus tolérant vis-à-vis des aléas de la vie et des frustrations ; elle permet d'avoir une perception plus réaliste de nos attitudes et de nos qualités ; elle nous donne un plus grand sens de l'humour et la capacité de rire de nous-mêmes, et finalement, elle rend le message de Jésus plus attirant pour les gens que nous côtoyons.

Je peux entendre votre petite voix intérieure vous dire : « *C'est bien beau tout ça, je suis d'accord, mais comment puis-je faire pour me bâtir une bonne estime de moi ?* » Commençons par le début.

Premièrement, il faut savoir que l'estime de soi repose justement sur le principe de l'évaluation de soi : Comment vous trouvez-vous en tant que personne ? Que valez-vous selon vous ? Pour développer une bonne image de soi, nous devons nous voir telles que Dieu nous voit. Nous sommes des femmes aimées de Dieu. Nous avons été rachetées, pardonnées et justifiées par Dieu. Nous sommes protégées, précieuses et capables de grandes choses par Sa force qui agit en nous. Au lieu de nous dénigrer, nous devons devenir des femmes qui comprennent leur identité d'enfant de Dieu. La Bible nous affirme que nous sommes *un peuple élu, membre de la famille royale*[119] ; *héritières du royaume*[120] ; *cohéritières du Christ*[121] ; *le temple du Saint-Esprit*[122] ; *l'habitation de Dieu sur terre*[123] ; nous sommes *la lumière du monde*[124]. Nous sommes des *enfants de Dieu*[125]. Si votre Père est le Roi de la terre, alors vous êtes des princesses. C'est votre vraie identité en Christ. Vous pensez que j'exagère ? Je ne fais que citer les Écritures. Ce n'est pas moi qui le dis, c'est Dieu ! Si Dieu nous voit ainsi, il n'y a aucune raison que nous n'en fassions pas autant.

La Parole de Dieu déclare toutes ces magnifiques vérités sur notre personne, mais je sais très bien que ce n'est pas aussi simple que cela de nous les approprier (seule une femme peut comprendre ce qu'éprouve une autre femme !). Il y a des jours où nous aimerions pouvoir allez au premier magasin du coin pour nous acheter une bonne dose d'estime de soi ! Malheureusement, l'estime de soi ne peut s'acheter, elle se développe. Pour bâtir notre estime de nous-mêmes, nous devons absolument bannir certaines attitudes intérieures. Nous devons cesser de :

◆ *Nous faire constamment des reproches intérieurs.*
Permettez-moi d'apporter une simple précision. Il faut faire la différence entre la conviction du Saint-Esprit et la condamnation. La conviction du Saint-Esprit est saine et libératrice pour notre vie. Elle nous pousse vers le changement. Par contre,

vivre constamment sous le poids de la culpabilité, nous paralyse et nous empêche d'avancer.

N'oublions jamais que *si nous confessons nos péchés, Dieu est fidèle et juste pour nous les pardonner [...]*[126]. Il n'y a plus de condamnation. Ne nous privons pas de la Grâce de Dieu.

✦ *Nous sentir inférieures aux autres.* N'oubliez pas que si vous êtes une enfant de Dieu, vous avez été rachetée à un aussi grand prix que n'importe quel autre enfant de Dieu ! Vous êtes une princesse, une fille du Roi. Personne ne peut vous faire sentir inférieure sans votre consentement. Refusez ces mensonges et ces pensées d'infériorités.

> Personne ne peut vous faire sentir inférieure sans votre consentement. Refusez ces mensonges et ces pensées d'infériorités.

✦ *Nous évaluer d'après notre passé ou d'après les critiques des autres.* De simples et banales paroles peuvent avoir profondément faussé la perception que vous avez de vous-même et avoir laissé jusqu'à présent, des séquelles et de la douleur sur votre cœur. Permettez-moi de vous raconter une anecdote qui m'est arrivée il y a de cela trente ans. Je m'en souviens encore ! Vous savez très bien qu'un des sujets les plus tabous et difficiles à aborder pour les femmes concerne l'image corporelle, et particulièrement le poids (vrai ou faux ?). Lorsque j'avais douze ans, je n'étais encore qu'une jeune fille naïve et insouciante. Un jour, je prenais part à un repas avec mes camarades de classe. Ma mère m'avait préparé un casse-croûte avec deux délicieux sandwichs. Je dis bien deux ! Alors que je mordais à pleines dents dans mon sandwich, le plus beau et populaire garçon de ma classe — qui ne me laissait pas indifférente —

s'approcha de moi. Devant toutes mes amies, il s'exclama : « Deux sandwichs ! Tu ferais mieux de n'en manger qu'un seul ! ». Par cette déclaration, il sous-entendait qu'au bénéfice de ma silhouette, un seul sandwich aurait été de loin préférable. Je me suis sentie humiliée. Le soir, je suis rentrée à la maison, convaincue que j'étais la plus grosse, si ce n'est la plus énorme fille de douze ans au monde ! Pourtant, je n'avais absolument aucun problème de poids. Cette phrase a terni ma perception de moi-même durant toute mon adolescence.

Ce ne fut pas une scène dramatique, mais le commentaire de ce jeune homme a tout de même eu une influence suffisamment négative sur mon estime de moi-même pour que je vous en parle encore aujourd'hui. Plusieurs d'entre vous ont aussi été victimes de railleries et de moqueries. Du professeur qui vous a humiliée devant toute la classe, à des camarades qui vous ont ridiculisée parce que vous n'étiez pas habiles dans certains sports, à une mère, un père, des frères ou des sœurs qui vous ont dit que vous étiez incapables voire nulles ; tous ces simples évènements contribuent à embrouiller, déformer et obscurcir la perception que nous avons de nous-mêmes.

Certaines ont vécu des incidents de loin plus destructeurs qu'une simple moquerie. Ceux-ci vous ont complètement démolie. Que ce soit le divorce, les abus émotionnels, physiques ou sexuels, l'inceste ou le rejet. Toutes ces circonstances contribuent à briser votre image de vous-même. De tels actes ou de telles paroles vous ont peut-être laissée avec l'idée que si des gens ont agi de la sorte avec vous, ce doit être parce que vous l'aviez mérité, ou que vous ne valiez pas la peine d'être aimée ou respectée. C'est complètement faux ! Vous avez une grande valeur. Dieu peut et désire guérir vos blessures du passé. Si vous croyez que le sang de Jésus est assez puissant pour effacer vos péchés, vous devez croire qu'Il est tout aussi puissant pour vous guérir de votre passé. Vous êtes peut-être le produit de votre passé, mais vous n'avez pas à en être prisonnière. Dès aujourd'hui, vous pouvez vous en libérer.

En terminant cette pensée, je vous suggère deux petits exercices. Premièrement, il est écrit au Psaumes 139.14 : *Je te loue de ce que je suis une créature si merveilleuse, tes œuvres sont admirables, et mon **âme le reconnaît bien**.* Commencez à remercier Dieu pour qui vous êtes ; pour les qualités, les dons et les forces qu'Il a placées en vous. Dieu sait que vous n'êtes pas parfaite, ne vous en faites pas ! Par contre je suis persuadée qu'Il aimerait que vous soyez reconnaissante pour tout ce qu'Il a fait pour vous et pour la créature merveilleuse que vous êtes. Deuxièmement, je vous invite à lutter contre les pensées qui vous dénigrent et vous abaissent. Combattre de telles pensées est une décision que nous devons prendre quotidiennement. Prenez cette décision cette semaine. Lorsque vous serez envahie par des pensées qui vous diminuent, posez-vous les questions suivantes : Suis-je en train de penser correctement ? Mes pensées reposent-elles sur des faits réels ? Mes pensées sont-elles fondées sur la vérité à la lumière de qui je suis en Jésus-Christ, ou se basent-elles sur des évènements ou des paroles qui ont altéré mon image de moi-même ? Dans la pensée qui suit, nous verrons comment briser le cycle de la mauvaise estime de soi.

Mes réflexions et mes objectifs

Comment évaluez-vous votre estime de vous-même ? Sur une échelle allant de 1 (faible) à 10 (excellente), quel est le chiffre qui vous qualifie le mieux ?

_____

_____

_____

Avez-vous fréquemment des pensées qui vous abaissent ? Vous sentez-vous souvent inférieure aux autres ? Dans l'affirmatif, sur quel aspect de votre vie vous dénigrez-vous : votre physique, votre caractère, votre personnalité ?

_____

_____

_____

Avez-vous été, à un certain moment de votre vie, le sujet de moqueries, de railleries ? Avez-vous été victime de paroles ou de gestes destructeurs de la part de votre entourage ? Si oui, décrivez ici l'évènement qui a contribué à nuire à votre image de vous-même. Par la suite, demandez à Dieu de consoler et de guérir votre cœur.

_____

_____

_____

Transcrivez Psaumes 139.14 et 1 Pierre 2.9. Prenez un moment pour le méditer. Ensuite, remerciez Dieu pour qui vous êtes, pour les dons et les forces qu'Il a placés en vous et pour l'identité que vous avez en Lui.

_____

_____

_____

Ma prière

Seigneur Jésus, je te remercie pour Ton amour pour moi. Merci parce que je suis une perle précieuse à Tes yeux. Merci parce que Tu as donné ce que Tu avais de plus précieux, Ton Fils, pour que j'aie la vie éternelle. Merci pour l'identité que j'ai en Toi. Merci parce que je suis Ton enfant, je suis la fille du Roi des rois. Merci parce que je suis une princesse et que je suis membre de la famille royale. Je place devant Toi ces gestes ou ces paroles qui ont contribué à altérer mon image de moi-même. Viens guérir mon cœur et mon âme. Aide-moi à me bâtir une image de moi-même qui est saine. Aide-moi à penser correctement et à ne pas me dénigrer constamment. Aide-moi à m'aimer. Merci pour toutes les qualités et les dons que Tu m'as accordés. Amen !

Pensée
Nº . 5

Briser le cycle de la mauvaise estime de soi, c'est possible !

TEXTES BIBLIQUES :
Romains 5.8 ; Romains 8.17 ; 1 Pierre 2.9 ; Jacques 2.5 ;
1 Corinthiens 1.19 ; Éphésiens 2.22 ; Matthieu5.14 ;
1 Jean 1.9 ; 1 Corinthiens 12 ; Romains 12

J'espère que vous avez pu réaliser les exercices proposés à la dernière pensée. Je sais que pour certaines, le simple fait de remercier Dieu pour qui vous êtes vous a demandé beaucoup d'efforts. Toutefois, je suis persuadée qu'à travers les actions de grâce que vous Lui avez offertes, Dieu a commencé à restaurer votre image de vous-mêmes. Je vous encourage à continuer de lutter contre vos pensées dévalorisantes. N'oubliez pas que personne ne peut vous faire sentir inférieure sans votre consentement ! Résistez et repoussez ces pensées.

Cette semaine, j'aimerais vous suggérer cinq clés qui vous permettront de briser le cycle de la mauvaise estime de soi.

Clé # 1 : Reconnaître et être convaincue qu'avoir une pauvre estime de soi a des conséquences négatives sur notre vie. La mauvaise estime de nous-mêmes favorise les mauvais dialogues intérieurs. Une fois présents, ceux-ci font naître de mauvais comportements. N'oubliez pas : *nous sommes comme les pensées de notre âme [...]*[127].

Clé # 2 : Croire que s'aimer est acceptable devant Dieu. Ne retombez pas dans les clichés réducteurs issus d'un christianisme légaliste et non biblique ! La Parole de Dieu avait déjà mis en lumière un principe important de la psychologie moderne lorsqu'elle déclare dans Matthieu 22.39 : *Tu aimeras ton prochain comme toi-même.* La Bible nous exhorte à nous aimer nous-mêmes. Éphésiens 5.28 appuie cette vérité :

*C'est ainsi que le mari doit aimer sa femme comme son propre corps, [...] car jamais **personne n'a haï sa propre chair, il la nourrit et en prend soin**, comme Christ le fait pour l'Église.* Pour l'apôtre Paul, il est tout à fait normal et sain de prendre soin de soi. Il nous encourage à prendre soin de notre personne comme Christ le fait pour l'Église. Vous traitez-vous de la même façon que Christ traite Son Église ?

Clé # 3 : Croire que Dieu nous a choisies et a besoin de nous. Pensez-y et réalisez que Dieu a besoin de vous pour faire connaître son message sur cette terre. Il est écrit : *Ne savez-vous pas que vous êtes le temple de Dieu, et que l'Esprit de Dieu habite en vous ?*[128] *Vous êtes la lumière du monde [...] que votre lumière luise ainsi devant les hommes, afin qu'ils voient vos bonnes œuvres, et qu'ils glorifient votre père qui est dans les cieux* [129]. Je crois profondément que nous sommes plus étincelantes, que notre lumière brille davantage, lorsque nous avons une bonne estime de nous-mêmes. Dieu a dans Son cœur un plan pour que vous soyez reconstruites, équipées, libres, dynamiques, épanouies et victorieuses. Il désire vous utiliser pour montrer Sa Gloire. Mes chères amies, Dieu a un plan, une destinée, des œuvres préparées d'avance pour vous. Il désire utiliser chacune d'entre nous puissamment. Si vous hésitez encore à travailler sur votre estime de soi pour vous-mêmes, faites-le donc pour Dieu !

Si vous hésitez encore à travailler sur votre estime de soi pour vous-mêmes, faites-le donc pour Dieu !

Clé # 4 : Connaître nos dons. Nous avons toutes des talents que Dieu veut utiliser[130]. Une façon de bâtir notre image de soi est de vivre des expériences positives. Lorsque nous œuvrons ou travaillons dans des sphères où nous mettons nos dons en application, nous sommes remarquablement plus efficaces et plus performantes. Il est important de connaître nos dons, nos talents et de les accepter. Vous ne me connaissez probablement pas personnellement, mais mon mari, mes deux enfants, mes amies et les femmes de *Femme Chrétienne Contemporaine* de l'Église Nouvelle Vie vous diront que ma voix est fausse lorsque je chante. Je suis dotée de ce qu'on appelle une voix que seule une mère peut aimer. Sans aucune exagération, quand je chante lors de nos réunions de femmes, les techniciens de sons baissent le volume de mon microphone. Pour les besoins de la cause je cherche à m'améliorer, mais je sais que chanter n'est définitivement pas mon appel. Par contre, lorsque je partage la Parole et que je vois des femmes répondre à l'appel, ou lorsque je suis à mon bureau et que j'encourage une femme à s'accrocher à Dieu et que celle-ci décide de continuer à avancer, cela me galvanise et m'incite à poursuivre. Je vous encourage fortement à prendre du temps au cours des prochaines semaines, afin de découvrir vos dons. Lisez des livres, faites des tests, demandez l'opinion de vos amies pour vous aider à les découvrir. N'enviez pas les talents des autres, mais développez et épanouissez-vous dans les vôtres. Vos dons ne sont pas moindres, ils vous viennent de Dieu. Rick Warren a écrit : « Comme des vitraux, nos diverses personnalités reflètent la lumière de Dieu de multiples couleurs et de formes différentes. »[131]

Clé # 5 : S'examiner soi-même. Cette clé est tellement cruciale pour les femmes. Pour bâtir notre image de soi, nous devons arrêter de nous comparer aux autres. Ceci ne veut pas dire que nous devions nous négliger ou ne pas prendre soin de notre corps. Mais arrêtons de nous comparer aux images ridicules de minceur que nous envoie la société. Nous ne ressemblerons jamais aux clichés retouchés du mannequin de quinze ans, sans gras, sans rides, sans vergetures, sans cellulite ; présentés dans les magazines destinés aux femmes de quarante ans. Ça suffit ! Arrêtons aussi de nous comparer à nos mères, à nos sœurs ou à nos meilleures amies. Nous sommes ce que nous sommes par la Grâce de Dieu. Je sais, c'est plus facile à dire qu'à faire, mais c'est la clé ! La Parole de Dieu nous encourage à nous examiner nous-mêmes : *Que chacun examine ses propres œuvres, et alors il aura sujet de se glorifier pour lui seul et non par rapport à autrui […]*[132]. Pour éviter la comparaison, il est important de s'apprécier. Cependant, pour s'apprécier il faut se connaître. Vous connaissez-vous vraiment ? Connaissez-vous vos forces, vos faiblesses, vos difficultés et vos limites ? Voici quelques questions auxquelles répondre afin de mieux vous connaître. Je vous encourage fortement à faire cet exercice cette semaine. Vous verrez que cela peut vous être salutaire.

✦ Qu'est-ce que j'aime de moi ?

_____

_____

✦ Qu'est-ce que je n'aime pas de moi ?

_____

_____

✦ Qu'est-ce que j'aimerais changer ?

_____

_____

Prenez un moment en prière et demandez à Dieu de vous éclairer sur ce que vous aimeriez voir transformé en vous afin de rebâtir votre estime de vous-même.

Pour terminer, je vous rappelle que vous êtes aimées de Dieu et vous avez du prix à ses yeux ! Il n'y a pas de plus grand amour que de donner sa vie pour quelqu'un et *Dieu prouve son amour envers nous, en ce que, lorsque nous étions encore pécheresses, Christ est mort pour nous*[133]. N'oubliez jamais que RIEN ne pourra vous séparer de Son amour[134]. J'espère que ces clés vous seront utiles et qu'elles vous aideront à bâtir votre estime de vous-mêmes. Au travail chères amies ! Levons-nous et bâtissons durant toute cette semaine et celles à venir.

Mes réflexions et mes objectifs

Après avoir dressé la liste de ce que vous aimez en vous et celle de ce que vous aimez moins, arrêtez-vous un moment et écrivez ici ce que vous n'aimez pas de vous, mais que vous ne pouvez pas changer. Par exemple, peut-être que vous n'aimez pas votre nez (et vous savez pertinemment que vous ne pouvez rien y faire). Dans vos moments de prières, demandez à Dieu de vous donner la force de vous accepter telle que vous êtes.

_____

_____

_____

Écrivez ce que vous n'aimez pas de vous et que vous pouvez et aimeriez changer. Dressez aussi la liste de ce que vous aimez en vous et que vous aimeriez développer.

_____

_____

_____

Êtes-vous prête à vous fixer un objectif réaliste et réalisable afin d'améliorer cet aspect de votre personne ou de développer un don que vous avez ? Par exemple, si vous n'aimez pas votre silhouette, seriez-vous prête à commencer à faire de l'exercice ou à changer votre alimentation afin d'améliorer votre estime de vous-même dans cet aspect de votre vie ? Peut-être avez-vous une belle voix et que vous aimeriez l'améliorer. Seriez-vous prête à vous inscrire à des cours de chant ? Quel serait votre objectif ?

_____

_____

_____

Voici quelques questions importantes à se poser lorsqu'on veut marcher sur le chemin du changement :

- ✦ Est-ce que mon objectif est réaliste et réalisable ?

- ✦ Quels sont les outils qui favoriseraient l'atteinte de mes objectifs (ex : prendre des cours de chant, commencer à faire de l'exercice, etc.) ?

- ✦ Quels sont les obstacles qui m'empêcheraient d'atteindre mon objectif et quels seraient les moyens de les surmonter ?

- ✦ Combien de temps ai-je pour atteindre mon objectif ?

Ma prière

Seigneur Jésus, je te prie de me donner la grâce d'accepter ce que je ne peux pas changer en moi. Je place devant Toi cet objectif que je me suis fixé. Aide-moi à changer ce que je n'aime pas de moi. Je te prie de me donner la force et la persévérance, afin que je puisse atteindre ce but dans ma vie. Donne-moi de la détermination. Aide-moi à trouver les moyens et donne-moi la capacité de développer les dons et les talents que Tu m'as donnés. Par Ta Grâce agissante en moi, je te prie de m'aider à rebâtir mon image de moi-même. Je te remercie pour ce que Tu vas faire, car je sais que Tu es avec moi dans tout ce que j'entreprends. Amen !

Pensée
Nº. 6

Passer de victime à victorieuse

TEXTES BIBLIQUES :
Matthieu 25.19-25 ; Jérémie 29.11 ; Luc 18.27 ; Matthieu
11.28-30 ; Jean 3.16 ; 2 Corinthiens 12.9 ; Psaumes 91.15 ;
Proverbes 3.5-6 ; Philippiens 4.13 ; 2 Corinthiens 9.8 ;
Romains 8.28 ; 1 Jean 1.9 ; Romains 8.1 ; Philippiens 4.19 ;
2 Timothée 1.7 ; 1 Pierre 5.7 ; Hébreux 13.5

Par un beau samedi matin du mois de février, mon fils Jérémie et moi avions entrepris de jouer au Monopoly. Vous savez, ce jeu de société où on doit faire l'acquisition de propriétés par le biais de transactions immobilières. Avant de commencer une partie de jeu, chaque joueur doit recevoir le même montant d'argent, soit deux cents dollars. Alors que je m'apprêtais à distribuer à chacun son montant de départ, je fus saisie par une réflexion.

Plongée l'espace d'un instant dans mes pensées, je me suis mise à réfléchir à la vie de certaines femmes que j'avais rencontrées à mon bureau tout au long de la semaine. Lors de ces entrevues pastorales qui se déroulent en toute confidentialité, ces femmes trouvent la force et le courage de me dévoiler leur vie. Ce n'est pas que j'ai une grande expérience pastorale à mon actif, mais au fil des années, j'ai entendu plusieurs histoires qui ont fait frémir mon cœur à maintes reprises. Certaines ont été abusées sexuellement ou physiquement dès leur plus jeune âge. D'autres ont vécues dans un climat de violence et d'insécurité. Plusieurs ont subi des abus verbaux de la part d'un père ou d'une mère, leur laissant croire qu'elles n'étaient bonnes à rien ou qu'elles étaient inférieures à leur frère. D'autres ont dû porter la responsabilité de la maison alors qu'elles n'étaient elles-mêmes que des enfants, ce qui a laissé des séquelles d'insécurité dans leur vie. J'ai aussi rencontré des jeunes filles qui ont grandi dans la culpabilité, se sentant responsables du divorce de leurs parents ou de l'alcoolisme d'un père ou d'une mère, alors qu'elles étaient en fait des victimes. À cause d'un passé difficile, plusieurs de ces femmes ont fait leur entrée dans la vie adulte avec des carences et des blessures.

Alors que mon fils commençait à s'impatienter, cette pensée m'a percuté l'esprit : « *Nous ne débutons pas dans la vie comme nous commençons une partie de Monopoly. Nous ne recevons pas toutes la même somme d'argent.* » Celles qui ont grandi dans un milieu familial sain, avec des relations équilibrées et constructives, ont entamé leur vie avec deux-cents dollars dans leur compte bancaire. Toutefois, d'autres ont vu les expériences négatives et les relations toxiques empoisonner leur existence, ne leur laissant qu'un compte à découvert pour affronter la vie. Je crois que vous comprenez ce que je veux dire. Plusieurs se reconnaissent à travers cette simple illustration. C'est comme si vous marchiez sur le chemin de la vie avec un sac à dos chargé et lourd, comparativement à d'autres qui voyagent beaucoup plus légèrement !

Je veux vous encourager aujourd'hui. Peu importe le montant que vous avez reçu au départ, peu importe la lourdeur de votre charge, votre Père céleste a la puissance nécessaire pour vous guérir, vous restaurer et alléger votre fardeau. Son cœur de père est empreint de compassion pour vous. La Parole de Dieu nous déclare que Jésus est *venu pour que nous ayons la vie et que nous l'ayons en abondance*[135]. La plénitude de l'âme et de l'esprit est à votre portée, peu importe ce que vous traversez ou quelque soit votre parcours. Par la Grâce de Dieu agissante en vous, vous pouvez passer de « victime à victorieuse ».

Jésus a parlé en parabole pour nous inciter à la réflexion, afin que nous trouvions nous-mêmes les réponses à certaines questions. La parabole des talents ne fait pas exception. D'une grande richesse, elle nous révèle une incroyable leçon de vie :

> *Le royaume des cieux ressemble à ceci : Un homme part en voyage. Il appelle ses serviteurs et leur confie ses richesses. Il donne à chacun selon ce qu'il peut faire. Il donne à l'un 500 pièces d'or, à un autre 200, à un troisième 100, et il part. Le*

> *serviteur qui a reçu les 500 pièces d'or s'en va tout de suite*
> *faire du commerce avec cet argent et il gagne encore 500*
> *pièces d'or. Celui qui a reçu les 200 pièces d'or fait la même*
> *chose et il gagne encore 200 pièces d'or. Mais celui qui a reçu*
> *les 100 pièces d'or s'en va faire un trou dans la terre et il*
> *cache l'argent de son maître. Longtemps après, le maître de*
> *ces serviteurs revient. Il leur demande ce qu'ils ont fait avec*
> *son argent. Le serviteur qui a reçu les 500 pièces d'or*
> *s'approche et il présente encore 500 pièces d'or en disant :*
> *Maître, tu m'as confié 500 pièces d'or. Voici encore 500 pièces*
> *d'or que j'ai gagnées. Son maître lui dit : C'est bien. Tu es un*
> *serviteur bon et fidèle. Tu as été fidèle pour une petite chose,*
> *je vais donc te confier beaucoup de choses. Viens et réjouis-toi*
> *avec moi […]. Enfin, celui qui a reçu les 100 pièces d'or*
> *s'approche et il dit : **Maître, je le savais : tu es un homme***
> ***dur.** Tu récoltes ce que tu n'as pas semé, tu ramasses ce que*
> *tu n'as pas planté. J'ai eu peur et je suis allé cacher tes pièces*
> *d'or dans la terre. Les voici ! Tu as ton argent*[136].

Bien souvent nous agissons comme le serviteur qui n'a reçu que cent pièces d'or. Nous prêtons des intentions à Dieu qui sont loin de refléter Son cœur et Ses plans pour notre vie. Parce que nous ne comprenons pas pourquoi nous avons vécu certaines situations blessantes et parce que nos pourquoi demeurent sans réponse, nous croyons que la vie a été injuste ou dure avec nous. Nous ne l'affirmons pas aussi clairement, mais lorsque nous souffrons et que nous sommes découragées, il arrive que nous décidions consciemment ou inconsciemment d'enterrer tout espoir d'un avenir meilleur.

Dans cette histoire, on s'aperçoit que sur les trois serviteurs, un seul semble croire que son maître est dur, du moins suffisamment rigide pour qu'il en ait peur au point d'aller cacher ses pièces d'or. Pourquoi ? Peut-être trouvait-il cela injuste d'avoir reçu moins de pièces que les autres. Quoi qu'il en soit, il ressort que ce serviteur présumait que son maître était uniquement intéressé par ce qu'il allait amasser et par l'ampleur des montants qui lui seraient redonnés par ses serviteurs[137]. Je crois que c'est cette perception qui l'a fait échouer.

Je pense que ce serviteur se disait que comparativement aux autres, ce qu'il aurait pu remettre au maître était tellement insignifiant, que cela ne valait même pas la peine de tenter de le faire fructifier. Dans la parabole des talents, ce n'était pas le nombre de pièces d'or qui comptait, mais plutôt ce que les serviteurs en ont fait. Peu importe ce que le serviteur avait reçu au départ, ce qui était capital c'était de le faire fructifier. Il n'avait pas compris que ce n'était pas le montant final qui comptait pour le maître. Ce qui primait, c'était que les serviteurs devaient faire quelque chose avec l'argent qui leur avait été donné.

> Si vous vous en sentez incapable, c'est ce qu'il peut vous arriver de mieux, car c'est lorsque vous êtes dans cet état que Dieu peut agir puissamment en vous.

Quelle leçon pour notre vie mes amies ! Bien que nous ayons vécu des évènements difficiles et douloureux — Dieu en est conscient et Il compatit —, Il s'attend à ce que nous les utilisions pour porter du fruit et non que nous les enterrions. Le désir de Dieu n'est pas que nous cachions toutes ces blessures sous terre. Nous nous cantonnons trop souvent dans notre douleur. Ce que notre Père céleste attend de nous, c'est que nous mettions à la lumière ce qui nous a fait mal, afin de Lui permettre de nous guérir. Il veut que nous identifiions clairement ces situations blessantes et que nous allions chercher de l'aide auprès d'un pasteur ou d'un conseiller spirituel. Avec l'aide de Dieu et de personnes qualifiées, il est possible de passer de « victime à victorieuse ». Ne laissez pas un évènement douloureux vous emprisonner. Cet évènement a peut-être ruiné votre passé et même votre présent, mais il n'y a aucune raison pour qu'il fasse avorter votre futur. Si vous vous en sentez incapable, c'est ce qu'il peut vous arriver de mieux, car c'est lorsque vous êtes dans cet état que Dieu peut agir puissamment en vous. Dieu ne vous demande pas d'être capable, Il vous demande seulement de Lui permettre d'agir en vous. Si vous vous dites :

> « C'est impossible… », Dieu vous dit : *Tout est possible avec moi* […][138]

« *Je suis trop fatiguée, je manque de forces…* », Dieu vous dit : *Je te donnerai du repos […]*[139]

« *Personne ne m'aime vraiment…* », Dieu vous dit : *Je t'aime d'un amour éternel […]*[140]

« *Je ne peux plus continuer…* », Dieu vous dit : *Ma grâce te suffit, car ma puissance s'accomplit dans la faiblesse […]*[141]

« *Je ne comprends pas…* », Dieu vous dit : *Je dirige tes pas […]*[142]

« *Je n'y arriverai pas, c'est impossible…* », Dieu vous dit : *Tu peux tout faire […]*[143]

« *Je suis incapable…* », Dieu vous dit : *Je suis capable […]*[144]

« *Pourquoi ça m'arrive…* », Dieu vous dit : *Toutes choses concourent à ton bien […]*[145]

« *Je ne peux pas me pardonner…* », Dieu vous dit : *Je te pardonne […]*[146]

« *Je suis inquiète pour mes besoins matériels…* », Dieu vous dit : *Je pourvois à tous tes besoins […]*[147]

« *J'ai peur…* », Dieu vous dit : *Je ne t'ai pas donné un esprit de crainte […]*[148]

« *Je suis toujours fatiguée et frustrée…* », Dieu vous dit : *Décharge-toi sur moi […]*[149]

« *Je me sens si seule…* », Dieu vous dit : *Je ne te délaisserai jamais, je ne t'abandonnerai jamais […]*[150]

J'aimerais terminer cette pensée en vous relatant l'histoire extraordinaire de Kim Phuc Phan Thi. Cette femme de foi est une source d'inspiration pour des milliers de personnes dans le monde. Son témoignage nous révèle qu'il est possible de changer de camp, de quitter celui de victime pour accéder à celui de victorieuse, par la Grâce de Dieu. Cette femme fait partie des milliers de victimes de la guerre du Vietnam.

À peine âgée de neuf ans, elle subit des atrocités causées par la guerre. En 1972, alors que la bataille bat son plein, un avion sud-vietnamien chargé de bombes, se dirige tout droit vers le village de Trang-Bang, à soixante-cinq kilomètres au nord-ouest de Saigon, là où habitait Kim. Sa maison a été la cible de quatre bombes au napalm, embrasant tout sur leur passage. La chaleur dégagée par le napalm s'élevait de 800 à 1200°C, brulant plus de 65% du corps de cette pauvre fillette. Son corps n'était que plaie. Après dix-sept interventions chirurgicales et quatorze mois d'hospitalisation, les médecins réussirent à la sauver. Kim a dû subir des greffes de peau sur trente-cinq pourcent (35%) de la surface de son corps. Néanmoins, son corps garde encore les cicatrices de cet atroce bombardement.

Malgré cet évènement tragique et tous les problèmes de santé qui y sont associés, Kim Phuc est aujourd'hui une femme épanouie. Elle vit ! Elle a même donné la vie. Un petit garçon à la peau lisse et douce ne cesse de se blottir dans ses bras, cherchant à l'embrasser, perplexe parfois, inquiet devant les crevasses de sa peau. Kim avoue : « Mon corps était si dévasté, je ne pensais pas être désirable. Et voilà que l'homme le plus gentil, le plus compréhensif du monde — il s'appelle Toan— a voulu m'épouser. C'est ainsi que j'ai fondé une famille ! Tant de chance, vraiment ! » Annick Cojean décrit comment cette femme qui avait toutes les raisons du monde d'en vouloir à la vie, de crier à l'injustice et de vivre dans l'attente continuelle de réponses à des « Pourquoi moi ? » est devenue une femme victorieuse, reléguant la victime qu'elle était dans le grenier de son cœur. Permettez-moi de vous citer un superbe passage de ce texte décrivant un moment clé de sa vie :

> « *Alors que Kim fut invitée à Washington à la cérémonie commémorative de la guerre du Vietnam, et devant un parterre de plusieurs milliers de vétérans médusés, elle prit timidement la parole pour évoquer l'espoir et le pardon. "Si je pouvais me trouver face à face avec le pilote de l'avion qui a lancé la bombe, je lui dirais : on ne peut pas changer l'histoire, mais au moins, on peut essayer de faire de notre mieux dans le présent et le futur pour promouvoir la paix."*

Puis elle disparut durant la plus longue et la plus
respectueuse des standing ovations. Au milieu de l'assistance,
John Plummer était foudroyé. C'est à lui qu'elle venait de
s'adresser. Lui qui avait eu la responsabilité de coordonner le
bombardement de Trang Bang, le 8 juin 1972. Lui qui,
devenu pasteur, après mille errances, portait toujours sur lui
la photo de la petite fille, découverte dès le 9 au matin et lesté
de remords. Il se rua vers un policier, le suppliant de remettre
à la jeune femme un message. Déjà, elle quittait le mémorial,
soucieuse d'éviter la foule. Elle s'engouffrait dans un escalier,
elle allait disparaître. Le billet lui parvint juste à temps :
"Kim, je suis cet homme." Alors elle s'arrêta, se retourna. Il
attendait, tremblant au haut des marches. Et elle ouvrit les
bras. Kim Phuc est aujourd'hui une célébrité au service de
l'UNESCO. Cette femme reconnue pour sa foi en Dieu est
une messagère du pardon, de la réconciliation et de la
tolérance. Elle pense que toutes ses épreuves et ses souffrances
l'ont destinée à être une porte-parole, c'était sa destinée. Elle a
accepté son sort et se consacre entièrement à sa mission. »[151]

Comme Kim Phuc, vous pouvez passer d'une femme victime de
la vie à une femme victorieuse. La vie a peut-être été injuste pour vous
comme pour Kim, mais n'oubliez jamais que Dieu est juste. Rappelez-
vous la parabole des talents : ce n'était pas le nombre de talents qui
primait pour le maître, c'était plutôt l'effort de les faire fructifier.
Aujourd'hui Dieu vous dit : « peu importe ce que tu as vécu, si tu me
permets d'agir en toi et si tu me fais confiance, j'ai la toute-puissance
pour te guérir et te donner la force de recommencer afin que ta vie
porte du fruit. Je désire remplacer la honte, la culpabilité, l'inceste, la
violence, les abus, l'abandon, l'adultère, le divorce, le deuil, le rejet,
l'angoisse, l'anxiété, l'insomnie, l'isolement, la dépendance, l'insécurité de ta vie ; par ma vie, mon amour, ma paix, ma joie, ma liberté.
Je veux sécher tes larmes et te redonner le goût de rire, de vivre et un
avenir. *Car moi, le Seigneur, je sais bien quels projets je forme pour vous ;*
et je vous l'affirme : ce ne sont pas des projets de malheur, mais des projets
de bonheur. Je veux vous donner un avenir à espérer[152] ».

Mes réflexions et mes objectifs

Comment estimez-vous avoir entamé votre vie ? Considérez-vous que certains évènements ou situations que vous avez vécus dans votre enfance aient affecté votre vie ? Si oui, prenez quelques instants pour les écrire.

_____

_____

_____

Lorsque vous repensez à ces évènements, ressentez-vous encore de la colère, de la rancune ou de la frustration envers certaines personnes, envers Dieu ou en voulez-vous à la vie ? Avez-vous des « pourquoi » qui sont encore sans réponse ? Si oui, êtes-vous capable de mettre des mots sur vos émotions ? Prenez le temps nécessaire et écrivez ce que vous ressentez. Par la suite, demandez à Dieu d'ôter votre douleur et vos pourquoi. Demandez-Lui de vous consoler et de cicatriser votre cœur blessé afin que vous puissiez passer de victime à victorieuse. Relisez et méditez les déclarations énoncées aux pages 126 et 127.

_____

_____

_____

Que vous inspire l'histoire de Kim Phuc ?

_____

_____

_____

Écrivez un projet ou un rêve que vous aimeriez voir se réaliser dans votre vie. Placez-le devant Dieu et demandez-Lui de vous aider à l'accomplir.

_____

_____

_____

Ma prière

Seigneur Jésus, je viens devant toi aujourd'hui, car je désire passer de victime à victorieuse. Je désire porter du fruit pour Toi. Aide-moi à laisser derrière moi ces évènements de ma vie qui m'ont blessée et qui ont rendu ma marche difficile. Je te remets les « pourquoi » de ma vie. Remplace toutes mes questions et mes blessures par Ta paix, Ta joie, Ton amour. Fais de moi une femme libre qui entre dans sa destinée. Je déclare que ce que Tu as fait dans la vie de Kim Phuc, Tu peux aussi le faire dans ma vie. Tu vois les projets, les désirs et les rêves de mon cœur. S'ils sont conformes à Ta volonté, qu'ils puissent se réaliser par Ta Grâce. Merci, car Tu as des projets de paix et non de malheur pour moi. Merci, parce que Tu as un futur et un avenir pour moi. Amen !

Facette personn*elle*

Placez-le dans le panier !

T E X T E S   B I B L I Q U E S :
Exode 1 ; 2.1-20 ; 6-20 ; Nombres 26.59 ; Hébreux 11.23-27.

Quel privilège avons-nous de pouvoir donner la vie ! La naissance de mes deux enfants fait partie des plus beaux moments de mon existence. Jusqu'à mon dernier souffle sur cette terre, jamais je ne l'oublierai. À l'instant même où j'ai pris dans mes bras mes deux magnifiques garçons (et ceci, en toute objectivité !), mon cœur fut inondé d'un amour incommensurable. C'était le début d'une merveilleuse aventure qui dure maintenant depuis quatorze ans. Mais comme vous le savez, à partir du jour où nous mettons nos enfants au monde, c'est comme si notre cœur commençait à se promener hors de notre corps, et ceci, pour le reste de notre vie[153]. Notre cœur bat au rythme de leurs joies et de leurs peines. Mon désir le plus cher pour mes enfants est qu'ils connaissent Jésus-Christ personnellement et qu'ils l'aiment de tout leur cœur. Je prie ardemment afin qu'ils marchent tous les deux dans Ses voies et qu'ils soient pleinement heureux sur cette terre et dans l'éternité. La vie de nos enfants est ce qu'il y a de plus précieux et de plus merveilleux. Mais malheureusement, c'est parfois ce qu'il y a également de plus douloureux parmi tout ce que Dieu nous a confié.

Cette semaine, j'aimerais vous entretenir de la remarquable histoire d'une maman. Elle se nomme Yokébed[154]. Peut-être que son nom n'éveille rien en vous, mais c'est la mère de Moïse, l'homme qui fut utilisé par Dieu pour apporter la délivrance au peuple d'Israël. Le jour de sa naissance, lorsque Yokébed entendit le cri de son nouveau-né, son cœur fut immédiatement rempli d'une immense joie. Elle venait pour une troisième fois de donner la vie ! Quelle fierté et quel bonheur ! Mais en l'espace d'un instant, l'inquiétude vint assombrir sa joie. La crainte et la peur l'envahirent soudainement. Le souffle court et la voix tremblante, épuisée par l'accouchement, elle dut rassembler les forces qui lui restaient pour poser cette impitoyable question à la sage-femme qui l'accompagnait : « Est-ce un garçon ou une fille ? » « C'est un beau garçon, s'exclama timidement la sage-femme. » Le verdict était tombé ! La vie de cet enfant était en danger[155].

À cette époque, le peuple d'Israël était asservi par les Égyptiens. Ils étaient soumis à de durs travaux. Mais plus on les accablait, plus ils se multipliaient. Ceci déplut aux Égyptiens qui les réduisirent à une rigide servitude et leur rendirent la vie amère. Pour combler le tout, *le roi d'Égypte parla aussi aux sages-femmes des Hébreux : Quand vous accoucherez les femmes des Hébreux et que vous les verrez sur les sièges, si c'est un garçon, faites-le mourir, si c'est une fille, laissez-la vivre. Mais les sages-femmes craignaient Dieu, et ne firent point ce que leur avait dit le roi d'Égypte ; elles laissèrent vivre les enfants*[156].

Permettez-moi d'ouvrir une parenthèse ici afin de souligner l'exploit de deux remarquables femmes de foi. Des illustres inconnues pour plusieurs, mais des héroïnes pour Dieu : Schiphra et Pua, de simples sages-femmes. La Bible nous révèle que ces deux femmes avaient une telle crainte de Dieu, qu'elles optèrent pour ne pas observer le décret de Pharaon, laissant la vie sauve aux garçons Hébreux. J'aime ce type de femmes ! Sans le savoir, par cet acte héroïque, elles ont contribué à la naissance du plus grand libérateur du peuple d'Israël. La Parole de Dieu ajoute que : *parce que les sages-femmes avaient eu la crainte de Dieu, Dieu fit prospérer leurs maisons*[157].

Les sages-femmes laissèrent donc la vie au garçon de Yokébed, mais la menace de mort planait toujours sur ce nourrisson. L'ordre de tuer les garçons n'avait pas été donné uniquement aux sages-femmes, mais aussi à tous les Égyptiens : *Vous jetterez dans le fleuve tout garçon qui naîtra, et vous laisserez vivre toutes les filles*[158]. Essayez de saisir l'émotion qui habitait cette mère. Affaiblie par l'accouchement et terrorisée par ce décret de mort qui était sur la vie de son fils, Yokébed devait à tout prix cacher son bébé. À partir de ce moment, tous les jours de son existence devaient être consacrés à protéger la vie de son précieux garçon. Elle doit faire fi de sa fatigue, de ses émotions et s'y donner de toutes ses forces. C'était une question de vie ou de mort. Pouvez-vous vous imaginer son angoisse ? À chaque fois que son petit bébé pleurait, elle devait immédiatement lui chuchoter à l'oreille : « Chut mon chéri, personne ne doit t'entendre ! ».

Malheureusement, le jour arriva où il fut tout simplement impossible de continuer ainsi. La Parole de Dieu nous dit qu'elle n'était plus capable : *[...] elle le cacha pendant trois mois. Ne pouvant plus le cacher, elle prit une caisse de jonc, qu'elle enduisit de bitume et de poix ; elle y mit l'enfant et le déposa parmi les roseaux, sur le bord du fleuve.* Tous ses efforts ont abouti à un cul-de-sac. Aucune issue. À ses yeux, tout était terminé. Elle se résolut à mettre son petit bébé de trois mois dans un panier et à le laisser aller à la dérive, suivant le courant du Nil, pleinement consciente de tous les dangers qu'il courait. J'ose à peine m'imaginer ce qu'elle a éprouvé à ce moment : « *Mon fils de trois mois est dans une caisse de jonc sur le Nil, entouré de crocodiles !* » Elle espérait que quelqu'un vienne le secourir : « *Seigneur vient à son aide ! Seigneur vient à mon aide ! Je ne peux plus rien faire pour mon enfant, mais Toi, Tu peux agir. Son unique chance de survie réside en Toi. Je t'implore, fais quelque chose ! Sauve-le !* » À ce moment, Yokébed a dû prendre conscience de ses propres limites et tout abandonner à Dieu.

Vous êtes-vous déjà retrouvée dans une telle situation ? Moi, oui ! Je comprends très bien le cœur de cette mère. Cette froide après-midi de décembre restera à jamais gravée dans ma mémoire. Je tenais mon beau Jérémie dans mes bras. Il avait à peine six mois. Son regard n'était plus le même. Sa vivacité avait complètement disparu. Son visage était émacié à cause de la forte fièvre qui s'abattait sur son petit corps depuis maintenant quarante jours. Nous étions à l'hôpital depuis presqu'une semaine et toujours rien. Jérémie subissait examen après examen, et on ne savait pas ce qu'il avait. Nous étions fatigués. Alors que nous tentions de nous reposer, le médecin entra dans la chambre et me fixa d'un regard étrange. Je compris qu'il voulait m'annoncer une nouvelle alarmante. Il s'assit près de moi, et gentiment, il m'informa que Jérémie devait passer un autre examen. J'avais peur. Je lui demandai : « Mais quelle sorte d'examen ? Avec douceur, il me répondit : « La formule sanguine de votre fils n'est pas très bonne, nous croyons qu'il pourrait avoir le cancer des os. Nous allons lui injecter un produit à base de radioactivité et dans vingt-quatre heures, nous ferons une résonnance magnétique nucléaire (RMN). Nous serons alors fixés. »

J'avais tellement mal. J'étais incapable de parler. Mes larmes se sont mises à couler sur mon visage. Je ne pouvais plus m'arrêter. Mon mari arriva et je lui racontai tout. Peu de temps après, il devait quitter l'hôpital pour aller s'occuper de Philippe, notre fils ainé. Comme il ne voulait pas me laisser seule, il me demanda si je désirais qu'il téléphone à une amie qui viendrait m'accompagner dans cette difficile soirée. Je le remerciai, lui disant que je désirais être seule. Je l'embrassai tendrement et lui dis : « Va prendre soin de Philippe, je m'occupe de Jérémie. Tout va bien aller. » Lorsque la porte fut refermée, je me suis sentie tellement impuissante. Je me mis à prier, et cette pensée m'est venue à l'esprit : *Place-le dans le panier !*

J'étais exactement au même point que Yokébed. Il y avait une menace de mort sur mon fils et humainement, je ne pouvais plus rien faire pour lui. « *Place-le dans le panier, Stéphanie ! Place ton fils dans le panier !* » Je m'en sentais incapable. J'avais peur, je m'imaginais le pire. Je croyais que Dieu pouvait le garder de la maladie, mais en même temps, des pensées de mort m'envahissaient : « *Tu viens d'une famille où il y a un historique de cancer. Tes tantes et oncles ont eu le cancer. Ta mère a un cancer et lutte pour sa vie. Ton fils aura le cancer.* » C'est alors que la guerrière en moi s'est réveillée. Je me suis dit : « *Ça suffit !* » Je me mis donc à prier intensément et à proclamer la Parole de Dieu : « *Aucun malheur ne t'arrivera. Aucun fléau n'approchera de ta tente. Tu trouveras un refuge sous mes ailes.* »[159] Par la Grâce de Dieu, j'ai finalement trouvé la force de placer mon Jérémie dans le panier ! J'abandonnai tout à Dieu et Lui dis : « Je ne peux plus rien faire pour lui, mais Toi Tu peux tout, Tu es le Dieu Tout-puissant. » Une paix *qui surpasse toute intelligence* est venue en moi et m'a complètement réconfortée. Je suis retournée près de mon fils, je l'ai embrassé et me suis endormie. Le lendemain, Jérémie passa son examen. Lorsque le médecin est entré dans la chambre, il affichait un immense sourire. J'ai tout de suite compris. La menace de mort qui planait sur lui avait complètement disparu. Merci mon Dieu ! Voyant l'enfant dans le panier, une princesse le recueillit. C'est exactement ce que j'ai vécu. Au moment où j'ai spirituellement déposé mon enfant dans le panier, le Prince de la paix Lui-même, le Dieu qui a toute-puissance l'aperçut, le prit et le protégea.

> J'abandonnai tout à Dieu et Lui dis : « Je ne peux plus rien faire pour lui, mais Toi Tu peux tout, Tu es le Dieu Tout-puissant. »

Ce qui est fascinant dans cette histoire, c'est qu'il fallait que Moïse soit placé dans le panier et qu'il soit recueilli par la fille de Pharaon afin d'être instruit dans un palais et devenir, quelques années plus tard, le libérateur du peuple d'Israël. C'était un passage obligatoire. Je compris aussi que mon passage à l'hôpital Sainte-Justine n'était pas un hasard. Ce que j'ai vécu là, Dieu l'a utilisé pour Sa Gloire.

L'histoire s'est bien terminée pour moi, mais ce ne fut pas le cas de certains parents que j'avais rencontrés là-bas. J'ai vu des femmes s'effondrer en pleurs en recevant le terrible verdict de cancer de leur enfant. Je me suis alors dit : « *Un jour, on va faire quelque chose pour eux.* » À partir de cet évènement, Dieu a déposé sur mon cœur « un fardeau » pour les enfants malades et leurs parents. L'année qui a suivi, avec la collaboration de femmes de mon église, j'ai mis sur pied des équipes qui vont rendre visite aux enfants malades de l'hôpital Sainte-Justine, ainsi qu'à leurs parents. Cet hôpital est dédié aux enfants, et particulièrement à ceux qui sont atteints de cancer. Le but de ces visites est d'apporter du réconfort, de la consolation et de la joie à tous les enfants et aux parents qui traversent l'épreuve de la maladie. Des clowns vont dans les chambres de l'hôpital, tentant de faire rire les enfants. Vous savez, après un traitement de chimiothérapie, le cœur de ces tout-petits n'est pas nécessairement à la fête. Mais nous parvenons, par la Grâce de Dieu et avec les oursons « Nouvelle Vie » que nous leur offrons, à recueillir les plus beaux sourires et à percevoir des étoiles dans leurs yeux, malgré leur souffrance.

L'an dernier, j'ai vécu une des expériences les plus marquantes de mon ministère. Lors d'une de nos visites, j'ai vécu un moment complètement bouleversant aux soins intensifs de cet hôpital. Ce jour-là, une infirmière s'est approchée de moi et m'a demandée : « Pouvez-vous prier pour une petite fille de six mois, nous venons de lui retirer tous les appareils qui la maintenaient en vie ? » Je suis entrée tout doucement dans la chambre de cette enfant, posai tendrement ma main sur son petit corps et commençai à prier ; demandant à Dieu de venir recueillir son âme afin qu'elle soit délivrée de toutes ses douleurs et qu'elle connaisse une paix éternelle. Après cet instant solennel et empreint d'émotion, je vis cette jeune enfant glisser dans la mort. Jamais je n'oublierai ce moment.

Si vous êtes maman, comme moi, vos enfants sont les êtres les plus chers que vous ayez sur cette terre. Chaque jour que Dieu nous donne, nous voulons leur donner le meilleur de nous-mêmes. Malheureusement, les épreuves de leur vie viennent parfois nous paralyser et nous ébranler. Nous en venons à nous sentir complètement dépourvue, impuissante et si limitée. Comme Yokébed qui ne pouvait plus cacher son enfant, nous arrivons à un point où nous ne sommes plus capables de continuer par nos propres forces. En êtes-vous là ?

J'aimerais terminer cette pensée en vous encourageant à placer ces êtres si précieux dans le panier. Certaines d'entre vous ont peut-être des enfants qui éprouvent des difficultés à l'école, qui ont des problèmes d'apprentissage ou des problèmes de comportements. Vos adolescents ont peut-être développé des dépendances à l'alcool ou à la drogue. Votre fille vous a peut-être dit des paroles qui vous blessent profondément. Votre fils est peut-être en pleine rébellion. Vous ne le reconnaissez plus. En dépit de tous vos efforts, vos enfants sont peut-être en ce moment loin de Dieu et la menace d'une mort spirituelle est sur eux. Je comprends vos inquiétudes et votre douleur. Chères amies, je vous exhorte aujourd'hui à déposer votre enfant dans le panier. Ceci n'est pas une incitation à abandonner la bataille ou vos responsabilités. Bien au contraire ! Je désire vous encourager à faire confiance à celui qui est capable de remporter la victoire. Si Dieu s'est occupé de Moïse et que tout a concouru à son bien et à sa destinée, Il est capable de prendre soin de vos enfants et de leur futur. N'oubliez pas que tous les passages obligatoires de notre vie peuvent être utilisés pour Sa Gloire. Osez Lui faire confiance, car Il est le Dieu qui peut faire bien au-delà de ce que nous demandons, pensons et même espérons. Je suis convaincue que le jour où Yokébed a placé son bébé dans le panier, elle était loin de s'imaginer que celui-ci serait l'instrument dont Dieu se servirait pour la délivrance de Son peuple. Qui sait ce que Dieu peut faire avec la vie de vos enfants ? Dieu le sait.

Mes réflexions et mes objectifs

Que vous inspire le récit de Yokébed décrit dans Exode 1 ; 2 ?
Quelles leçons pouvez-vous en tirer pour votre propre vie ?

_____

_____

_____

Vous êtes-vous déjà retrouvée dans la même situation que
celle de Yokébed, c'est-à-dire une situation où vous avez dû
tout relâcher (vos finances, votre mariage, vos enfants, votre
travail, etc.) dans les mains de Dieu ? Si oui, prenez un
moment pour vous rappeler cet évènement et écrivez-le.
Comment cela s'est-il terminé ?

_____

_____

_____

Vivez-vous actuellement une circonstance que vous devez
placer « dans le panier » ? Tout comme Yokébed qui ne
pouvait plus cacher son enfant, êtes-vous arrivée au point où
vous ne pouvez plus continuer par vos propres forces ? Si oui,
écrivez ce dont il s'agit et décrivez ce que vous ressentez.

_____

_____

_____

Transcrivez ici le psaume 91 et méditez-le. Rappelez-vous que Dieu est fidèle et qu'Il maîtrise toutes les situations.

_____

_____

_____

Ma prière

Seigneur Jésus, merci, car Tu es le Dieu Tout-puissant et que Tu es le Dieu de toutes possibilités. Je désire remettre entre Tes mains toutes les circonstances qui sont hors de mon contrôle. Je les relâche et je les place, par la foi, dans le « panier ». Je les dépose au pied de Ton trône de Grâce. Merci Seigneur, car Tu es mon refuge et ma forteresse. Je peux me confier en Toi. Merci d'être avec moi, je sais que je n'ai rien à craindre. Tu es fidèle et Tu veilles sur ma vie et sur ma maison. Amen !

Pensée
N°. 2

Enseigner la foi à nos enfants:
l'influence de la maison

TEXTE BIBLIQUE :
Josué 4

Permettez-moi de débuter cette pensée en vous racontant une simple histoire qui m'a fait sourire.

« Une fillette de quatre ans se trouvait chez le pédiatre pour son examen annuel. Tout en l'examinant, le médecin était soucieux de détendre l'atmosphère en faisant référence à des personnages bien connus d'émissions pour enfants en Amérique du Nord. En auscultant ses oreilles à l'aide d'un otoscope, le médecin lui demanda : "Penses-tu que je vais voir Big Bird ici ?" La petite fille ne répondit pas. Il prit ensuite un abaisse-langue pour examiner sa gorge. Il lui demanda : "Penses-tu que je vais voir Cookie Monster ici ?" La fillette resta silencieuse. Enfin, le médecin posa un stéthoscope sur la poitrine de la fillette pour écouter son cœur et demanda : "Penses-tu que je vais entendre Barney ici ? Oh non, répondit la petite fille, c'est Jésus qui est dans mon cœur. Barney, lui, il est sur mes petites culottes." »

N'est-ce pas mignon ? N'est-ce pas le rêve de chaque parent de voir ses enfants prendre la décision de suivre Jésus-Christ et de marcher selon Ses ordonnances ? L'enfant est un don de l'amour de Dieu, une personne à part entière dès la conception[160]. En nous faisant le don de son amour, le Seigneur nous a également confié une mission et des responsabilités. Notre mandat en tant que parent est d'aimer nos enfants de toutes nos forces, de prier pour eux, de les éduquer et de leur faire connaître l'amour et les desseins de leur Créateur.

Nous nous sentons souvent bien impuissants face à cette mission et cet appel. En toute honnêteté, aucune d'entre nous ne peut affirmer qu'elle possède la vérité absolue quant à la façon d'inculquer la foi à ces êtres si précieux que Dieu nous a confiés. Nous sommes toutes profondément convaincues de l'importance et de la grandeur de cette mission ; et conscientes que c'est dès leur jeune âge que nous pouvons et devons les modeler, les inspirer à suivre Jésus-Christ. Je suis loin de penser que je sais parfaitement comment inculquer la foi à mes chers enfants, ces deux adultes en devenir. Toutefois, mon désir est que la pensée de cette semaine puisse vous encourager à poursuivre avec ardeur la mission à laquelle Dieu vous a appelée, et que par ces quelques principes, vous soyez motivée, stimulée et même défiée à le faire avec passion et excellence ; car comme le dit si bien Claire-Lise de Benoit dans son livre, *L'important c'est l'enfant* : « Dans sa capacité de recevoir des impressions, le cœur de l'enfant est comme de la cire : tout se marque. Et dans sa capacité de garder les impressions reçues, son cœur est comme du granit : tout reste gravé ».

Le foyer familial est le lieu par excellence où se développe la foi de nos enfants. Dès leur plus jeune âge, les enfants se tournent instinctivement vers leurs parents pour tout ce dont ils ont besoin, que ce soit sur le plan physique ou affectif. Selon l'auteur Francis Bridger, c'est de cette façon que nos enfants vont se forger une image de l'amour et de la confiance. Leur confiance est basée sur la réponse à leurs besoins. Nourriture, chaleur, amour, sécurité, tout ce dont ils ont besoin leur provient de leurs parents. Plus que les paroles ne pourraient jamais le faire, tous ces éléments amènent l'enfant à une profonde compréhension de l'amour et de la confiance. À ce stade, nos enfants expérimentent la foi sans encore savoir ce que les mots veulent dire. C'est l'embryon de la foi. Dans un foyer chrétien, si les enfants se sentent aimés dès leur plus jeune âge et s'ils entretiennent des relations de confiance fructueuses avec leurs parents, ils se forgeront une image positive de Dieu. À l'inverse, s'ils se sentent rejetés, s'ils ne reçoivent ni la chaleur ni l'amour de leurs parents, les enfants auront beaucoup plus de difficultés à se façonner une image positive de Dieu.

Les expériences que vivent les enfants avec leurs parents marquent leur personnalité et les prédisposent à la foi ou les rendent plus hermétiques. Aimons nos enfants. Ne les comparons pas négativement à leurs frères et sœurs. Chaque enfant a sa personnalité. Apprenons à la découvrir et à en faire ressortir ce qu'il y a de meilleur. Valorisons le progrès dans leur vie plutôt que la perfection. Élevons l'excellence, mais pas au détriment de leurs efforts. Favorisons le développement et l'avancement personnels, au lieu de la compétition. Apprenons-leur à se relever et à tirer les leçons de leurs échecs, au lieu de leur rappeler constamment leurs erreurs. Aimons-les d'un amour inconditionnel comme Christ nous a aimés. Alors nous contribuerons à développer en eux une représentation constructive de Dieu. Toutefois, ils arriveront à un certain âge où malgré tout l'amour que nous leur avons prodigué, chaque enfant devra faire un choix et décider de suivre Jésus ou pas.

> Aimons-les d'un amour inconditionnel comme Christ nous a aimés. Alors nous contribuerons à développer en eux une représentation constructive de Dieu.

En grandissant, nos enfants acquiérront aussi une image du christianisme à partir de ce qu'ils voient à la maison. Les parents deviennent alors des modèles pour eux. Voici quelques citations marquantes des Dr Chuck & Jenni Borsellino tirées de leur livre *How to raise totally awesome kids* (Comment élever des enfants extra-ordinaires.) :

- ✦ « *Les enfants suivront vos pas beaucoup plus rapidement que vos paroles.* »

- ✦ « *Les priorités des parents deviennent des principes de vie pour leurs enfants.* »

- ✦ « *Ce que vos enfants voient en vous aujourd'hui, détermine ce qu'ils deviendront demain.* »

- ✦ « *Instruis l'enfant dans la voie qu'il doit suivre et marches-y toi aussi !!!* »

♦ *« Être un exemple n'est pas la principale façon d'influencer les autres, c'est la seule »*

Nous ne pourrons jamais inciter nos enfants à être et à faire plus pour Dieu que ce que nous sommes et faisons. Nous ne pourrons pas non plus influencer nos enfants à marcher dans les voies de Dieu, seulement par nos paroles. Ils seront inspirés à suivre Jésus à la lumière de nos actions. J'aime cette citation de Ralph Waldo Emerson : « Ce que vous êtes parle si fort qu'on n'entend plus ce que vous dites. » Jamais nous n'arriverons à convaincre nos enfants de se joindre à un groupe de jeunesse si nous ne sommes pas fidèles le dimanche matin à l'église. Nous ne les persuaderons jamais d'avoir des paroles remplies d'amour pour leurs frères, leurs sœurs, leurs amis, leurs professeurs, s'ils nous entendent critiquer continuellement. Nous ne convaincrons jamais nos enfants de l'importance de la prière s'ils ne nous voient jamais prier. Nous ne convaincrons jamais nos enfants d'être généreux et de donner s'ils ne nous voient jamais l'être et le faire.

Il y a quelques années de cela, mes fils et moi sommes allés rendre visite à des missionnaires et leurs quatre enfants qui étaient venus passer quelques jours de vacances au Québec. Avant de partir, je fis part à mes enfants du désir que j'avais de bénir et d'honorer cette famille qui a consacré sa vie au service du Seigneur. Je leur expliquai ce qu'était la vie de missionnaire et les situations difficiles auxquelles ils doivent faire face. Je leur dis que nous devrions profiter de leur présence au Canada pour les gâter un peu. Nous sommes donc allés acheter des cadeaux pour chacun des membres de la famille en question. Je suggérai à mes enfants de choisir ce qu'ils aimeraient recevoir. Nous étions tous d'accord, nous voulions leur faire vraiment plaisir.

Lorsque nous sommes arrivés au magasin, à la vue des jouets et des livres sur les étagères, vous devinez qu'ils trouvaient cette idée moins attrayante, car ils voulaient maintenant pouvoir acheter et garder les jouets pour eux. Je leur expliquai alors que lorsque nous donnons à des gens, c'est comme si nous semions dans le Royaume de Dieu, et que Dieu allait nous donner en retour quand Il en jugera bon.

De plus, je leur rappelai qu'il y avait plus de joie à donner qu'à recevoir (Un principe qu'ils trouvaient difficile à croire face à tous ces beaux jouets !). Après mes explications et quelques argumentations, nous sommes partis avec nos cadeaux rejoindre nos amis missionnaires. Les enfants ont donné leurs cadeaux et ont été émerveillés et enchantés de voir les visages réjouis de ces enfants de missionnaires. Durant tout l'après-midi, nous avons eu des conversations enrichissantes et merveilleuses avec cette famille. Ce fut un moment béni pour moi et mes enfants. En retournant à la maison, dans la voiture, mon fils Philippe me dit : « Maman, tu avais raison, j'ai passé un merveilleux après-midi et j'ai beaucoup reçu... Je me suis fait un nouvel ami ! » J'étais bien heureuse du déroulement de cette journée, mais notre joie ne s'est pas arrêtée là. Nous servons un Dieu tellement fidèle. Juste avant d'arriver à la maison, je me suis arrêtée à la boîte aux lettres pour prendre le courrier. Comme d'habitude, j'y ai trouvé une pléiade de factures à payer, mais il y avait aussi une belle petite enveloppe à mon attention. J'ouvris cette enveloppe et voilà que j'aperçus un charmant petit chèque inattendu qui m'était destiné (Quelle agréable nouvelle, ne pensez-vous pas !!!). Je me tournai vers mon fils, lui montrai le chèque et lui dis : « Dieu est fidèle. Lorsqu'on sème, on récolte... » Mon fils m'a regardé avec les yeux remplis de larmes. Il venait d'expérimenter la bonté et la fidélité de Dieu. Ce jour restera gravé dans sa mémoire, ni lui ni moi n'oublierons cette après-midi-là.

Mes réflexions et mes objectifs

Comment qualifiez-vous votre relation avec vos enfants ?
Traversez-vous une période difficile, ou au contraire, vos
relations sont-elles harmonieuses avec eux ?

_____

_____

_____

Écrivez ici les qualités et les points faibles de vos enfants ?
Méditez sur les questions suivantes : Est-ce que je valorise
suffisamment mon enfant ? Est-ce que je l'encourage lorsqu'il
fait des progrès ? Est-ce que je compare mes enfants entre
eux ? Si vous croyez que vous devez réajuster votre façon
d'agir ou qu'il est nécessaire que vous parliez à vos enfants,
prenez quelques instants pour écrire les correctifs que vous
aimeriez apporter. Demandez l'aide de Dieu.

_____

_____

_____

Votre vie spirituelle inspire-t-elle celle de vos enfants ?
Qu'aimeriez-vous améliorer dans votre vie afin d'être un
exemple et une source d'inspiration pour eux ? N'oubliez
jamais, il n'existe pas de mère parfaite, nous sommes des
femmes qui faisons de notre mieux avec ce que nous avons.

_____

_____

_____

Si vous le désirez, prenez un moment pour écrire une lettre ou un mot d'amour à vos enfants. Envoyez-le par courrier électronique, par la poste ou déposez-le sur leur oreiller.

Ma prière

Seigneur Jésus, je te remercie pour chacun de mes enfants. Ils sont précieux pour Toi. Je te prie de m'aider à les élever. Donne-moi la sagesse afin que je puisse répondre à leur besoin. Si j'ai manqué à mon rôle de mère, je te demande pardon. Viens me donner aujourd'hui la Grâce pour continuer à assumer mes responsabilités de mère. Viens renouveler mes forces. Inspire-moi et conduis-moi afin que je sois plus efficace, et que ma vie soit inspirante pour mes enfants. Je te prie afin que mes enfants développent une saine et bonne image de Toi, et qu'ils marchent dans Tes voies. Amen !

P e n s é e
N° . 3

Saisir les bons moments

T E X T E S   B I B L I Q U E S :
Deutéronome 6.4-6 ; Proverbes 8.17 ; Ésaïe 44.3-4

Une des questions qui m'est fréquemment posée est la suivante : « Stéphanie, comment fait-on pour enseigner la Parole de Dieu à nos enfants ? » Curieusement, il m'était plus facile de répondre à cette question avant d'avoir eu mes propres enfants. Lorsque j'étais célibataire et au début de ma vie de couple, je savais exactement comment, *moi*, j'allais inculquer la foi à mes enfants. C'était très simple. Mon scénario était fait et s'avérait absolument parfait ! Je me voyais déjà, la bible à la main, leur racontant les exploits des héros et héroïnes de la foi, en faisant ressortir tous les grands principes de la vie chrétienne. J'imaginais mes enfants m'écoutant sagement, les larmes dans les yeux et repentants. Je pouvais les entendre me dire : « *Merci maman pour cette fantastique histoire. Elle changera ma vie à jamais* ». Ces merveilleux moments se termineraient à chaque fois par un échange de câlins et de bisous où nous rendrions gloire à Dieu ! Mon scénario était plutôt prometteur, n'est-ce pas ?

Malheureusement, les embûches sont survenues lorsque j'ai eu mes enfants ! Je suis passée du rêve à la réalité ! Saisie par un profond désir et d'une forte conviction d'enseigner la Parole de Dieu à mes garçons, nous avons, mon mari et moi, tenté d'instaurer un culte familial, c'est-à-dire la lecture de la Parole et la prière à la maison, alors que ceux-ci étaient encore en bas âge. Je sais que dans de nombreuses familles, les temps de lecture de la Parole et de prière en famille ont été des moments riches et divins lors desquels les enfants ont été touchés. Mais j'espère ne pas trop vous décevoir en vous avouant que la famille Poirier a malheureusement essuyé plusieurs revers en la matière. Il est souvent arrivé que nous tentions de lire la Bible en famille et que Jérémie ou Philippe n'écoutait pas. Ceci se terminait par une séance de réflexion dans leur chambre. À d'autres reprises, ils étaient tout agités. Ça devenait extrêmement difficile de garder notre sérieux, et la prière se terminait par des éclats de rire et des blagues. En plus de cela, avec les contraintes temporelles et le rythme effréné de nos vies, il était parfois difficile de planifier un temps pour le culte familial. Dites-moi que vous me comprenez et que je ne suis pas la seule mère au monde à avoir expérimenté cela ? Mon mari et moi étions un peu découragés. Nous dûmes revoir notre tactique et trouver « notre façon de faire », sans pour autant nous disculper de notre responsabilité d'enseigner les principes de Dieu à nos enfants. C'est ce que nous avons fait avec Son aide.

Vous pouvez influencer et modeler la vie de vos enfants à tout moment. Saisissez-le !

Malheureusement, en tant que parents, nous sommes souvent démoralisés ou nous nous sentons coupables lorsque nous échouons dans ce domaine de notre vie. Face à cette réalité, plusieurs baissent les bras et finissent par négliger l'enseignement des histoires et des principes bibliques à leurs enfants. Je n'ai pas la prétention de croire que je possède la solution miracle et parfaite, mais si vous êtes une maman, une grand-maman ou une tante, permettez-moi de vous encourager à saisir les opportunités que Dieu place devant vous pour enseigner et inciter les enfants à suivre les voies de Dieu. Chères mamans, n'attendez pas uniquement les moments de culte en famille pour cela. Vous pouvez influencer et modeler la vie de vos enfants à tout moment. Saisissez-le ! De telles circonstances ne se présenteront pas seulement lorsque vous aurez votre bible à la main. Bien qu'il soit louable et précieux d'avoir des moments de prière en famille, ce n'est pas la seule façon de faire. Le partage de la Parole peut, il est vrai, produire une œuvre significative dans la vie de nos enfants. Cependant, comme moyen d'enseignement, le seul exposé magistral a une efficacité limitée. Selon certaines statistiques, les enfants retiennent[161] :

✦ 10% de ce qu'ils entendent

✦ 50% de ce qu'ils voient

✦ 60% de ce qu'ils disent

✦ 90% de ce qu'ils font

Il est donc plus important d'agir et d'être avec les enfants, plutôt que de leur faire la leçon. Nous devons aussi choisir avec justesse et sagesse les mots que nous utilisons pour leur communiquer l'Évangile. Évitons certains termes ou expressions difficiles à comprendre. Rappelons-nous que l'enfant, jusqu'à onze ans environ, interprète le mot littéralement. Voici quelques exemples :

La métaphore :	Sera compris :	À exprimer ainsi :
Laisse Jésus entrer dans ton cœur	*Je dois ouvrir ma poitrine ?*	*Demande à Jésus de devenir ton ami*
Goûtez et voyez que le Seigneur est bon	*Dieu peut être mangé comme de la nourriture*	*Lorsque nous connaissons Dieu comme ami, nous découvrons comment il est merveilleux*

Nous devons constamment chercher à exprimer les idées abstraites de façon concrète et saine. Prenez beaucoup de précautions lorsque vous discutez avec votre enfant de la notion de péché. Il est très important que les enfants comprennent ce qu'est le péché dès leur jeune âge. Toutefois, la compréhension et l'enseignement de la notion du péché, si elles sont mal comprises, peuvent engendrer un sentiment de culpabilité et briser l'estime de soi de vos enfants, si fragile à cet âge. Priez et demandez de la sagesse à Dieu pour communiquer à vos enfants les notions de *bien* et de *mal*.

De plus, il est important de comprendre que nous pouvons en tout temps enseigner nos enfants. Il est écrit : *Écoute, Israël ! L'Éternel, notre Dieu, est le seul Éternel. Tu aimeras l'Éternel, ton Dieu, de tout ton cœur, de toute ton âme et de toute ta force. Et ces commandements, que je te donne aujourd'hui, seront dans ton cœur. Tu les inculqueras à tes enfants, et tu en parleras quand tu seras dans ta maison, quand tu iras en voyage, quand tu te coucheras et quand tu te lèveras*[162]. Ne nous limitons pas. Profitons plutôt de chaque moment, évènement, incident ou anecdote pour inculquer à nos enfants les commandements et les principes de Dieu. Osez, saisissez les occasions et ne limitez pas Dieu.

Il y a de cela quelques années, mon mari, mes deux enfants et moi-même sommes partis en voyage. Mon fils Philippe avait alors sept ans et Jérémie, le cadet, avait quatre ans. Nous étions tous les quatre dans la voiture et soudainement, nous nous sommes retrouvés dans un incroyable bouchon de circulation. Après avoir été immobilisés pendant un certain temps, mon mari et moi commencions à nous impatienter (secrètement, dans nos cœurs évidemment ; nous voulions être un bon exemple pour nos enfants). Tout à coup, une petite voix provenant de l'arrière de la voiture se fit entendre : « Papa et maman, pourquoi on ne prierait pas pour que Jésus libère le chemin et qu'on puisse passer ? » Excellente suggestion, n'est-ce pas ! Mon mari et moi nous sommes regardés l'un l'autre pendant quelques secondes, nous demandant qui allait prier. Je vous confesse que nous étions tous les deux bien incrédules. Mon fils Jérémie ne soupçonnant rien, s'exclama : « Maman prie ! ».

La prière est ce que vous possédez de plus influent sur vos enfants.

À cet instant, en plein embouteillage, mon mari et moi avons saisi cette occasion pour expliquer à nos enfants ce qu'est la prière et comment prier. Nous avons insisté sur le fait que ce qui est important, c'est que la volonté de Dieu se fasse. Si telle est Sa volonté, Il permettra alors que la route se dégage devant nous. Sinon, Il utilisera cette situation pour nous apprendre à être patients (il faut être diplomate lorsqu'on est parent). Tout de suite après cela, je me mis à prier et Dieu honora la foi de mes enfants. Croyez-le ou non, mais en quelques minutes, la route était complètement dégagée, et nous avons pu circuler normalement. Si vous aviez pu voir les sourires de mes enfants et de mon mari !

Chères amies, saisissons toutes les occasions. Ne sous-estimez pas l'impact de vos paroles sur la vie de vos enfants, ne minimisez pas non plus la puissance de la prière. Aimons nos enfants en priant et en jeûnant pour eux. La prière est ce que vous possédez de plus influent sur vos enfants (voir pensée n° 3 de la facette spirituelle). Par nos propres forces, il nous est bien difficile d'inculquer la foi à nos enfants et d'être la représentation de Dieu sur terre pour eux, mais par la puissance de la prière, tout devient possible et à notre portée. N'oublions pas que Dieu peut faire par la puissance qui agit en nous, infiniment plus que ce que nous demandons et même pensons[163]. Lorsque nous prions pour nos enfants, nous permettons au miraculeux de se produire dans leur vie. Nous sommes renouvelées dans nos forces et remplies de joie et de paix dans la foi, afin d'abonder en espérance par la puissance du Saint-Esprit[164]. Prions pour nos enfants QUOTIDIENNEMENT. Prions pour eux avec ferveur et passion. Prions pour leur salut. Prions pour qu'ils développent un cœur qui cherche, qui aime et qui honore Dieu. Prions pour leur futur. Prions afin d'être capables de les aimer comme Christ nous a aimés. Prions afin d'être des modèles positifs et des sources d'inspiration pour eux. Prions afin d'être le sel qui leur donne la soif de suivre Jésus et d'être pour eux un parfum de bonne odeur, à l'image de Christ. Prions pour que le Seigneur renouvelle nos forces et que nous soyons fidèles et persévérantes dans la mission qu'Il nous a confiée. Finalement, n'oubliez jamais les promesses de Dieu pour votre vie et celle de vos enfants : *Ceux qui m'aiment, je les aime en retour. Ceux qui me cherchent sont sûrs de me trouver[165]. [...] Je vais répandre mon esprit sur tes enfants et ma bénédiction sur tes descendants. Ils pousseront et grandiront comme des roseaux dans l'eau, comme des peupliers sur le bord des ruisseaux[166]*

Mes réflexions et mes objectifs

Avez-vous des moments de lecture de la Parole et de prière en famille ?

_____

_____

_____

Si vous avez répondu oui, comment qualifiez-vous ces moments ? Sont-ils efficaces ? Sont-ils trop rigides ? Sont-ils trop légers ? Que pourriez-vous améliorer ? Décrivez votre expérience.

_____

_____

_____

Si vous avez répondu non à la première question, expliquez pourquoi il en est ainsi.

_____

_____

_____

Compte tenu de ce que nous venons de développer dans cette pensée, demandez à Dieu de vous inspirer, et écrivez quelle stratégie serait la meilleure pour vous, afin d'enseigner les principes de Dieu à vos enfants. Identifiez quels sont les moments les plus propices et les moyens les plus efficaces en fonction de vos contraintes familiales. Fixez-vous des objectifs réalistes et réalisables.

_____

_____

_____

Ma prière

Seigneur Jésus, je viens devant Toi aujourd'hui pour te demander de me guider et de m'inspirer afin que je trouve « ma façon de faire », pour que mes enfants connaissent Ta Parole et Te connaissent personnellement. Place devant moi des occasions qui contribueront à faire grandir la foi de mes enfants. Donne-moi la sagesse, afin que je puisse discerner et saisir les occasions favorables. Donne-moi les bonnes paroles au bon moment. Alors que je parlerai de Toi et de ta Parole, que mes mots soient empreints d'amour et de douceur. Aide-moi à être toujours un modèle positif et une source d'inspiration pour eux. Que je sois comme le sel qui leur donnera soif de Toi, et que ma vie soit comme un parfum de bonne odeur. Merci, car Tu dis dans Ta Parole que Tu vas répandre Ton Esprit sur mes enfants et Ta bénédiction sur mes descendants[167]. Merci, car je sais que Tu *peux accomplir par la puissance qui agit en nous, infiniment plus que ce que nous demandons et même pensons*[168]. Amen !

Pensée
N°. 4

Vaincre les invasions barbares de nos vies

TEXTES BIBLIQUES :
Actes 1 ; 1 Corinthiens 2

« Vaincre les invasions barbares de nos vies » Cette déclaration fait peut-être sourire certaines d'entre vous. D'autres par contre sont complètement perplexes, n'ayant aucune idée de ce que signifie l'expression « invasions barbares ». Bien que cela n'évoque peut-être rien en vous, croyez-moi, nous sommes malheureusement toutes victimes d'« invasions barbares », et nous avons besoin de la puissance du Saint-Esprit pour les repousser. Spirituellement parlant, les invasions barbares, c'est plus que le long métrage du cinéaste québécois Denis Arcand qui a remporté la *Palme d'or* à Cannes et qui dépeint un portrait sombre et cynique de notre société moderne. Ce que j'appelle les « invasions barbares », ce sont ces horribles pensées d'intimidation qui nous paralysent. Ces pensées sombres qui viennent hanter notre esprit. Elles nous angoissent et nous tourmentent. Une « invasion barbare » nait d'un fait réel qui chemine dans nos pensées et qui, au fur et à mesure qu'on le laisse dominer notre esprit, commence à se déformer et se disproportionner. C'est le genre de pensées que vous avez vers trois heures du matin, lorsque vous êtes incapables de dormir. Méfiez-vous, elles peuvent aussi surgir en plein jour, et même vous envahir lorsque vous tentez de prier. Dans le psaume 91, la Bible les appelle *les terreurs de la nuit* et *les flèches qui volent le jour*.

Ce que j'appelle les « invasions barbares », ce sont ces horribles pensées d'intimidation qui nous paralysent. Elles nous angoissent et nous tourmentent.

Permettez-moi de vous en donner quelques exemples :

- ✦ Vous faites face à des problèmes financiers et soudainement, votre foi en Dieu se dissipe pour un moment, et vous êtes persuadée que vous allez vous retrouver à la rue dès le lendemain matin.

- ✦ Vous apprenez que votre adolescent a consommé de la drogue, et vous commencez à croire qu'il va complètement rater sa vie.

- ✦ Vous êtes une femme célibataire désirant rencontrer l'homme de votre vie, et plus le temps passe, plus vous croyez que Dieu vous a oubliée et vous êtes torturée par la pensée de terminer votre vie seule.

Face à toutes ces situations, vous êtes de plus en plus convaincue qu'il n'existe aucune solution pour vous. Vous êtes totalement incapable de combattre dans la prière. Vous êtes paralysée car vous vous êtes laissée envahir par des pensées barbares. Une des plus cruelles « invasions barbares » est celle qui vous prive de la Grâce de Dieu. Celle qui survient lorsque vous avez subi un revers ou avez failli dans votre conduite, et que peu à peu, vous en arrivez à croire que le sacrifice de Jésus à la croix n'est plus suffisant pour effacer votre péché. Celle qui se manifeste lorsque tout en vous s'écrie secrètement et douloureusement : « *Seigneur, après toutes ces années à marcher avec toi, comment peux-tu encore me pardonner et même m'aimer ?* » Mes précieuses amies, Christ a subi les pires injures, hontes, sacrifices et terreurs pour que nous soyons complètement pardonnées. Ne gaspillons pas ce sacrifice. Renversons ces « invasions barbares », car il est écrit que *si nous confessons nos péchés, Il est fidèle et juste pour nous les pardonner et pour nous purifier de toutes nos iniquités*[169].

Si je peux si bien décrire les « invasions barbares », c'est parce que je les connais très bien. J'ai dû y faire face à maintes reprises. Bien que nous soyons des enfants de Dieu et que nous l'aimons et le servons de tout notre cœur, nous n'en sommes pas à l'abri. Toutefois, je sais pertinemment que l'action du Saint-Esprit peut neutraliser et renverser les « invasions barbares » de notre vie. Croyez-moi, je l'ai personnellement expérimenté. Par la puissance de l'Esprit qui agit en nous, ces pensées destructrices peuvent être complètement transformées en pensées de foi qui engendreront des fruits éternels. Pour avoir parlé et prié avec des centaines de femmes, je sais que plusieurs d'entre vous sont confrontées à des « invasions barbares ». Si vous luttez en ce moment avec ce type de pensées, sachez que vous n'êtes pas *la seule*, mais avant tout, réalisez que vous n'êtes pas *seule*. Dans le livre des Actes, il est écrit : *Vous recevrez une puissance, le Saint-Esprit survenant sur vous [...]*[170].

J'aimerais que vous réalisiez que lorsque vous êtes devenue une enfant de Dieu, vous avez reçu une puissance : Le Saint-Esprit. Le Saint-Esprit habite maintenant en vous. Qu'est-ce que le Saint-Esprit ? Le Saint-Esprit n'est pas uniquement une expérience, Il vit en nous. Le Saint-Esprit n'est pas limité à une colombe ou à une flamme de feu, bien qu'Il fût représenté ainsi. Ce n'est pas non plus un « esprit », même si on le nomme Saint-Esprit. Le Saint-Esprit est égal à Dieu en puissance, tout comme Jésus-Christ l'est. Le Saint-Esprit est une personne invisible. Il est tout autant Dieu que Jésus. Le Saint-Esprit, c'est Jésus sous une autre forme : c'est Jésus sans son corps, sa peau et ses os. Le Saint-Esprit est la troisième personne de la trinité, non pas parce qu'Il est le plus faible, mais parce qu'Il est le dernier à s'être pleinement révélé dans les Écritures. Dans l'Ancien Testament, Dieu était *audible par l'entremise des prophètes*. Dans le Nouveau Testament, Dieu était *visible* par Jésus-Christ. Aujourd'hui, Dieu est *tangible* par le Saint-Esprit[171].

La présence du Saint-Esprit dans notre vie est extrêmement bénéfique et nous rend capables de vaincre nos « invasions barbares ». Le Saint-Esprit nous *stimule* et nous *encourage*. Mon désir est que nous puissions réaliser combien l'Esprit saint est puissant et créateur. La Parole de Dieu nous révèle que dès le commencement, le Saint-Esprit était actif dans le processus de la Création[172] : *Au commencement Dieu créa les cieux et la terre. La terre était informe et vide ; il y avait des ténèbres à la surface de l'abîme, et **l'Esprit de Dieu** se mouvait au-dessus des eaux.* Cette puissance qui a accroché les étoiles dans le ciel, placé les planètes sur leur trajectoire et transformé la terre, réside maintenant en nous. Ce même Esprit créateur est capable, à partir d'évènements ou de situations « informes » de votre vie, de créer quelque chose de merveilleux. Je ne sais pas si vous êtes comme moi, mais ça me donne de l'énergie de savoir qu'un tel Dieu, une telle puissance vit en moi. Je n'ai pas encore l'impression que vous êtes convaincue ! Permettez-moi de développer un peu plus ma pensée.

L'Évangile de Luc nous dépeint comment, par le Saint-Esprit, Marie devint enceinte de Jésus : *L'ange lui répondit : **Le Saint-Esprit** viendra sur toi, et la puissance du Très-Haut te couvrira de son ombre. C'est pourquoi le saint enfant qui naîtra de toi sera appelé Fils de Dieu*[173]. Arrêtons-nous un instant afin de saisir toute la portée de ce texte. Tout comme Il a permis à Marie d'enfanter, de recevoir en son sein de façon miraculeuse le Fils de Dieu, l'Esprit de Dieu peut vous couvrir, et la vie de Jésus peut naître en vous. Jésus et toute Sa puissance sont alors vivants et agissants en vous comme en moi. Cette pensée est forte, profonde et prophétique. Le Saint-Esprit est si puissant qu'Il peut créer quelque chose d'immensément grand à partir de rien. Il peut donner la vie à partir de rien. En plus, lorsqu'Il nous recouvre, Il rend Jésus, le Fils du Dieu Tout-Puissant, vivant en nous. Si nous réalisons et que nous nous approprions cette vérité que Jésus avec toute Son autorité est vivant en nous ; que tout peut être créé et naitre par Sa présence ; aucune « invasion barbare » ne peut subsister. Elles seront toutes sans effet. Êtes-vous galvanisée ou excitée par une telle pensée ? Moi, oui !

Le Saint-Esprit nous *fortifie* et nous *encourage*. La Bible nous affirme que Dieu nous enverra un consolateur et qu'Il sera tous les jours avec nous : *Et moi, je prierai le Père, et il vous donnera un autre consolateur afin qu'il demeure éternellement avec vous*[174]. Dans l'Évangile de Jean, il est aussi écrit :

> *Si vous m'aimez, vous obéirez à mes commandements, et moi, je prierai le Père et il vous donnera quelqu'un d'autre **pour vous aider, quelqu'un qui sera avec vous pour toujours** : c'est l'Esprit de vérité. En effet, le monde ne peut pas le recevoir, parce qu'il ne le voit pas et ne le connaît pas. Vous, vous connaissez l'Esprit de vérité, parce qu'il reste avec vous, **il habite en vous. Je ne vous laisserai pas orphelins**, je*

reviendrai vers vous. Ce jour-là, vous comprendrez que je vis dans mon Père, que vous vivez en moi et moi en vous[175].

Il existe six autres noms pouvant être traduits par *consolateur*. Chacun de ces noms décrit une autre facette de la personnalité du Saint-Esprit. Il : *nous conseille ; nous réconforte ; nous aide ; intercède pour nous ; nous fortifie ; marche à nos côtés*. Le mot grec utilisé pour parler du Saint-Esprit est *Parakletos*, qui veut dire celui qui marche à nos côtés. J'aimerais vous illustrer ce que signifie aujourd'hui vivre avec le *Parakletos*, en vous racontant l'histoire de Derek Redmond un coureur de quatre-cents mètres. Ce nom n'évoque probablement rien en vous. Cet athlète n'a remporté aucune médaille, bien qu'il ait participé à deux Jeux olympiques. Pourtant, selon le réseau de télévision de sports américain et international, *ESPN*, son histoire fait partie des cent moments les plus mémorables des vingt-cinq dernières années. La carrière de Derek Redmond a été minée par plusieurs blessures. En 1988, aux Jeux de Séoul, il avait dû se retirer des éliminatoires du quatre-cents mètres, dix minutes seulement avant le début de la course, en raison d'une blessure au tendon d'Achille. Lors des Jeux olympiques de 1992 à Barcelone, il avait déjà subi cinq opérations, dont une au tendon d'Achille, moins de quatre mois avant le début des Jeux.

Barcelone devait être son moment de gloire. Il courait très bien et avait déjà enregistré le meilleur temps de la première série de qualifications. Il remporta par la suite l'épreuve des éliminatoires pour les quarts de finale. En s'installant dans le bloc de départ pour la demi-finale, Derek pense à son père Jim et au soutien qu'il a toujours reçu de lui. Tous les espoirs lui sont permis. Après un excellent départ et une course sans problème sur environ cent-cinquante mètres, c'est la catastrophe. Derek subit une déchirure au tendon du genou droit. La jambe frémissante, il commence à sautiller sur son autre jambe, puis ralentit, et finalement s'écroule au sol, terrassé par la douleur[176].

Malgré cette terrible souffrance, Derek veut absolument terminer la course. Il se relève et commence à avancer en boitant. De la tribune, Jim Redmond aperçoit son fils souffrant et en difficulté sur la piste. Il quitte sa place du fond du stade en évitant les gardes de sécurité, et court de toutes ses forces vers son enfant en s'écriant : « C'est mon fils là-bas, je vais l'aider ! » Jim arrive sur la piste à environ cent-vingt mètres de l'arrivée et pose son bras autour de la taille de Derek. Il lui dit doucement : « Je suis ici fils, nous allons terminer ensemble. » Sous les acclamations et les applaudissements de plus de soixante-cinq milles personnes présentes dans le stade, bras dessus, bras dessous, le père et le fils continuèrent la course. À quelques pas de la ligne d'arrivée, Jim lâche la main de son fils et Derek termina la course seul, sous les ovations de la foule. « Je suis le plus fier des pères au monde. Je suis aussi fier de lui que je ne l'aurais été s'il avait gagné la médaille d'or, car il lui a fallu beaucoup de courage pour faire ce qu'il a fait », dira Jim à la presse après cette émouvante course[177]. Ce que le père de Derek a fait pour son fils, votre Père céleste le fera pour vous par le Saint-Esprit, le *Parakletos*, celui qui marche à vos côtés. Il vous prendra par la main et vous fera terminer votre course ! Ne vous laissez pas convaincre du contraire.

Vous n'êtes pas seule face à vos « invasions barbares ». Le puissant Saint-Esprit est en vous et marche à vos côtés. Il est là pour vous aider, Il habite en vous et Il est toujours présent (même à trois heures du matin quand nous sommes submergées par des pensées noires). Nous ne sommes pas orphelines mes amies. Dieu est avec nous, alors qui sera contre nous ? Les « invasions barbares » n'ont aucune force. Elles s'atténuent et disparaissent sous l'action de l'Esprit saint. L'Évangile de Jean nous affirme que le Saint-Esprit est disponible pour chacune d'entre nous : *Si quelqu'un a soif, qu'il vienne à moi et qu'il boive. Celui qui croit en moi, des fleuves d'eau vive jailliront de son cœur [...] Jésus parlait de l'Esprit de Dieu que ceux qui croyaient en lui allaient recevoir [...][178].*

Avez-vous soif de l'Esprit de Dieu ? Avez-vous besoin de Son Esprit aujourd'hui ? Dites-le-Lui. Demandez-le-Lui : « Seigneur, viens m'inonder de Ta présence ! Seigneur, ouvre les yeux de mon cœur afin que je saisisse pleinement que, par Ton Esprit, tout peut être créé, que ta vie peut être déversée en moi, et que Tu marches à tout instant à mes côtés. » N'oubliez pas que Sa Parole ne revient jamais sans avoir fait son effet. C'est en étant tous les jours à l'écoute du Saint-Esprit et en marchant dans Ses voies que nous pourrons repousser et renverser toutes les « invasions barbares » de nos vies.

Mes réflexions et mes objectifs

Combattez-vous ou avez-vous déjà combattu des « invasions barbares » ? Décrivez ici les pensées qui vous envahissent ou vous angoissent.

_____

_____

_____

Transcrivez ici le passage de Jean 14.16-20. Écrivez les autres facettes du Saint-Esprit telles que je les ai énoncées dans cette pensée. Méditez-les et commencez à remplacer vos invasions barbares par les promesses de Dieu.

_____

_____

_____

Lorsque vous serez envahie par une « invasion barbare », ne nourrissez pas ces pensées. Éphésiens 4.6, nous exhorte à ne nous inquiéter de rien, mais à faire connaître nos besoins à Dieu. Écrivez à Dieu, faites-Lui connaître votre besoin.

_____

_____

_____

Un antidote aux « invasions barbares » consiste à se changer les idées. Lorsque vous serez assaillie par de telles pensées, allez marcher, appelez une amie, lisez un livre ou toute autre chose qui vous distrait et vous fait du bien. Écrivez ici quelques activités qui vous procurent un bien-être. Ainsi, lorsque les « invasions barbares » apparaîtront, vous serez prête à les contrer.

_____

_____

_____

Ma prière

Seigneur Jésus, merci parce que Tu ne m'as pas laissée orpheline et que Tu as envoyé le Saint-Esprit, le consolateur. Il est avec moi tous les jours et pour toujours. Merci, parce que le Saint-Esprit marche à mes côtés, qu'Il me conseille, me réconforte, m'aide et intercède pour moi. Merci, car il est écrit dans Ta Parole que lorsque mon cœur est agité par une foule de pensées, Tes consolations me rendent la joie[179]. Je te prie Seigneur, dès cet instant, d'ôter ces soucis et ces « invasions barbares » de mes pensées. Remplace-les par Ta joie et Ta paix. Merci parce que Tu m'aimes et que rien ne peut me séparer de Ton amour. Amen !

Pensée

N°. 5

Je te pardonne maman...

Textes bibliques :
Matthieu 6 ; Genèse 37 ; 47

Le pardon est présent partout dans la Parole de Dieu. Ce principe se retrouve au cœur de la plus célèbre prière : *Le Notre Père.* Jésus Lui-même dira aux disciples : *Voici donc comment vous devez prier [...] Pardonne-nous nos offenses, comme nous pardonnons à ceux qui nous ont offensés.* Une portion cruciale de cette prière repose sur le principe de pardonner. De sa bouche, Jésus nous enseigne qu'il faut pardonner aux gens qui nous ont blessés si nous voulons que nos offenses nous soient également pardonnées. Cette instruction est hautement sérieuse et importante. L'Ancien Testament nous révèle aussi de nombreuses histoires d'hommes de Dieu qui ont été outragés et maltraités injustement, et comment ils ont dû pardonner.

À maintes reprises, le peuple d'Israël a murmuré contre Moïse, un homme impulsif qui par la suite est devenu un homme patient et prompt à pardonner[180]. Malgré sa loyauté envers le roi Saül, David fut victime de ses tromperies et dangereuses attaques et fut ainsi soumis à un test de pardon saisissant. Que dire de Joseph ? Selon moi, c'est la plus remarquable histoire de pardon des Écritures. Joseph est né dans une famille dysfonctionnelle et profondément cruelle. Il était le préféré de son père. Ses frères, horriblement jaloux de lui, le vendirent comme esclave. Il fut accusé de façon mensongère par la femme de Potiphar, son patron et officier de Pharaon, alors qu'il était innocent. On le jettera en prison où il souffrira injustement. Se pensant oublié de Dieu, il fut finalement nommé gouverneur en Égypte.

La vie de Joseph nous enseigne plusieurs grandes leçons spirituelles, mais si vous le voulez bien, j'aimerais que nous nous arrêtions ensemble là où cet homme fut confronté à la douleur d'avoir été abandonné, maltraité par des gens qui lui étaient proches et où il a finalement décidé de pardonner. Au moment où la famine faisait rage dans le pays de Canaan, les frères de Joseph s'en allèrent en Égypte pour chercher du blé. À cette époque, Joseph commandait le pays. C'est lui qui vendait le blé. À leur arrivée, Joseph reconnut ses frères, mais eux ne le reconnurent pas, après toutes les années passées. Après les avoir mis à l'épreuve, arrive le moment crucial où Joseph dut se dévoiler et faire face à son passé et à ses blessures. La Bible nous dit qu'il ne fut plus capable de se contenir. C'en était trop. Je crois que Joseph voulait en finir avec cette douleur. Il se fit alors connaître à ses frères. Permettez-moi de citer les Écritures, les mots sont tellement puissants :

> *Joseph éleva la voix en pleurant. Les Égyptiens l'entendirent, et la maison de Pharaon l'entendit. Joseph dit à ses frères : Je suis Joseph [...] Mais ses frères ne purent lui répondre, car ils étaient troublés en sa présence... Joseph dit à ses frères : Je suis Joseph, votre frère que vous avez vendu pour être mené en Égypte. **Maintenant, ne vous affligez pas, et ne soyez pas fâchés de m'avoir vendu** pour être conduit ici, car c'est pour vous sauver la vie que Dieu m'a envoyé devant vous.*[181]

N'est-ce pas stupéfiant comme déclaration ? Joseph n'était absolument pas dans le déni. Il ne cachait pas l'offense de ses frères. Il ne l'excusait pas non plus. Par la Grâce de Dieu, il ne laissa pas l'amertume contrôler son cœur pendant toutes ces années. Au contraire, il trouva la force de relâcher les gens qui l'avaient trahi. Il alla même jusqu'à leur dire : « *ne vous affligez pas et ne soyez pas fâchés de m'avoir vendu* ». Honnêtement, qui devrait être fâché ? Or, Joseph fut capable de s'élever au-delà de ses blessures. Il arriva à tirer partie de tout ce qu'il avait vécu, et même à en faire ressortir des éléments positifs. Chères amies, n'est-ce pas cela le processus du pardon ? Pardonner est un acte courageux qui nécessite la Grâce de Dieu. Ce que Dieu a fait dans la vie de Joseph, il peut le faire encore aujourd'hui dans notre propre vie. J'aimerais vous en donner la preuve en vous racontant l'histoire de mon amie Ginette.

L'équipe des soins pastoraux de l'Église Nouvelle Vie se rencontre tous les jeudis matins depuis maintenant quelques années. Ginette s'est jointe à cette équipe et œuvre avec nous bénévolement depuis maintenant quatre ans. Grâce à son amour pour Dieu, son dévouement et ses qualifications, elle apporte une aide précieuse à des personnes de notre église. Elle détient un Baccalauréat en psychométrie et une solide formation en *counselling pastoral*. Bien que nous travaillions auprès de gens en difficultés et en souffrance, nous sommes tous bien humains et avons nous aussi, parfois, des moments difficiles à traverser dans nos propres vies.

Ginette était dans cette situation. Nous savions que sa maman de quatre-vingts ans était atteinte de la maladie d'Alzheimer, cette terrible maladie dégénérative qui change les gens que nous aimons à un tel point que nous ne les reconnaissons plus. La maladie était à un stade avancé et Ginette devait s'occuper de sa mère quotidiennement. Elle devait aller la faire manger, la laver et converser avec elle, même si celle-ci ne savait plus que la femme qui prenait soin d'elle était sa propre fille. Si vous connaissez cette maladie ou si des gens près de vous en sont atteints, vous savez qu'il est physiquement et émotionnellement difficile d'accompagner ces personnes.

Un certain jeudi du mois de janvier 2008, Ginette s'est présentée à la table des soins pastoraux. Ça faisait quelques temps que nous ne l'avions pas vue, car sa maman était décédée dans les dernières semaines. Avant de commencer la réunion, nous prîmes un moment avec elle pour nous enquérir de son état moral et de la façon dont elle vivait son deuil. Elle eut droit à une séance de *counselling pastoral* réalisée simultanément par douze pasteurs d'expériences ! Non, pas vraiment. Elle eut surtout droit à des paroles de réconfort et d'encouragement de la part de ses amis. Au-delà du ministère, nous sommes une équipe et une famille. Je vous avoue que c'est cette femme qui nous a édifiés ce matin-là. Je ne connaissais pas le témoignage de Ginette. Lorsqu'elle commença à se dévoiler, je découvris combien Dieu avait guéri et restauré sa vie. Ginette est une femme complètement libérée maintenant.

Son témoignage m'a tellement bouleversée que je lui ai demandé la permission de vous le partager. Avec son accord, je vais tenter de vous en faire la synthèse. Après avoir lu ces quelques lignes, vous comprendrez toute la puissance libératrice du pardon. Ginette a travaillé pendant plus de dix ans dans un hôpital psychiatrique. Ses fonctions consistaient à évaluer des pédophiles. Tous les jours, elle les rencontrait et leur posait des questions pour évaluer leur condition, afin qu'ils soient jugés adéquatement par les instances judiciaires. Elle était très compétente dans son travail car elle connaissait particulièrement bien ces êtres malades et déviants, parce qu'elle en avait côtoyé un de très près. Ginette a été abusée sexuellement par son père dès son jeune âge, et ce, jusqu'à ce qu'elle ait treize ans. Aucun répit pour cette fillette. En plus de cela, sa mère cautionnait ces actes, ce qui est totalement incompréhensible. Sa mère était tout à fait au courant de tous les actes atroces dont sa jeune fille faisait l'objet. J'ai demandé à Ginette : « Comment as-tu fait pour survivre émotionnellement à cela ? » Elle m'a candidement répondu : « J'allais dans le garage de mes parents et je me répétais sans cesse : Je suis devenue du ciment, personne ne va me faire mal. Je suis devenue du ciment, personne ne va me faire mal. Je suis… »

À treize ans, Ginette entendit sa mère dire à son père : « Il faut qu'on s'en débarrasse, elle va tout avouer ! ». C'est uniquement par crainte de ce qui aurait pu leur arriver si tout cela sortait à la lumière, qu'ils arrêtèrent leurs monstruosités. La douleur de Ginette était incommensurable. Sa haine envers son père était indescriptible, mais par-dessus tout cela s'ajoutait une profonde colère contre sa mère. Quelques années plus tard, Ginette fit une expérience personnelle avec Dieu. Elle Lui demanda de venir habiter en elle et de guérir son cœur. Avec l'aide de personnes que Dieu avait placées sur son chemin, Dieu entreprit une profonde œuvre de restauration et de guérison dans sa vie. Son processus de pardon a atteint son paroxysme le 8 janvier 2008.

Cette journée-là, la maman de Ginette était aux soins intensifs. À cause de l'Alzheimer, elle était maintenant complètement aphasique et sa condition s'était terriblement détériorée. Les médecins avaient informé la famille qu'il ne lui restait plus beaucoup de temps à vivre.

Ginette rassembla tout son courage et s'approcha du lit où sa mère était allongée. Pensant que sa mère n'entendait pas, et surtout, croyant qu'elle ne comprenait pas ce qu'elle s'apprêtait à lui dire, elle lui chuchota de simples mots, désirant plus que tout au monde pardonner à sa mère pour les actes horribles dont elle avait été victime avant qu'elle ne glisse vers la mort. Ginette ouvrit craintivement la bouche et prononça cette courte, mais combien puissante phrase : « Maman, tu as été une bonne mère, tu peux maintenant partir… » Ne s'attendant à aucune réponse, elle fut complètement bouleversée. En entendant ces paroles, sa mère aphasique se releva d'un bond en s'appuyant sur son coude. Gémissante, elle se mit à répéter sans arrêt : « Non ! Non ! Non ! » Quel moment inoubliable ! Jamais sa mère n'avait laissé sous-entendre qu'elle avait manqué à ses responsabilités dans toute cette douloureuse histoire. Par la Grâce de Dieu, Ginette, le cœur rempli d'amour et de pardon ouvrit la bouche une seconde fois : « Maman, tu n'as pas toujours été une bonne mère, mais tu as fait de ton mieux avec ce que tu avais. Tu peux maintenant partir. » Immédiatement, une paix profonde vint submerger, envahir cette mère et cette fille. Le pardon est libérateur, tant pour la personne qui l'accorde que pour celle qui le reçoit. Il est infiniment puissant et guérissant. Ce matin de janvier, Ginette est devenue une femme complètement libérée ! Je peux en témoigner. Si vous pouviez voir la sérénité sur son visage lorsqu'elle nous a partagé ces derniers moments avec sa maman. Cela ne faisait aucun doute, Ginette n'avait pas oublié les gestes subis et les gestes manqués, mais elle avait complètement pardonné à l'auteur de ces actes.

Ce témoignage m'a profondément interpellée. Dans les jours qui ont suivi, j'eus beaucoup de difficultés à ôter cette histoire de mon esprit. Je me demandais : « *Durant toute cette terrible maladie, comment Ginette a-t-elle pu prendre soin de sa mère, la nourrir et la laver, malgré l'inconcevable comportement de celle-ci envers elle ? Comment a-t-elle trouvé la force et l'amour de lui dire qu'elle a été une bonne mère ?* » Tandis que j'étais plongée dans mes réflexions, ces questions se sont soudainement dissipées. Mes pensées ont commencé à converger de la laideur du péché à la grandeur de notre Dieu. Seul Dieu peut mettre dans le cœur d'un être humain le désir, la force et la grâce de pardonner[182]. La Parole de Dieu nous donne une puissante clé pour le pardon : *[...] celui qui se confie en l'Éternel est environné (entouré) de Sa grâce.* Si nous nous confions en l'Éternel et que nous Lui demandons Son aide et Sa puissance, Il nous donnera le courage de pardonner. Nous recevrons alors la grâce et la divine capacité de surmonter nos douleurs, et la force nécessaire afin de relâcher les gens qui nous ont blessées. Je le crois sincèrement. Si dans l'Ancien Testament, Dieu a donné à Joseph la capacité de pardonner à ses frères malgré l'immense trahison qu'ils lui avaient fait subir ; si Ginette a trouvé la force et le courage de pardonner à sa mère qui l'avait si profondément blessée, c'est uniquement par la Grâce de Dieu.

Cette Grâce et cette puissance libératrice sont disponibles et nous aussi y avons accès. Puissions-nous consacrer cette semaine au thème du pardon. Pardonnons les petites comme les grosses offenses. L'outrage, qu'il soit petit ou grand, peut vous rendre complètement captive. Demandez à Dieu de vous révéler si votre cœur cache consciemment ou inconsciemment des gens, des situations, des évènements ou des circonstances que vous n'avez pas encore pardonnés. Peut-être devez-vous pardonner à une mère, un père, votre mari, un de vos enfants, une amie ou à un lointain professeur qui vous aurait humilié dans votre enfance. Peut-être n'avez-vous pas été trahie comme Joseph ou n'avez-vous pas subi des sévices aussi horribles que ceux par lesquels Ginette est passée. Cela ne veut pas dire que ce que vous avez vécu ne vous a pas écorchée. Ne vous comparez pas aux autres. Permettez à Dieu de mettre en lumière « qui » ou « ce qui » vous a fait mal. Priez afin qu'Il vous accorde la Grâce et la force d'amorcer un processus de pardon pour que vous soyez complètement libérée. Pardonner n'absoudra pas l'offenseur, mais Il libèrera votre propre cœur de l'offense. Je crois que cette semaine va être extrêmement libératrice et bienfaisante pour plusieurs. Vous deviendrez alors, comme Ginette, une femme complètement libérée que Dieu utilisera pour Sa Gloire...

Mes réflexions et mes objectifs

Que vous inspire le récit de la vie de Joseph ? (Genèse 37 ; 47)

_____

_____

_____

Devez-vous pardonner à certaines personnes de votre
entourage ? Si oui, écrivez ce qui vous a blessée.

_____

_____

_____

Il est écrit que *celui qui se confie en l'Éternel est entouré de Sa
Grâce*[183]. Dans vos propres mots, demandez à Dieu de vous
donner la force et le courage de pardonner. Si vous le
souhaitez, écrivez le nom de la personne à qui vous devez
pardonner et ajoutez à côté de son nom : je te pardonne.

_____

_____

_____

N'oubliez pas que pardonner n'absout pas l'offenseur, mais cela libèrera votre cœur de l'offense. Méditez sur le récit de Ginette et de sa mère, et croyez que si Dieu a donné la force à Ginette de pardonner, Il peut le faire pour vous. Tentez de détourner votre regard de l'offense et portez-le sur la libération que le pardon peut vous apporter. Pardonner ne veut pas dire oublier, mais plutôt avancer. Décrivez un moment de votre vie où vous avez pardonné à quelqu'un qui vous avait blessée. Décrivez comment vous vous êtes sentie par la suite.

_____

_____

_____

Ma prière

Seigneur Jésus, je place devant Toi cette personne, cette situation qui m'a fait mal. Je te prie de me donner la Grâce de pardonner. Aide-moi à libérer mon cœur de l'offense, afin que je sois complètement libérée. Viens, par Ta Grâce, cicatriser les blessures de mon cœur. Aujourd'hui, je prends la décision de pardonner. Merci Seigneur pour Ton pardon dans ma vie. Merci d'avoir effacé toutes mes fautes. Merci pour Ton amour infini envers moi. Amen !

P e n s é e
N° . 6

Traverser les tempêtes de la vie

T E X T E S   B I B L I Q U E S :
Matthieu 14. 22-32 ; Hébreux 13. 5-6 ; 2 Corinthiens 1. 3-4 ;
Psaumes 40.3-4

Lorsque j'étais étudiante à la Maîtrise en océanographie, je fus appelée à mener des missions en mer sur le grand cours d'eau qu'est le fleuve Saint-Laurent. Vous avez bien lu, j'ai bien dit Maîtrise en océanographie. Je peux vous entendre penser : « *Je croyais qu'elle était docteure en Biochimie.* » Vous avez raison, mais avant de bifurquer vers la biochimie, j'ai fait des études pour devenir océanographe. Les voies de Dieu sont insondables me direz-vous ! Vous pourrez lire mon parcours et mieux comprendre ce cheminement dans le cadre d'une pensée que vous retrouverez dans la facette relationn*elle* de ce journal dévotionnel. Mais avant, permettez-moi de poursuivre mon histoire.

Ainsi, je faisais partie d'une équipe qui avait pour mission de faire des analyses chimiques sur les sédiments prélevés dans le fleuve Saint-Laurent. Comme d'habitude dans ce genre d'expédition, certains doivent travailler jour et nuit afin de réduire la durée des sorties en mer à cause des coûts faramineux qu'elles engendraient. C'est lorsque je travaillais sur le pont à une heure tardive de la nuit que j'eus à expérimenter une vraie tempête. Croyez-moi, j'ai eu la peur de ma vie ! Bien que ce ne soit qu'un fleuve, le Saint-Laurent est une remarquable étendue d'eau. C'est presque comme la mer. Au beau milieu du fleuve, à la hauteur de Rimouski, l'endroit où nous étions, on ne peut absolument pas apercevoir l'autre côté du rivage. Cette nuit du mois d'octobre, je m'affairais à terminer quelques analyses sous une température glaciale, lorsque la tempête se leva. Les vents étaient extrêmement violents et secouaient vigoureusement et incessamment le navire de droite à gauche. C'était l'obscurité totale. Les vagues tentaient désespérément d'inonder le bateau. Plusieurs de mes collègues et moi-même commencions à avoir la nausée. Je me souviendrai toujours du judicieux conseil que mon directeur de Maîtrise de l'époque me donna alors, pour atténuer mes haut-le-cœur. En me regardant, il me dit gentiment : « Stéphanie, lorsqu'on a le mal de mer il faut manger des bananes ! » Avec mon teint blafard pour ne pas dire verdâtre, je lui répondis candidement : « Mais pourquoi donc ? » Son sourire en coin en disait long. Avec un éclat de rire il ajouta : « Parce que les bananes ont le même goût à l'aller qu'au retour ! ». Je crois que son intention était de me faire rire, car il avait décelé que tout en moi avait peur, vraiment peur à cause de cette vigoureuse tempête.

Les amis de Jésus ont aussi expérimenté la tempête. À la demande de Jésus, les disciples ont pris place dans une barque, et tout comme moi, au beau milieu de la nuit, leur embarcation a été fortement secouée par les flots. Regardons ensemble cette histoire décrite dans l'Évangile de Matthieu[184] :

> *Aussitôt après, **il obligea les disciples à monter dans la barque** et à passer avant lui de l'autre côté, pendant qu'il renverrait la foule. Quand il l'eut renvoyée, il monta sur la montagne, pour prier à l'écart ; et, comme le soir était venu, il était seul. La barque, déjà au milieu de la mer, était battue par les flots ; car le vent était contraire. À la quatrième veille de la nuit, Jésus alla vers eux, marchant sur la mer. **Quand les disciples le virent marcher sur la mer, ils furent troublés, Et dirent : c'est un fantôme ! Et dans leur frayeur, ils poussèrent des cris. Jésus leur dit aussitôt : Rassurez-vous, c'est moi ; n'ayez pas peur !** Pierre lui répondit : Seigneur, si c'est toi, ordonne que j'aille vers toi sur les eaux. Et il dit : Viens ! Pierre sortit de la barque, et marcha sur les eaux pour aller vers Jésus. **Mais voyant que le vent était fort, il eut peur ;** et, comme il commençait à enfoncer, il s'écria : Seigneur, sauve moi ! Aussitôt **Jésus***

étendit la main, le saisit, et lui dit : Homme de peu de foi (comme ta confiance est faible), pourquoi as-tu douté ? Et ils montèrent dans la barque, et le vent cessa.

Les tempêtes ne se produisent pas uniquement sur les mers. Lorsque je parle de tempêtes, vous comprenez que je fais référence à des situations ou des évènements qui, sans avertissement, nous arrivent et agitent violemment l'embarcation de notre vie. Vous vous retrouvez en pleine obscurité et votre être entier est battu par les flots. Lorsque vous apprenez que vous ou un de vos proches a un cancer, c'est une tempête ! Lorsqu'une personne de votre entourage ou vous-même êtes aux prises avec un problème de santé mentale, c'est une tempête ! Lorsqu'on vous annonce qu'une personne de votre entourage s'est suicidée, c'est une tempête ! Lorsqu'à travers une des pires crises économiques vous perdez votre emploi, c'est une tempête ! Avez-vous déjà traversé une tempête ou êtes-vous présentement assaillie par une tempête ? Dans l'affirmative, j'aimerais vous rassurer et vous dire que même si les vents soufflent fort, Jésus est avec vous dans la tempête. À la lumière du texte décrit dans l'Évangile de Matthieu, voici quatre grandes vérités qui nous aideront à mieux traverser les tempêtes de notre vie.

Les tempêtes font partie de la vie du croyant

Ce qui est pour le moins surprenant et frappant dans ce texte, c'est que c'est à la demande de Jésus que les disciples ont pris place dans la barque : *il obligea les disciples à monter dans la barque et à passer avant lui de l'autre côté [...]. Il les obligea !* Jésus leur demande d'aller en mer, sachant très bien que les vents se lèveraient. N'est-ce pas étrange ou même dur ? Je ne pense pas. Jésus était pleinement conscient que sur les mers, les tempêtes sont inévitables, mais il savait qu'il n'abandonnerait jamais ses amis dans leur détresse. Il embarqua avec eux alors que la tempête faisait rage. Il était là, tout près d'eux, pour les rassurer. Par Sa présence et Sa puissance, les vents se calmèrent. Mes amies, nous savons qu'ici-bas, les tempêtes sont incontournables, elles font parties de la vie. Que vous soyez croyant ou pas, tôt ou tard vous faites face à une tempête. La Bible nous dit qu'il pleut sur les croyants comme sur les non croyants[185].

Quand j'étais jeune, je me souviens que lorsqu'elle traversait une épreuve, ma mère disait toujours : « Qu'est-ce que j'ai fait au bon Dieu pour mériter cela ? » Je ne sais pas si cette expression vous est familière, mais chez nous au Québec, à cause de notre arrière-plan catholique, plusieurs l'utilisent. Laissez-moi vous dire que les tempêtes ne sont pas des punitions de Dieu. Lorsque vous traversez une période d'épreuve, ceci ne signifie pas que Dieu est fâché contre vous et qu'Il vous inflige une correction pour vous le montrer. Parfois, les difficultés que nous rencontrons peuvent être la conséquence d'un mauvais comportement de notre part. La maladie, le deuil, le rejet, la pauvreté, etc. ne sont pas des sanctions envoyées par Dieu. Ce sont des tempêtes par lesquelles nous devons passer. Même les plus grands hommes et femmes de Dieu ont traversé des tempêtes : David a été pourchassé inlassablement par Saül qui voulait sa mort ; Joseph a été vendu comme esclave et jeté en prison ; Naomi a enterré son mari et ses deux fils ; Léa n'a pas été aimée par son mari ; Paul a été fait prisonnier pendant des années ; et Jésus a été ridiculisé, tenté, rejeté et crucifié. Alors, même si elles sont difficiles à vivre, les tempêtes font partie de la vie des croyants.

> Les tempêtes ne sont pas des punitions de Dieu. Les tempêtes font partie de la vie des croyants.

Jésus nous rassure dans la tempête

Bien que les tempêtes soient inévitables, sachez que Jésus nous rassure toujours dans la tempête. Toutefois, lorsque les vents sont contraires et que nous sommes ballottées par les flots, il peut arriver que nous perdions Jésus de vue. C'est exactement ce qui est arrivé aux disciples : *Quand les disciples le virent marcher sur la mer, ils furent troublés, Et dirent : c'est un fantôme ! Et dans leur frayeur, ils poussèrent des cris. Jésus leur dit aussitôt : Rassurez-vous, c'est moi ; n'ayez pas peur !* Cela vous est-il déjà arrivé ? À moi, oui. Lorsque mon fils Jérémie était très malade (voir la pensée n° 1 de cette facette) et que j'étais épuisée, courant désespérément d'un médecin à un autre, bien que Jésus tentait de me rassurer, je n'entendais rien. Je ne voyais que les fantômes de la maladie. Mes yeux étaient fixés sur tous les diagnostics effrayants qui venaient me hanter. Toutefois, lorsqu'au plus fort de ma tempête je me suis arrêtée et que j'ai prié, je ressentis une paix m'envahir. Elle vint me calmer et me rassurer comme Jésus l'avait fait avec ses amis : « Rassure-toi, c'est moi ; n'aie pas peur ! » En lisant ce simple texte, Dieu désire vous apaiser et vous dire : « Ne sois pas effrayée, ne t'affole pas, car Je suis avec toi… »

Dans la tempête, Jésus ne nous laisse jamais nous enfoncer

Ce qui suit est pour le moins fascinant. Après que Pierre, avec audace, mit Jésus au défi[186], Jésus lui dit : « *Viens !* » *Pierre sortit de la barque et marcha sur l'eau.* Vous conviendrez avec moi qu'à ce moment, alors qu'Il se tenait debout sur les eaux, Pierre expérimenta le miraculeux. Ce n'est pas tous les jours qu'on marche sur les eaux ! Pierre est un homme de foi qui a vécu des choses exceptionnelles avec Jésus. Pourtant, l'histoire nous montre que malgré toutes ces expériences et son amitié avec Jésus, lorsque le vent se lève, Pierre est envahi par la peur et commence à s'enfoncer dans les eaux : *Mais voyant que le vent était fort, il eut peur ; et, comme il commençait à enfoncer* »[187] Reconnaissons que sa réaction est à la fois humaine et étonnante.

Personnellement, j'aurais pensé que Pierre, une fois sur les eaux, n'aurait plus accordé d'importance au fait que la mer ait été calme ou houleuse, car de toute façon, les lois normales de la physique avaient déjà été mises à l'épreuve : Il se tenait debout sur les eaux ! Il vivait un miracle ! Ne sommes-nous pas un peu comme Pierre. La majorité d'entre nous avons vécu des choses extraordinaires avec Dieu. Nous l'avons vu agir à maintes reprises dans notre vie. Il nous a aimées, rachetées, pardonnées, consolées, rassurées, Il a protégé nos enfants, nous a guéries de la maladie, etc. Nous avons déjà expérimenté le miraculeux. Pourtant, comme Pierre, lorsque nous sommes confrontées à des vents qui sont violents et contraires, la peur nous envahit. Il se peut alors que notre foi vacille, et que nous commencions à nous enfoncer. J'ai une bonne nouvelle mes amies, Dieu ne nous laisse jamais sombrer dans la tempête. Comme il commençait à être submergé par les vagues, *Pierre s'écria : Seigneur, sauve-moi ! Aussitôt Jésus étendit la main, le saisit*[188]. Spirituellement parlant, Jésus a la main tendue vers vous. Il désire vous saisir là où vous êtes, dans votre situation, et Il est capable vous tirer hors de vos difficultés et de votre tempête.

Jésus est Le seul qui puisse calmer la tempête

Finalement, après avoir sortit Pierre des vagues qui le submergeaient, Jésus monta dans la barque avec lui, et le vent cessa[189]. N'est-ce pas rassurant de savoir que Jésus est avec nous dans la barque et qu'Il peut calmer les vents qui perturbent notre vie ? Dans l'épître aux Hébreux, il est écrit que notre Dieu *ne nous délaissera pas ni ne nous abandonnera. C'est pourquoi nous pouvons dire avec assurance : le Seigneur est mon secours, je n'aurai peur de rien [...]*[190]. Cette promesse est le témoignage de mon amie Solange. J'ai énormément d'admiration pour cette femme. Elle a été extrêmement importante dans ma vie et a été un modèle pour moi. Après la naissance de mon premier enfant Philippe, alors qu'il était encore si petit, j'ai dû retourner à l'université afin de faire mes études de doctorat. Il m'était très difficile de laisser mon bébé dans les mains de quelqu'un d'autre. Je me sentais coupable. Malheureusement, j'ai dû me résigner.

Je me suis donc mise à la recherche d'une dame qui pourrait prendre soin de mon merveilleux Philippe (!!), il est encore aussi fantastique quatorze ans plus tard (Mille excuses, c'est plus fort que moi !). Vous devinez que mes critères étaient très élevés. Je cherchais la mère parfaite ! J'ai alors pensé à Solange. Bien sûr, elle n'est pas parfaite (Il n'y pas de mère parfaite... Ouf !), mais chaque fois que je la voyais avec son fils Maxime, mon cœur était émerveillé. Elle est attentionnée, présente et dévouée. Elle bricole, joue avec ses enfants et a toujours une activité pour les stimuler. Si vous pouviez la voir lorsqu'elle décore le sapin de Noël avec eux, c'est la fête au village ! En plus, elle a un sens de l'humour remarquable. Solange est une femme débordante de vie. Le témoignage de Solange me touche profondément, car les évènements auxquels elle a dû faire face auraient pu faire d'elle, une mère bien différente.

À quarante ans, Solange a traversé une tempête dans sa vie. Alors qu'elle était déjà mère de quatre beaux garçons, elle apprend qu'elle est enceinte d'un cinquième. Au début la nouvelle la bouleversa, puisque cette grossesse n'était pas planifiée. Mais elle se dit en elle-même que ce sera peut-être une petite fille, sa fille, qui verrait le jour. Elle s'accrocha alors à cette pensée. Finalement, le jour de l'accouchement arrive et après plusieurs heures de travail, le médecin place un joli poupon sur son sein. C'est un garçon ! Après quelques heures, Solange remarque qu'il est différent des autres bébés. Quelques jours plus tard, on lui apprend que son fils Maxime est né avec la trisomie 21 et qu'il en portera les séquelles tout au long de sa vie. À ce moment, tout semblait s'écrouler pour Solange. Son cœur était déchiré entre l'amour, la peur et la colère. Je pense que vous comprenez ce que peut ressentir une mère à l'annonce d'une telle nouvelle. Avant de vous écrire cette histoire, j'ai obtenu de Solange la permission de partager son épisode de tempête avec vous. Je lui ai demandé : « Dis-moi Solange, comment as-tu pu traverser cette tempête ? » Elle me répondit qu'à ce moment-là, couchée sur son lit d'hôpital, elle avait demandé aux personnes de l'église et à ses amies de prier pour elle. Ainsi, avec le peu de force qu'elle avait, elle cria à Dieu, Lui demandant de déposer en elle une paix et le courage nécessaire pour affronter cette situation. Elle ajouta : « Tu sais Stéphanie, j'ai immédiatement ressenti une force et une foi m'envahir dès les jours qui ont suivi. Je suis aujourd'hui la mère la plus comblée. J'ai une merveilleuse famille, et Maxime est une bénédiction et une source de joie pour nous tous ! » Mes précieuses amies, les tempêtes font partie de la vie du croyant, mais n'oubliez pas que Jésus ne vous laissera jamais vous enfoncer dans les eaux. Dieu est avec vous dans l'embarcation de votre vie. *Rassurez-vous, n'ayez pas peur, c'est moi... Aussitôt, Jésus monta dans la barque et le vent cessa.*[191]

Mes réflexions et mes objectifs

Traversez-vous une tempête dans votre vie ? Décrivez ici
votre tempête.

_____

_____

_____

Comment réagissez-vous face à votre tempête ? Quelle
émotion éprouvez-vous ? Croyez-vous que Dieu est injuste ou
dur, qu'Il vous punit ou qu'Il vous met à l'épreuve en vous
faisant traverser cette tempête ? Avez-vous perdu Jésus de
vue dans la noirceur de votre tempête ? Si oui, pourquoi ?

_____

_____

_____

Décrivez un moment de votre vie où Dieu est intervenu et où
vous avez expérimenté le miraculeux. Prenez un moment
pour remercier Dieu pour ce qu'Il a fait dans votre vie.

_____

_____

_____

Relisez Matthieu 14.22-32 et transcrivez les versets 27 et 32. Demandez à Dieu de calmer la tempête qui fait rage dans votre cœur, et demandez-Lui de calmer les « vents » de votre vie.

_____

_____

_____

Si vous ne traversez pas de tempêtes dans votre vie mais que vous connaissez une personne dont la vie est perturbée, une personne qui est ébranlée par des évènements douloureux, prenez un moment dans les prochains jours pour l'encourager. Envoyez-lui un courriel, téléphonez-lui pour lui dire que vous pensez à elle. Rassurez-la en lui disant que Jésus est là pour calmer la tempête qui fait rage dans sa vie.

Ma prière

Seigneur Jésus, je veux te remercier pour toutes les fois où Tu as calmé les tempêtes de ma vie. Merci pour toutes les fois où Tu as agi dans ma vie. Merci de m'avoir rachetée, pardonnée, consolée et rassurée lorsque j'en avais besoin. Je te prie de venir calmer la tempête de ma vie. Alors que les vents sont forts et que j'ai peur, comme Tu l'as fait pour Pierre, rassure-moi et ne permets pas que je m'enfonce dans cette situation. Je te prie de venir dans l'embarcation de ma vie et de faire cesser les vents. J'ai confiance, je sais que Tu entends ma prière et que tout est possible, car Tu es un grand Dieu. Un Dieu qui prend soin de Ses enfants. Amen !

Pensée
Nº . 7

Êtes-vous une combattante ?

TEXTES BIBLIQUES :
1 Samuel 17 ; 1 Corinthiens 9.24 ; Philippiens 1.30 ;
Colossiens 2.1 ; 1 Timothée 1.18 ; 6.12 ; Matthieu 11.12 ;
Hébreux 11.32 ; 1 Samuel 12.11 ; Ésaïe 9.3 ; Juges 6.11-16 ;
Juges 7 ; Psaumes 24.8.

Vous qualifieriez-vous de combattante ? Avant de répondre à cette question, vous me direz : « Stéphanie, qu'est-ce que ça veut vraiment dire, être une combattante ? » Lorsque je parle d'être une combattante je ne fais pas référence à « Rambo », ce personnage fictif créé par David Morrell et interprété au cinéma par Sylvester Stallone. Celles qui me connaissent ou qui m'ont déjà rencontrée ont un peu de difficulté à m'imaginer en « Rambo », du haut de mes cinq pieds (1,53 mètres ; peut-être un peu plus avec mes chaussures à haut talon, mais à peine !) et avec mes longs cheveux blonds. Attention, vous pourriez être surprise ! Je plaisante, rassurez-vous ! Toutefois, lorsque je parle de combattante, je fais tout de même référence à la guerre et à la bataille ! J'espère ne pas vous offusquer chères et précieuses amies.

Comprenez-moi bien, je suis contre toute forme de violence gratuite et inutile, mais je pense sincèrement que dans beaucoup d'aspects de notre vie, nous devons devenir des guerrières. Par définition, une personne combattante est une personne qui prend part à un combat. Permettez-moi de vous reposer la question maintenant : Lorsque vous faites face à un combat dans votre vie ou

Je pense sincèrement que dans beaucoup d'aspects de notre vie, nous devons devenir des guerrières.

à un défi personnel, choisissez-vous de sauter dans la mêlée et de relever le défi ?

La combativité n'est pas une question de genre humain et elle ne se mesure pas à la taille que vous avez. Que vous soyez une jeune femme ou une femme d'âge mûr, vous pouvez être une combattante. Prenez par exemple David, il est reconnu pour avoir été un des plus grands combattants de l'histoire. Il fut un chef d'armée remarquable et pourtant, la Bible nous dit qu'alors que toute l'armée d'Israël se faisait défier depuis quarante jours par le géant Goliath et l'armée des Philistins, le jeune David avec son visage angélique et son air inoffensif a été le seul à sauter dans la bataille. Les Écritures nous révèlent même que Saül le mettait en garde d'aller se battre contre ce Philistin, car il n'était qu'un enfant[192]. Il est aussi écrit que Goliath a méprisé David, ne voyant en lui qu'un enfant blond et de belle figure. Pauvre Goliath, il commit une erreur monumentale pour ne pas dire mortelle !

La combativité nécessite de la détermination, de l'endurance et de la persévérance.

Paul nous dit que la vie sur cette terre est comme une course que nous effectuons dans un stade. Il nous incite à entreprendre cette course de façon à la remporter[193]. Pour nous assurer de la victoire, Paul nous encourage à nous soumettre à certaines contraintes, être disciplinée, organisée et nous battre. Paul précisera : *Je cours, mais pas comme à l'aventure, **je boxe (je me bats) non pas pour battre l'air**[194]*. Paul a combattu de multiples combats. Lorsqu'il écrit aux Phillipiens, il les encourage à livrer le même combat que celui auquel il s'est donné [195]. Dans l'épître aux Colossiens, Paul confie qu'il bataille pour eux et pour les gens de Laodicée[196]. Il exhortera aussi Timothée à livrer le bon combat[197].

Mes chères amies, si nous voulons remporter le prix de notre course sur cette terre, nous devons nous battre. Il n'y a pas de victoire sans bataille. La Parole de Dieu affirme que : « *Le royaume des cieux est assailli avec force et ce sont les violents qui s'en emparent.* »[198]. La combativité nécessite de la détermination, de l'endurance et de la persévérance. J'ajouterais à ceci (et je l'assume), que nous devons avoir du caractère, si nous voulons être des combattantes dans notre vie de femme et de mère ! Attention, ne me faites pas dire ce que je n'ai pas dit. Je n'ai absolument pas dit qu'avoir du caractère signigie avoir un mauvais caractère, être agressives, irrespectueuses ou écrasantes avec les gens autour de nous. Toutefois, je suis profondément convaincue qu'il est nécessaire de devenir des combattantes, car la vie est un long parcours parsemé de joie, de beaux défis, de belles rencontres bien sûr, mais aussi d'embûches, d'obstacles et de combats ! Il est impossible de remporter des victoires si nous ne nous engageons pas dans le combat. Nous devons sauter dans la mêlée si nous désirons triompher. *Êtes-vous prêtes* ?

Si vous pensez que vous n'êtes pas une combattante, je vous invite à simplement jeter un regard sur les fonctions que vous occupez. Dans notre rôle de mère, nous devons être des combattantes. Nous n'avons pas le choix. J'ai récemment reçu une petite histoire drôle révélant comment, en tant que mères, nous accomplissons tellement de tâches. Voici ce qu'elle racontait :

Après Star Académie, cette émission populaire destinée à découvrir de nouvelles vedettes de la chanson, ce sera le nouveau Survivor pour homme :

✦ *Six hommes mariés seront placés sur une île pendant six semaines, avec chacun un véhicule, une maison à entretenir et quatre enfants.*

✦ *Chaque enfant sera inscrit à deux activités sportives et à un cours de musique ou de danse.*

✦ *Il n'y aura aucune possibilité d'avoir de la « malbouffe ».*

✦ *Chaque homme devra prendre soin des quatre enfants et travailler de 8 heures à 17 heures.*

✦ *Chacun devra garder la maison propre, faire faire les devoirs aux enfants, participer aux projets de sciences, cuisiner (et varié, s'il vous plaît), faire la lessive et le repassage, etc.*

✦ Les hommes n'auront accès à la télévision que lorsque les enfants seront endormis et que toutes les corvées ménagères seront terminées.

✦ Il n'y aura qu'une seule télévision pour tous les hommes. La télécommande sera perdue quelque part dans le canapé.

✦ Les hommes devront se raser les jambes et se maquiller chaque jour. Le maquillage devra se faire pendant qu'ils conduiront les enfants à l'école ou encore pendant qu'ils seront en train de préparer les lunchs des quatre enfants.

✦ Ils devront effectuer des tâches sympathiques telles que nettoyer les dégâts (haut et bas) d'un enfant malade à trois heures du matin ; construire des châteaux, ou autres trucs pour amuser les enfants ; sans oublier de faire manger des petits pois à un enfant de quatre ans.

✦ Les enfants élimineront un homme à la fois à partir d'un vote, basé sur la performance.

✦ Le gagnant pourra jouer à ce jeu durant les dix à quinze prochaines années ; ce qui lui vaudra l'honneur de se faire appeler : MAMAN.

Je crois que nous sommes toutes des combattantes ! Ceci dit, cette illustration n'enlève absolument rien aux hommes. De nombreux pères sont de merveilleux combattants pour leur maison. Ils sont précieux !

Une femme doit livrer bataille dans plusieurs aspects de sa vie. Par exemple, lorsque nous :

✦ faisons face à des défis personnels : un nouvel emploi, un nouveau ministère, etc. ;

✦ traversons une épreuve : la maladie, la perte d'un emploi, le deuil, etc. ;

✦ avons péché : Nous devons nous battre pour nous relever, aller chercher le pardon et nous détourner de ce qui nous a fait chuter ;

+ prions pour ceux que nous aimons ;

+ sommes assaillies par des mauvaises pensées, des pensées noires ou dévalorisantes par rapport à nous-mêmes ou à d'autres. Nos pensées sont un vrai champ de bataille ! (À cet effet, je vous conseille l'excellent livre de Joyce Meyer traitant de ce sujet) ;

+ défendons ceux que nous aimons. Je ne sais pas si vous êtes comme moi, mais lorsqu'on fait du mal à mes enfants ou aux gens qui me sont précieux, ça éveille « fortement » en moi une « vive » émotion qui me rend farouchement combattive. Tous mes mécanismes de défense sont alors bien alertes. Considérez-vous comme étant averties !!! ;

+ défendons la justice, les pauvres, les délaissés et les orphelins ;

+ défendons le nom de Dieu et travaillons à la cause de l'Évangile.

Permettez-moi un petit moment d'ouverture et de transparence. Lorsque je vois des enfants, des femmes, des hommes maltraités ; lorsqu'il y a des injustices et surtout lorsque le nom et l'Église de Dieu sont bafoués, ridiculisés voire infantilisés, je me sens comme David face à Goliath et aux Philistins. En bonne Québécoise que je suis, je vous dirais que « ça vient me chercher ! » En d'autres mots « ça me pince une corde ; ça me met hors de moi ; ça me fait sortir de mes gonds ; et la moutarde me monte au nez ! » Je pense que je n'ai pas besoin d'en ajouter, vous saisissez l'émotion qui monte en moi. Je devrais peut-être relire la pensée sur la saine gestion des émotions !!!

David était animé de ces sentiments protecteur et combatif lors-qu'on insultait son peuple et son Dieu. La Bible nous en fait d'ailleurs une narration qui n'est absolument pas « politiquement correcte » ! Lorsque parvinrent jusqu'à ses oreilles les moqueries et les profanations de Goliath envers son Dieu et Son armée, il dit : « *Qui est donc ce Philistin, cet incirconcis, pour insulter l'armée du Dieu vivant ?* »

Alors qu'on tentait de le faire taire, il ajouta : « *Quoi ? N'ai-je pas le droit de m'exprimer ?* » (Ce passage est vraiment fascinant)[199]. Bien qu'il ne fût qu'un jeune garçon blond avec un visage angélique, il dit à Saül, cet homme de guerre : « *Que personne ne se décourage à cause de ce Philistin ! Moi, ton serviteur, j'irai me battre contre lui !* »[200] wow ! J'admire cet esprit combatif et ce courage.

Gédéon a aussi été un homme d'une grande combativité. Il fut intronisé au temple de la renommée des héros de la foi pour avoir vaincu des royaumes[201]. La Bible nous décrit Gédéon (appelé aussi Jérubbaal) comme étant un grand libérateur qui a délivré le peuple d'Israël de la main de ses ennemis[202]. On rapporte la victoire glorieuse qu'il a remportée le jour de Madian[203]. Pourtant, lorsqu'on s'y penche plus attentivement, on s'aperçoit que Gédéon n'avait pas toutes les prédispositions, l'arrière-plan et les qualités nécessaires pour être ce vaillant combattant :

> *Puis vint l'Ange de l'Éternel, et il s'assit sous le térébinthe d'Ophra, qui appartenait à Joas, de la famille d'Abiézer. Gédéon, son fils, battait du froment au pressoir, pour le mettre à l'abri de Madian. L'Ange de l'Éternel lui apparut, et lui dit : L'Éternel est avec toi, vaillant héros ! Gédéon lui dit : Ah ! Mon seigneur, si l'Éternel est avec nous, pourquoi toutes ces choses nous sont-elles arrivées ? Et où sont tous ces prodiges que nos pères nous racontent, quand ils disent : L'Éternel ne nous a-t-il pas fait monter hors d'Égypte ? Maintenant l'Éternel nous abandonne, et il nous livre entre les mains de Madian ! L'Éternel se tourna vers lui, et dit : Va avec cette force que tu as, et délivre Israël de la main de Madian ; n'est-ce pas moi qui t'envoie ? Gédéon lui dit : Ah ! Mon seigneur, avec quoi délivrerai-je Israël ? Voici, ma famille est la plus pauvre en Manassé, et je suis le plus petit dans la maison de mon père. L'Éternel lui dit : Mais je serai avec toi, et tu battras Madian comme un seul homme.* »[204]

Je ne sais pas si vous ressentez la même chose que moi en lisant ce récit. À ce moment de sa vie, Gédéon ne ressemble pas à un grand libérateur et encore moins à un vaillant héros. Alors que Dieu l'appelle au combat, à livrer la bataille de sa vie pour lui-même, sa maison et son peuple, des pensées négatives l'assaillent de toute part. Vous savez, ce genre d'état d'âme où on se plaint : « Pourquoi tout ceci m'arrive ? Où sont les prodiges Seigneur ? L'Éternel nous abandonne ! Avec quoi combattrais-je ? Avec quoi délivrerais-je les gens autour de moi ? Ma famille est la plus pauvre ! Je suis le plus petit ! » Gédéon est vraiment découragé. Je ne porte aucun jugement sur l'état d'âme de Gédéon. Lui et son peuple étaient terrifiés par les incursions des Madianites et des Amalécites. Pendant sept années de misère, le peuple d'Israël était soumis à de perpétuelles invasions les privant de leurs récoltes, de leur bétail, et les obligeant à chercher refuge dans des ravins, des cavernes et des rochers. Tous ces évènements douloureux avaient conduit Gédéon au bord du découragement.

La force d'une combattante se forge lorsqu'elle décide de détourner son regard de la noirceur de la situation, pour choisir de regarder la grandeur de son Dieu.

Je crois que nous avons toutes déjà été des « Gédéonnettes » à un moment ou à un autre de notre vie. Nous aussi, nous sommes vues comme étant bien impuissantes, sans force et peu outillées pour le combat. Il nous est toutes arrivé de nous décourager face à l'ennemi et à l'ampleur du combat. Qui n'a jamais questionné Dieu dans un moment de prière ? La force d'une combattante et d'une héroïne se forge lorsqu'elle décide de détourner son regard de la noirceur de la situation, de ses propres limites et de sa petitesse, pour choisir de regarder la grandeur de son Dieu. C'est ce que Gédéon a fait. Il crut en la Parole de Dieu quand Celui-ci lui dit : « *L'Éternel est avec toi, vaillant héros ! [...] Va avec cette force que tu as, et délivre Israël de la main de Madian ; n'est-ce pas moi qui t'envoie*[205]?

Vous pourrez lire la suite du récit dans Juges 7. Vous découvrirez que Gédéon a infligé une cuisante défaite aux Madianites et qu'il a ainsi remporté une victoire éclatante sur ses ennemis. Sa victoire n'a pas reposé sur ses forces, ses capacités et encore moins sur son armée, mais elle lui a été accordée parce qu'il a cru en Dieu. Il avait compris que si Dieu est avec lui, peu importe la bataille, le triomphe est possible. Cette vérité demeure. Alors que Dieu est avec nous dans chacun de nos combats, la victoire est à portée de main. Ne vous laissez pas abattre, décourager et clouer sur place. Ce n'est pas terminé. Demandez à Dieu la force de vous relever et de recommencer à lutter. Soyons des « Gédéonnettes » et combattons en plaçant notre confiance en Dieu, *en celui qui est si fort et si puissant, l'Éternel puissant dans les combats*[206]. Soyons sages également mes amies. Nous devons combattre avec la force et la confiance que Dieu nous donne, mais il est important de ne pas livrer toutes les batailles en même temps. Ne soyez pas sur tous les fronts. Ne tirez pas dans tous les sens. Vous ne pouvez pas les combattre simultanément ! Vous devez choisir vos batailles. Commencez par les plus importantes. Ce principe vous semble simple et évident, pourtant, lorsque nous sommes en plein combat, il nous arrive de perdre l'orientation et de livrer des guerres inutiles.

Je vous laisse avec le témoignage d'une femme qui m'a beaucoup fortifié. Elle se nomme Monique et c'est une vraie combattante. Monique vient d'une famille de quatre enfants. Son père était alcoolique et battait sa mère sous l'effet de l'alcool. Il était aussi atteint de trouble bipolaire. À seize ans, lorsque ses parents ont divorcé, elle fit le vœu de ne pas avoir le même genre de vie que celle qu'avait connu sa mère. Elle s'est dit : « *Moi, ça ne m'arrivera pas de rester seule avec quatre enfants et d'aller travailler dans une manufacture avec un salaire de 2$ l'heure pour les faire vivre. Je vais étudier et travailler fort.* » Dans sa tête de jeune femme, elle s'était jurée de ne pas se marier, de ne pas avoir d'enfant et d'avoir un bon emploi. À ce moment-là de sa vie, dans sa souffrance, c'est la décision qu'elle avait prise.

Combattante dans l'âme, Monique était une élève modèle à l'école. Elle était toujours première de classe. Elle m'a raconté que lorsqu'elle n'avait pas 100% à une dictée, elle pleurait. Pour elle, c'était la seule façon d'obtenir l'attention de son père alcoolique. Très jeune dans la vie, son but était d'être la première, la meilleure – pour recevoir l'attention et l'affection de la part de son père, et surtout pour lui plaire. Elle voulait être aimée de lui.

Lorsqu'elle est arrivée sur le marché du travail, ses standards étaient très élevés. Tout en travaillant à temps plein, elle termina son baccalauréat et obtint un *MBA* en suivant des cours du soir. Puis elle devint cadre dans une grande institution financière. Pour satisfaire ses propres exigences, mais aussi celles de ses patrons, Monique devait « pousser » sur ses employés, et bien sûr se « pousser » elle-même. Jusqu'à ce qu'elle n'en puisse plus ! C'est alors que cette combattante a complètement craqué. Tout y est passé, de sa vie professionnelle à son mariage. Durant cette période, Monique ne dormait presque plus. Elle n'avait plus d'appétit et n'était plus capable de se concentrer. Elle ne pouvait plus continuer. Elle dut admettre qu'elle faisait un *burnout* ! « Quelle honte, quel déshonneur », se disait-elle. Elle s'en voulait tellement. « J'étais comme dans un trou noir duquel j'avais peur de ne plus pouvoir sortir. »

Si l'histoire s'arrêtait ici, vous me diriez peut-être : « Monique, une combattante ? » Et je vous répondrais : « Oui ! » Les vraies combattantes ne sont pas celles qui ont toujours du succès ou qui n'encaissent jamais de revers ou d'échec. La force d'une combattante ou d'une héroïne se forge lorsqu'elle décide de détourner son regard de la noirceur de sa situation, de ses propres limites et de sa petitesse, pour regarder la grandeur de son Dieu. C'est ce que Monique a fait. Alors qu'elle est allée chercher du réconfort et de nouvelles forces en Dieu, son Père céleste l'a recueillie, consolée et rebâti sa vie.

Monique travaille maintenant pour plusieurs organisations chrétiennes. Elle est passionnée par son travail, elle est resplendissante et est d'un incroyable apport à l'œuvre de Dieu. C'est une femme de grande qualité. Un précieux diamant rayonnant pour la Gloire de Dieu !

Monique et son mari ont été séparés pendant deux ans et demi, et cela fait maintenant dix ans qu'ils sont à nouveau ensemble. Ce couple est le témoignage vivant que l'amour peut renaître et que tout est possible à Dieu. Finalement, Dieu les a prodigieusement bénis dans leur vie de couple. À quarante-six ans, Monique a eu l'immense bonheur de donner naissance à son premier enfant, un beau gros garçon plein de vie qu'ils ont nommé Maxime. Maintenant âgé de six ans, Max sait qu'il est un cadeau de Dieu à ses parents. Il est la confirmation que Dieu a honoré leur persévérance et leurs efforts pour rebâtir leur mariage et leur famille. À Lui soit toute la Gloire !

J'espère que ce témoignage a trouvé écho dans votre cœur et qu'il a été pour vous une source d'inspiration et d'encouragement, comme il l'a été pour moi. Mes précieuses amies, sachez que ce que Dieu a fait dans la vie de Monique Il peut et veut le faire pour vous dès aujourd'hui. Notre Père céleste a les bras grands ouverts. Il est là pour nous redonner la force de combattre, afin que nous soyons victorieuses sur toutes les situations de notre vie.

Mes réflexions et mes objectifs

Ainsi, nous avons vu qu'une personne combattante est une personne qui prend part à un combat. Lorsque vous faites face à un combat dans votre vie ou à un défi personnel, choisissez-vous de sauter dans la mêlée et de relever le défi ? Si oui, pourquoi ? Si non, pourquoi ?

_____

_____

_____

Devez-vous livrer bataille dans un ou des aspects de votre vie ? Si oui, dans lesquels ? Pour vous aider à les identifier, référez-vous à l'énumération que nous avons faite des différents domaines de nos vies où nous devons combattre. Écrivez-les par ordre de priorité.

_____

_____

_____

Vous sentez-vous comme Gédéon avant que Dieu ne l'appelle à combattre pour Sa maison et Sa nation ? Vous sentez-vous découragée face à la bataille que vous devez livrer ? Si oui, écrivez ce qui vous anime.

_____

_____

_____

Transcrivez ici Psaumes 24.8 et Juges 6.12, 14. Méditez ces passages. Écrivez à Dieu pour Lui demander de vous donner la force de livrer bataille. Terminez avec des actions de grâce.

_____

_____

_____

Ma prière

Seigneur Jésus, je te demande de m'aider dans les batailles que je dois livrer dans ma vie. Donne-moi la force et l'énergie nécessaires pour y arriver. Fais de moi une « Gédéonnette ». Que je puisse détourner mes yeux de mes impossibilités, de mes faiblesses et de mes limites, et que je les tourne vers Toi. Je place ma confiance en Toi, car je sais que Tu es l'Éternel, Celui qui est puissant dans les combats. Merci, car comme Tu as été avec Gédéon et Monique, Tu vas être avec moi dans tous les combats que j'ai à livrer. Merci, car Tu vas me donner la force de livrer bataille et de remporter la victoire. Merci, car je suis une vaillante héroïne et que Tu marches avec moi. Amen !

Facette relation*nelle*

Avez-vous cessé de marcher ?

T E X T E S   B I B L I Q U E S :
Exode 13 et 14

De nos jours, nos téléphones sonnent plus que jamais ! Nous pouvons recevoir des appels à n'importe quel moment et dans n'importe quel lieu via notre téléphone fixe ou notre téléphone cellulaire. La sonnerie du téléphone peut se faire entendre lorsque nous sommes dans notre voiture, dans notre bain ou même durant la prédication du dimanche matin (Vous savez ce que je veux dire !). Par ce moyen de communication, nous recevons toutes sortes d'appels. Aujourd'hui, c'est Dieu qui nous appelle. Il appelle chacune de nous à contribuer à l'avancement de l'œuvre de Jésus sur cette terre. Vous ne serez jamais trop âgée ni trop jeune pour recevoir l'appel de Dieu. Vous n'avez pas non plus besoin d'être un homme pour être appelé. De l'Ancien au Nouveau Testament, les femmes ont été puissamment utilisées par Dieu. Elles ont été appelées à changer la destinée d'un peuple, apporter le réveil dans une nation, faire partie intégrante de la lignée messianique, donner naissance au Fils de Dieu et même proclamer le plus puissant message de l'humanité, soit la résurrection de Jésus-Christ. Les femmes ont été les dernières à la croix et les premières au tombeau ! Dieu ne fait aucune discrimination. Peu importe votre nationalité ou la couleur de votre peau, Dieu cherche des hommes et des femmes au travers desquels manifester Sa Gloire.

Vous est-il déjà arrivé d'entendre des personnes déclarer haut et fort qu'elles ont reçu un grand appel sur leur vie ? Malheureusement, bon nombre d'entre elles passent beaucoup de temps à le proclamer sans qu'il ne soit vraiment perceptible au travers de leur quotidien. Par ailleurs, certaines sont assises dans l'église, les bras croisés, refusant constamment de servir, attendant d'entrer dans leur grand appel. Inconsciemment, ces personnes sont tout simplement en train de passer à côté du grand appel tant attendu. Loin de moi l'idée d'être cynique ou de choquer, mais j'aimerais abattre certains mythes. Il n'y a pas de petit ou de grand appel. Nous sommes toutes appelées à servir dans un domaine qui nous est propre. Tous les appels sont précieux et nécessaires à l'avancement de la cause de Christ. Pour chacune, Dieu a forgé des appels généraux et spécifiques auxquels nous répondrons au fil des saisons de notre vie de femme.

> Il n'y a pas de petit ou de grand appel. Nous sommes toutes appelées à servir dans un domaine qui nous est propre.

Dans les prochaines pensées, nous verrons plus en détail et de façon plus appliquée, comment reconnaître l'appel de Dieu. Regardons ensemble le premier et le plus important appel auquel Dieu nous demande de répondre. Il vous semblera simple et sans éclat, mais il est à la base de tout, et de lui découlera les appels subséquents. Sans contredit, notre premier appel consiste à marcher avec Dieu. Il nous appelle à marcher avec Lui.

Les textes sur lesquels je me base se retrouvent dans le livre de l'Exode. Pour vous mettre en contexte, la situation se déroule au moment où Pharaon tente de retenir le peuple d'Israël en Égypte[207]. Après avoir été frappé par une série de plaies, il laisse finalement partir le peuple de Dieu avec Moïse à sa tête. Le peuple se retrouve alors sur le chemin du désert. Sur cette route, l'Éternel n'abandonne pas Son peuple et marche avec lui. La Bible nous dit que :

*L'Éternel allait devant eux, le jour dans une colonne de nuée pour les guider dans leur chemin, et la nuit dans une colonne de feu pour les éclairer, **afin qu'ils marchent jour et nuit**. La colonne de nuée ne se retirait pas de devant le peuple pendant le jour, ni la colonne de feu pendant la nuit[208].*

*L'Éternel parla à Moïse, et dit : Parle aux enfants d'Israël ; qu'ils se détournent, et qu'ils campent devant Pi-Hahiroth [...] C'est en face de ce lieu que vous camperez près de la mer. Pharaon dira des enfants d'Israël : Ils sont égarés dans le pays ; le désert les enferme [...] Pharaon prit six cents chars d'élite, et tous les chars de l'Égypte, [...] Pharaon approchait. Les enfants d'Israël levèrent les yeux, et voici, les Égyptiens étaient en marche derrière eux. Et les enfants d'Israël eurent une grande frayeur. Ils dirent à Moïse : N'y avait-il pas des sépulcres en Égypte, sans qu'il soit besoin de nous amener mourir au désert ? Que nous as-tu fait en nous faisant sortir d'Égypte ? N'est-ce pas là ce que vous te disions en Égypte : Laisse-nous servir les Égyptiens, car nous aimons mieux servir les Égyptiens que de mourir au désert ? Moïse répondit au peuple : Ne craignez rien, restez en place, et regardez la délivrance que l'Éternel va vous accorder en ce jour ; car les Égyptiens que vous voyez aujourd'hui, **vous ne les verrez plus jamais**. L'Éternel combattra pour vous, et vous gardez le silence. L'Éternel dit à Moïse : **Pourquoi ces cris ? Parle aux enfants d'Israël et qu'ils marchent !**[209]*

Mes précieuses amies, Dieu nous appelle à marcher avec Lui durant le jour et la nuit. Il désire que nous continuions à avancer, pas uniquement lorsque tout va bien dans notre vie, mais aussi lorsque nous traversons des périodes sombres. C'est exactement ce qu'Il avait demandé aux Israélites. Il les avait appelés à entrer dans la terre promise, mais pour s'y rendre, ils devaient marcher jour et nuit. Tout allait très bien, leur marche se déroulait comme prévu jusqu'au moment où Pharaon se mit à regretter de les avoir laissés partir. Il décida alors de se lancer à leur poursuite, accompagné des Égyptiens et de toute la cavalerie. N'est-ce pas encore comme cela aujourd'hui ? C'est lorsque nous décidons d'entrer dans l'appel de Dieu, lorsque nous choisissons de marcher fidèlement avec Lui, que souvent, *Pharaon, les Égyptiens et toute leur armée* se mettent à nous pourchasser. Je suis sûre de ne pas être la seule à avoir expérimenté ce phénomène. Je suis persuadée que vous comprenez exactement ce que je viens de décrire. Toutefois, ce qui m'interpelle dans ces textes, c'est que Dieu dit à Son peuple de marcher malgré la présence terrifiante des six-cents chars d'élite de Pharaon. La Bible nous révèle que les enfants d'Israël furent alors remplis d'une grande frayeur. Ils se plaignaient, allant jusqu'à désirer retourner en Égypte. Le peuple d'Israël était « enfermé » dans le désert, entre Pharaon et sa cavalerie derrière eux, et la mer Rouge devant eux. Comment pouvait-il imaginer s'en sortir ? Essayez de vous placer dans leur situation ne serait-ce qu'un instant. Comment auriez-vous réagi face à la terrible menace de cette immense armée et de ces six-cents chars qui vous pourchassent et veulent à tout prix vous ramener à l'esclavage ? Nous connaissons la fin de l'histoire et nous savons que la mer Rouge va bientôt s'ouvrir. Mais eux ne pouvaient pas concevoir un tel miracle. Ce n'est pas tous les jours que la mer se fend en deux ! Malgré tout, Dieu les somme de marcher. Ce qui est rassurant, c'est que cette difficile requête est accompagnée d'une provision miraculeuse. Continuez de marcher leur dira-t-Il, car J'ai une délivrance pour vous. *Ne craignez rien, restez en place, et regardez la délivrance que l'Éternel va vous accorder en ce jour ; car les Égyptiens que vous voyez aujourd'hui,* **vous ne les verrez plus jamais***. L'Éternel combattra pour vous ; et vous, gardez le silence*[210]. Pour voir cette délivrance, vous devez marcher !

Face à cette menace, le peuple d'Israël a été tenté de s'arrêter et même de rebrousser chemin. Qu'en est-il de vous actuellement ? Votre désir est de répondre à l'appel que Dieu a pour vous, mais en ce moment, votre marche est difficile. Vous ne souhaitez probablement pas retourner en Égypte, mais vous savez au plus profond de votre cœur, que vous avez cessé de marcher dans un aspect important de votre vie de femme. Vous avez bien emboîté le pas pendant qu'il faisait jour, mais lorsque l'obscurité de la nuit est tombée ou lorsque la cavalerie a commencé à vous pourchasser, votre pas a commencé à s'alourdir. Il y a plusieurs aspects de notre vie dans lesquels nous pourrions cesser de marcher. Avez-vous arrêté votre marche dans votre mariage, dans votre vie familiale, avec vos enfants ? Je le dis sans aucun jugement, avec amour et vérité ; certaines femmes qui ne savent plus où ni comment puiser des ressources pour continuer, abandonnent leur rôle de mère face aux difficultés qui surviennent dans leur maison. Vous vous êtes peut-être arrêtées dans votre relation avec Dieu ou dans votre vie de prière ? Peut-être est-ce dans vos engagements financiers ou dans votre service pour Dieu ? Comme Il l'a déclaré aux enfants d'Israël, le Seigneur vous dit encore aujourd'hui : « *Ne crains rien, j'ai une délivrance pour toi.* » Je vous encourage à reprendre votre marche avec Dieu. À cette époque, Il accompagnait les Israélites et les guidait par des colonnes de nuée et de feu. Au XXIe siècle, Dieu marche aussi avec nous, différemment, mais tout aussi puissamment. L'Éternel ne nous a pas laissées orphelines. Il a envoyé le Saint-Esprit, le consolateur qui demeure éternellement en nous[211].

Avez-vous arrêté votre marche dans votre mariage, dans votre vie familiale, avec vos enfants ?

Le Seigneur marche avec vous mes amies, et Il a une délivrance pour vous ! Lisons la fin de cette fantastique histoire :

> *Moïse étendit sa main sur la mer, et l'Éternel refoula la mer par un vent d'orient, qui souffla avec impétuosité toute la nuit ; il mit la mer à sec et les eaux se fendirent. Les enfants d'Israël entrèrent au milieu de la mer à sec, et les eaux formaient comme une muraille à leur droite et à leur gauche. Les Égyptiens les poursuivirent ; et tous les chevaux de Pharaon, ses chars et ses cavaliers, entrèrent après eux au milieu de la mer. À la veille du matin, l'Éternel regarda le camp des Égyptiens et mit en désordre le camp des Égyptiens.* **Il ôta les roues de leurs chars et en rendit la marche difficile.** *Les Égyptiens dirent alors : Fuyons devant Israël, car l'Éternel combat pour lui contre les Égyptiens. Moïse*

*étendit sa main sur la mer. Et vers le matin, la mer reprit son
impétuosité, et les Égyptiens s'enfuirent à son approche ;
mais l'Éternel précipita les Égyptiens au milieu de la mer. Les
eaux revinrent, et couvrirent les chars, les cavaliers et toute
l'armée de Pharaon, qui étaient entrés dans la mer ; il n'en
resta pas un seul. Mais les enfants d'Israël marchèrent à sec
au milieu de la mer, et les eaux formaient comme une
muraille à leur droite et à leur gauche. En ce jour, l'Éternel
délivra Israël de la main des Égyptiens ; Israël vit la main
puissante que l'Éternel avait dirigée contre les Égyptiens. Et
le peuple craignit l'Éternel, et il crut en l'Éternel [...]*[212]

Tout comme Il l'a fait il y a de cela des milliers d'années, Dieu est
encore capable d'engloutir dans la mer tous nos *Égyptiens* ! Parce que
les Israélites ont continué de s'appuyer sur la foi, tel que leur avait
demandé le Seigneur, ils ont vu la délivrance de l'Éternel. S'ils
s'étaient arrêtés, s'ils étaient retournés en Égypte, jamais ils n'auraient
vu le miraculeux se produire. Leur appel à entrer dans la terre
promise aurait alors avorté.

Je terminerai cette pensée par le témoignage d'une amie qui n'a
jamais cessé de marcher avec Dieu, même dans la nuit. Cette femme
a avancé par la foi, bien que *Pharaon et les Égyptiens* tentaient de la
capturer. Par la Grâce de Dieu, elle a continué de marcher et elle a vu
la délivrance de l'Éternel.

Christine a grandi dans un foyer chrétien. Son père est pasteur.
Dès son plus jeune âge, elle désirait ardemment servir Dieu auprès
des femmes vivant en milieu carcéral. Son rêve était de leur faire
connaître Christ et de les équiper afin qu'elles puissent mieux
fonctionner dans la société. Christine a toujours su que c'était son
appel.

À vingt-trois ans elle se marie, mais pour certaines raisons, son
mariage tombe en ruine. Elle se retrouve seule avec ses deux jeunes
enfants. L'obscurité vient ainsi s'abattre sur sa vie. Tout semble
s'effondrer. Sa marche devient extrêmement difficile. Chaque pas est
douloureux. Bien qu'elle se sente brisée et fatiguée à force de lutter
avec les défis émotionnels et financiers d'une mère monoparentale,

Christine choisit de s'accrocher à Dieu. Un jour, elle m'a raconté comment, dans un temps de prière, elle décida de tout abandonner à Dieu et de Lui laisser le plein contrôle de sa vie, de ses enfants et de ses finances. En dépit de tout ce qu'elle vivait, elle me confia qu'à ce moment-là, Dieu lui donna la foi et la force d'affronter toutes les situations difficiles auxquelles elle faisait face. Son pas avait peut-être ralenti pendant la nuit, mais dans l'obscurité de sa vie, elle décida de continuer à marcher, sachant que Dieu l'accompagnait.

À travers cette douloureuse épreuve, Christine n'a jamais perdu son désir de servir Dieu et d'aider les femmes. Cette combattante n'a baissé les bras que pour relever ses manches. Elle se décida à reprendre ses études au collège biblique et termina le baccalauréat en théologie qu'elle avait dû abandonner auparavant. Elle commença ensuite à aller rendre visite aux femmes en prison, devint responsable d'une banque alimentaire et finalement, fonda une maison pour femmes en difficultés.

Cette combattante n'a baissé les bras que pour relever ses manches.

Vous pensez que l'histoire se termine là ? Absolument pas. Il y avait encore un *Égyptien* qui la pourchassait : les problèmes financiers ! À cause de ceux-ci, Christine dut mettre de côté certains projets pour pourvoir aux besoins de ses enfants. Se résignant à interrompre son appel et ses rêves, elle choisit d'agir en mère responsable et de se trouver un emploi plus rémunérateur qui était bien loin de ses aspirations initiales. Mais Dieu ne l'avait pas abandonnée. Christine a vu la délivrance que Dieu lui avait préparée. C'est alors qu'elle marchait dans l'obéissance que le miraculeux a pu prendre place. De façon tout à fait inattendue, elle reçut un appel l'invitant à postuler pour un emploi. Devinez dans quel domaine ? La personne au bout du fil cherchait à combler un poste de grande influence dans les services correctionnels pour le Gouvernement du Canada. Devinez qui a eu le poste ? Christine est aujourd'hui à l'emploi du Gouvernement du Canada, travaillant auprès de personnes incarcérées. Elle accomplit une œuvre merveilleuse auprès des contrevenants, organisant des rencontres entre eux et les victimes, étant témoin d'émouvantes scènes de pardon et de guérison. Que se serait-il passé si elle s'était arrêtée ?

Mes amies, je vous encourage à poursuivre votre marche. Dieu a une délivrance pour chacune d'entre vous. Aucun *Égyptien* de votre vie ne peut tenir devant Dieu. C'est lorsque vous vous mettrez en marche avec Dieu que le miraculeux prendra place.

Mes réflexions et mes objectifs

Posez-vous les questions suivantes. Ai-je cessé de marcher et d'investir dans :

Mon mariage ? Si oui, pourquoi ?

_____

_____

_____

Ma vie familiale avec mes enfants ? Si oui, pourquoi ?

_____

_____

_____

Mes engagements à l'église ou dans mon service pour Dieu ? Si oui, pourquoi ?

_____

_____

_____

Ma relation avec Dieu et dans ma vie de prière ? Si oui, pourquoi ?

_____

_____

_____

Si vous avez répondu oui à une de ces questions, souhaiteriez-vous vous réinvestir dans un de ces aspects de votre vie ? Si oui, écrivez à Dieu votre désir, votre décision et votre engagement à reprendre votre marche. Demandez-Lui de vous aider à prendre cette décision et de vous accompagner dans votre marche.

_____

_____

_____

Transcrivez Exode 13.21-22. Écrivez des actions de grâce à Dieu. Remerciez-Le parce qu'Il ne vous laisse pas seule dans votre marche, et parce qu'Il est avec vous sur le chemin de votre vie.

_____

_____

_____

Ma prière

Seigneur Jésus, je te demande pardon, car j'avais cessé d'avancer dans un aspect de ma vie. Aujourd'hui, je décide de me réinvestir dans ce domaine de ma vie. Rends-moi capable de tenir cet engagement. Je veux te plaire dans toutes les facettes de ma vie. Merci, parce que Tu marches avec moi durant les moments faciles de ma vie, aussi bien que pendant les jours plus sombres. Tu es fidèle en toutes choses et Tu ne m'abandonnes jamais. Tu as un appel, une destinée pour ma vie, et je désire m'en emparer. Je te prie afin que rien ne puisse y faire obstacle. Amen !

Pensée

N°. 2

Vous ne savez jamais qui Dieu placera sur votre chemin...

TEXTES BIBLIQUES :
Ésaïe 49.3 ; Marc 2.1-12 ; Éphésiens 2.10-22.

Plus j'avance dans la vie chrétienne, plus je suis convaincue que Dieu a un appel pour chacune d'entre nous. Lorsque je parle d'appel, je ne parle pas uniquement d'appel à exercer un ministère dans une église en tant que pasteure. Il est vrai qu'il y a des hommes et des femmes qui sont appelés par Dieu à consacrer leur vie entière à Le servir. Mais outre ce type d'appel, je suis totalement persuadée que Dieu a une destinée, un plan et des œuvres qu'Il désire voir se réaliser dans la vie de chacune. La Bible les qualifie d'*œuvres préparées d'avance*[213]. Lors d'une prochaine pensée, nous parlerons plus en détail de ces œuvres que Dieu veut que nous accomplissions.

Il est écrit : *Israël, tu es mon serviteur, **par toi je montrerai ma gloire***[214]. La version « français courant » est plus explicite. Elle énonce encore plus clairement les intentions de Dieu : *C'est toi qui es mon serviteur, l'Israël **dont je me sers pour manifester ma gloire***. Bien que cette déclaration ait été prononcée par le prophète Ésaïe il y a des milliers d'années de cela, cette parole est encore pertinente et vraie aujourd'hui. Dieu se cherche des serviteurs et des servantes par lesquels manifester Sa Gloire. Réalisez-vous que Dieu veut nous utiliser pour que nous Le représentions sur cette terre ? L'Éternel des armées, le Dieu Tout-puissant nous appelle, Il soupire après nous, désirant se servir de nous pour se faire connaître ici-bas. J'irais encore plus loin : Dieu veut que nous soyons des canaux par lesquels Il se révèlera aux gens qui nous entourent. Des gens qui sont peut-être dans la détresse, la douleur, l'angoisse, l'insécurité, la crainte ou la peur. Même ceux qui semblent n'avoir aucune difficulté et dont la vie parait être un long fleuve tranquille ont besoin qu'un « appelé » leur fasse voir la Gloire de Dieu.

Rappelez-vous l'histoire du paralytique[215]. Jésus était dans une maison et avait toute la puissance nécessaire pour guérir cet homme malade. Cependant, pour que la guérison puisse avoir lieu, il fallait absolument que des hommes amènent le paralytique à Jésus. C'est exactement ce que Dieu nous demande. Il nous appelle à guider jusqu'à Lui les gens qui sont près de nous, afin que leur vie puisse être transformée.

Dieu veut que nous soyons des canaux par lesquels Il se révèlera aux gens qui nous entourent.

Cet appel est crucial pour la destinée de plusieurs de nos proches, nos amies, nos collègues de travail et pour toutes les personnes que Dieu placera sur notre chemin. Réalisons que c'est une question de vie ou de mort spirituelle. Je prie afin que vous soyez touchées, saisies par cette pensée comme je l'ai été moi-même. Je ne veux absolument pas vous mettre un fardeau sur les épaules, mais je prie que vous ayez une puissante révélation et une conviction aussi saisissante que celle que Dieu a déposée sur mon cœur.

Il y a quelque temps de cela, alors que j'étais en train de prier et méditer sur la Parole, le passage d'Ésaïe que j'ai cité plus haut est littéralement venu percuter mon cœur. C'est comme si Dieu avait imprégné cette pensée dans mon esprit : « *Stéphanie, tu es ma servante, celle dont je me servirai pour montrer ma Gloire* ». Je me mis immédiatement à pleurer. Je me disais : « *Pas moi Seigneur. Pourquoi voudrais-tu m'utiliser ? Je suis tellement imparfaite. Je ne suis vraiment pas à la hauteur, je ne peux être un instrument pour Ta Gloire.* » Aussitôt après, je me suis sentie fortifiée et encouragée dans mon âme. Je compris que cet appel ne dépendait absolument pas de moi, mais que c'était une instruction de Dieu. Ce n'était pas une option, c'était une demande de mon Père céleste qui se cherche des véhicules humains pour apporter le plus grand et le plus puissant message d'espoir, de guérison et de salut à l'humanité. Ensuite, la pensée suivante m'est venue à l'esprit : « *Lève-toi Stéphanie, il y a tellement de gens qui souffrent autour de toi. Parle ! N'aie pas peur, n'aie pas honte, n'hésite pas, et moi j'agirai à travers toi.* » Je terminai ce temps de prière vivifiée mise au défi et convaincue que ce texte d'Ésaïe était pour moi et pour toutes les femmes à qui j'aurai le privilège de le partager.

Alors, je m'adresse à vous chères amies, aujourd'hui Dieu vous dit : « Vous êtes mes servantes, celles dont je me servirai pour montrer Ma Gloire ». « Monique, Caroline, Élisabeth, Myriam, Alice, etc., je désire vous utiliser pour manifester Ma Gloire. » Placez votre nom dès maintenant. Cet appel est pour vous. Croyez-le ! Saisissez-le ! Mettez-le en pratique et observez ce que Dieu fera à travers vous. Regardez ce qui est invisible, ne vous laissez pas abattre par ce qui est apparent, ce qui vous frappe aux yeux. Ne sous-estimez jamais la portée de vos paroles. Vous ne savez pas qui Dieu placera sur votre chemin.

Ne sous-estimez jamais la portée de vos paroles. Vous ne savez pas qui Dieu placera sur votre chemin.

J'aimerais vous raconter une des soirées les plus marquantes de mon ministère. C'était la première fois que je prêchais la Parole à un groupe de femmes. Je m'en souviens comme si c'était hier. C'était un mardi soir du mois d'octobre 2001. Tout un commencement comme vous le découvrirez. J'enseignais sur la gestion et la guérison des émotions. Le thème abordé lors de cette rencontre était la peur. Alors que je m'adressais aux femmes, pour une raison qui m'est encore inconnue, je me détachai de mes notes et me mis à relater un évènement au cours duquel j'avais éprouvé de la peur ; une angoisse qui me submergea devant l'ampleur d'un drame humain.

À cette époque, j'étais étudiante au doctorat. Le six décembre 1989, j'étais au quatrième étage du pavillon qui abritait le laboratoire où j'effectuais mes recherches. Étant chimiste, j'étais en train de terminer une dernière expérience avant de rentrer paisiblement à la maison. Comme d'habitude, la radio était allumée, mais soudain, la musique s'arrêta et on annonça qu'un homme avait abattu quatorze jeunes étudiantes à l'école Polytechnique de Montréal. Je fus profondément bouleversée, choquée et émue par cette macabre nouvelle. J'étais triste pour ces femmes de science qui avaient été tuées. Des femmes avec un avenir prometteur devant elles. Pendant une fraction de seconde, je me suis dit que j'aurais pu en faire partie. Mon laboratoire était tout près de cette université. Un gardien de sécurité entra alors dans le laboratoire et me sortit de mes pensées. Il me regarda droit dans les yeux en me donnant cette directive : « Votre pavillon est sous surveillance, nous vous demandons de ne pas quitter les lieux, car nous craignons qu'il y ait d'autres évènements tragiques. » C'est à ce moment-là que je sentis une immense peur m'envahir.

Toutes les femmes présentes à cette conférence étaient extrêmement attentives à mes propos, mais du coin de l'œil, je remarquai qu'une d'entre elles était complètement remuée. Je terminai mon histoire et conclus la soirée en prière. Dans les minutes qui suivirent, une belle femme aux cheveux gris s'approcha de moi. C'était celle qui était bouleversée lorsque je racontais mon histoire. Elle se tint devant moi, pleurant et s'accrochant à son amie. Elle avait peine à parler, tant sa douleur était grande. Elle finit par ouvrir la bouche et se présenta : « Bonjour, je suis Monique Lépine, la mère de Marc Lépine, le tueur de la Polytechnique ». Pouvez-vous vous imaginer quelle fut ma réaction ? J'étais complètement estomaquée. Comment aurais-je pu m'imaginer que la mère de Marc Lépine se trouvait dans la salle ce soir-là ? Je me sentais honteuse, pensant que j'avais blessé cette pauvre femme. Je me disais en moi-même : « *Plus jamais je n'apporterai la Parole Seigneur ! Plus jamais !* » Je me trompais sur toute la ligne. En fait, Dieu m'avait inspirée et utilisée pour que Monique sorte de l'ombre et trouve la force de venir chercher de l'aide. Ce fut une des plus belles et marquantes rencontres de ma vie.

Cela fait maintenant sept ans que je connais Monique. Ensemble, nous avons partagé des moments que peu de gens peuvent vivre. J'ai eu le privilège et le bonheur de voir cette magnifique femme être complètement rebâtie et restaurée par la main de Dieu. J'ai vu la vie reprendre en elle. Nous avons beaucoup pleuré ensemble, mais nous avons aussi beaucoup rêvé. Nous rêvions de pouvoir aider les femmes qui ont des difficultés, des femmes bafouées et écorchées par la vie. Le plus magnifique dans notre histoire, c'est que nous n'avons pas seulement rêvé, nous avons pu réaliser nos rêves. Après avoir été restaurée, Monique s'est jointe à mon équipe et a grandement contribué à la mise sur pied de groupes de soutien pour femmes. De nombreuses femmes les ont fréquentés et continuent de le faire encore aujourd'hui, dans le but d'arriver à se libérer des séquelles laissées par l'inceste ou le viol, à sortir d'une dépression, d'un deuil ou d'une dépendance. Elles viennent apprendre ou réapprendre qu'elles sont des femmes de valeur, que peu importe les drames de leur vie, elles ont une destinée.

Monique est aujourd'hui une femme épanouie que Dieu utilise pour se manifester aux gens. Le 13 septembre 2006, une autre horrible fusillade s'est produite au Collège Dawson à Montréal, faisant deux morts et une vingtaine de blessés. Suite à ce tragique évènement qui l'a ramenée au sien, Monique décida de briser le silence. Elle choisit de sortir de l'ombre et accepta une entrevue qui fut diffusée à la télévision nationale. Je l'ai personnellement accompagnée lors de cette sortie déterminante de sa vie. Ce fut un moment divin. Pendant l'enregistrement de cette émission, les gens sur le plateau étaient complètement consternés, ébahis, bouleversés et profondément touchés par l'histoire de cette femme, mais avant tout, par la sérénité et la paix qui émanaient d'elle. Ces émotions ont été partagées par les centaines de milliers de Québécois et Québécoises qui ont visionné cette entrevue. Personne ne comprenait comment une vie si brisée avait pu renaître. En outre, à la fin de l'entretien, Monique prononça des paroles qui résonnent encore aujourd'hui dans le cœur du peuple québécois : « Je condamne ce geste et je demande pardon au nom de mon fils. » Des paroles de vie qui apportent la vie.

Cette entrevue s'est vue attribuer le *Grand prix Judith-Jasmin*, une récompense décernée au meilleur reportage dans la catégorie « nouvelles et médias nationaux ». Monique a aussi activement travaillé sur un livre qui est paru en 2008[216], relatant les tragédies et deuils de sa vie, mais surtout faisant la lumière sur l'espoir et la foi qui l'habitent. Elle est invitée partout au Québec et au Canada pour partager son témoignage. Dieu a accompli Sa Parole. Après avoir été l'objet de consolation, elle est présentement une source d'encouragement, de réconfort et d'espoir pour des milliers d'hommes et de femmes. Monique est une femme remarquable que j'aime profondément. N'est-ce pas uniquement la Grâce et l'amour de Dieu qui peuvent restaurer une vie complètement brisée ?

Chères amies, peut-être vous dites-vous que votre témoignage n'est pas aussi percutant que celui de Monique, mais croyez-moi, il est tout aussi important. Dieu a des œuvres préparées d'avance pour vous. Dieu vous appelle aujourd'hui et veut vous utiliser pour révéler Sa Gloire à un être humain qu'Il mettra sur votre chemin. Permettez-moi de vous mettre au défi cette semaine : Osez parler de votre foi à une personne. Priez pour cette personne. Demandez à Dieu de vous inspirer et de vous donner des paroles ointes, sages et à propos. Vous ne savez pas qui Dieu placera sur votre chemin. Lors de cette froide soirée d'octobre 2001, jamais je n'aurais pu imaginer l'impact de quelques paroles dictées par l'Esprit sur la vie de cette femme brisée. Aujourd'hui, elle est devenue une chère amie et un précieux instrument que Dieu utilise pour manifester Sa Gloire…

Dieu vous appelle aujourd'hui et veut vous utiliser pour révéler Sa Gloire à un être humain qu'Il mettra sur votre chemin.

Mes réflexions et mes objectifs

Dieu veut utiliser chacune d'entre nous pour montrer Sa
Gloire. Êtes-vous convaincue que Dieu a un appel pour vous ?
Êtes-vous convaincue qu'Il désire vous utiliser ? Transcrivez
ici Ésaïe 49.3 et remplacez le mot *Israël* par votre nom.

_____

_____

_____

Comment vous sentez-vous face à cet appel ? Êtes-vous
enthousiaste ou plutôt craintive ? Exprimez les émotions que
cela éveille en vous.

_____

_____

_____

Prenez un moment en prière et demandez à Dieu de vous
inspirer le nom d'une personne avec laquelle vous aimeriez
partager votre foi. Inscrivez son nom ici. Dans la prière,
commencez à réclamer son salut à Dieu.

_____

_____

_____

Demandez à Dieu de vous inspirer et de vous donner des paroles ointes, sages et à propos, lorsque vous parlerez de votre foi à cette personne. Prier pour qu'Il vous guide et vous dirige dans cette démarche. Fixez-vous un objectif (Par ex. l'inviter à prendre un café, aller discuter avec votre voisine, téléphoner à une amie, etc.). Écrivez ici votre objectif et votre stratégie.

_____

_____

_____

Ma prière

Seigneur Jésus, je te remercie parce que Tu as un appel pour moi. Merci, car Tu désires m'utiliser pour manifester Ta Gloire. Merci, car Tu souhaites agir à travers moi. Merci, car cet appel ne repose absolument pas sur mes capacités, mais sur Tes instructions. Donne-moi l'audace et le courage de proclamer Ton nom. Utilise-moi pour toucher la vie de _____. Je te demande de la sauver. Sois le Sauveur et le Seigneur de sa vie. Donne-moi des paroles ointes, sages et à propos, alors que je vais faire part de ma foi à cette personne. Amen !

Pensée
Nᵒ . 3

Suis-je encore émue de compassion ?

TEXTES BIBLIQUES :
Éphésiens 2.20, 22 ; Matthieu 5.13-16, 35-38 ; 15.32-39

omme nous l'avons vu à la pensée nᵒ 2, nous sommes toutes appelées de Dieu afin que Sa Gloire soit manifestée à travers nous. J'espère que plusieurs d'entre vous ont relevé le défi et ont pu témoigner de leur foi à quelqu'un. Si ce ne fut pas le cas, il n'est pas trop tard : Osez cette semaine ! Une dimension de notre appel consiste à partager notre foi à une société qui en a grandement besoin. Nous pouvons démontrer notre foi de diverses façons. Nous pouvons le faire en paroles, comme nous l'avons déjà abordé (pensée nᵒ 2) ou nous pouvons le faire en action. À travers notre vie, les gens qui nous entourent peuvent être profondément touchés et attirés à Christ tels des aimants. La Parole de Dieu nous enseigne qu'*ensemble, comme un corps bien coordonné, **nous sommes (nous ses enfants) édifiés pour être l'habitation de Dieu en Esprit sur cette terre***[217]. Nous représentons l'Éternel des armées, le Dieu Tout-puissant sur cette terre. Nous sommes les ambassadrices de Jésus-Christ.

*   **Vous êtes le sel de la terre**, mais si le sel perd sa saveur, avec quoi la lui rendra-t-on ? [...] **Vous êtes la lumière du monde**. Une ville située sur une montagne ne peut être cachée ; et on n'allume pas une lampe pour la mettre sous le boisseau, mais on la met sur le chandelier, et elle éclaire tous ceux qui sont dans la maison. Que votre lumière luise ainsi devant les hommes, **afin qu'ils voient vos bonnes œuvres, et qu'ils glorifient votre Père qui est dans les cieux**[218].

L'Épitre aux Éphésiens affirme : *C'est Dieu qui nous a formés ; il nous a créés, dans notre union avec Jésus-Christ, pour que nous menions **une vie*** *riche en actions bonnes*, *celles qu'il a préparées d'avance afin que nous les pratiquions*[219].

Mes chères amies, Dieu nous appelle à vivre une vie riche en bonnes actions. Nous devons réaliser qu'en tant que chrétiennes, nos familles, nos voisins, nos collègues et même notre société ont les regards posés sur nous. Parce que nous disons être des enfants de Dieu, ceux qui nous entourent s'attendent à voir la lumière de Christ briller en nous. Ils ont raison ! Nous sommes le sel de la terre. Nous devons leur donner soif de suivre Christ.

Dieu nous appelle à vivre une vie riche en bonnes actions.

J'aimerais vous faire part d'une clé qui vous permettra de devenir ou de continuer d'être des femmes qui mènent des vies riches en bonnes actions. Cette clé est *la compassion*. Jésus était un homme rempli de compassion. À plusieurs reprises dans la Bible, il est écrit qu'Il était ému de compassion :

> *Jésus parcourait toutes les villes et les villages, enseignant dans les synagogues, prêchant la bonne nouvelle du royaume, et guérissant toute maladie et toute infirmité. Voyant la foule,* ***il fut ému de compassion pour elle***, *parce qu'elle était languissante et abattue, comme des brebis qui n'ont point de berger*[220].

Un de mes passages favoris est celui de la multiplication des pains. En voici un extrait :

> *Jésus ayant appelé ses disciples, dit :* ***Je suis ému de compassion pour cette foule*** ; *car voilà trois jours qu'ils sont près de moi, et ils n'ont rien à manger. Je ne veux pas les renvoyer à jeun, de peur que les forces leur manquent en chemin. Les disciples lui dirent : Comment nous procurer dans ce lieu désert assez de pains pour rassasier une si grande foule ?*[221]

Vous connaissez la suite de l'histoire. Jésus leur demanda combien de pains et de poissons ils avaient, et avec sept pains et quelques petits poissons, ils purent nourrir une immense foule. *Tous mangèrent et furent rassasiés et on emporta sept corbeilles pleines des morceaux qui restaient*[222]. Wow !

J'ai toujours été touchée par ce passage. Il me rassure et m'enseigne en m'indiquant que lorsque j'apporte mes pains et mes poissons à Jésus, Il peut les multiplier. Ces pains et ces poissons peuvent représenter nos qualités et nos dons. Bien qu'ils soient souvent bien limités, Dieu a le pouvoir de les multiplier, pour que nous soyons en mesure de nourrir spirituellement notre entourage. Si vous prêchez la Parole dans votre église ou dans des petits groupes, si vous êtes impliquée dans une banque alimentaire ou dans tout autre organisme humanitaire, si vous enseignez aux enfants à l'école du dimanche ou si vous dirigez la louange et que vous vous sentez un peu dépourvue de moyens face à la tâche qui vous incombe, comme ces disciples avec leurs pains et leurs quelques poissons, soyez encouragée aujourd'hui. Si Dieu vous a appelée pour des œuvres préparées d'avance, Il multipliera vos pains et vos poissons afin de vous rendre pleinement apte à nourrir une foule affamée. Peu importe ce que représentent pour vous ces pains et ces poissons, Dieu a toute la puissance d'accomplir un tel miracle encore aujourd'hui. Il restera même des corbeilles pleines !

Ce merveilleux miracle de multiplication me touche et me réconforte, mais savez-vous ce qui me remue vraiment à l'intérieur ? Ce qui me bouleverse et me mets au défi, c'est de voir le Fils de Dieu être *ému de compassion*. Il est ému de compassion parce qu'Il voit devant Lui une foule affamée[223]. Il est ému de compassion face à des êtres humains qui sont languissants et abattus, comme des brebis qui n'ont point de berger[224].

Bien honnêtement, quels sentiments éprouvons-nous face à une société où les gens sont spirituellement affamés et sont semblables à des brebis qui n'ont point de berger ? Sommes-nous émues de compassion ? Sans être alarmiste ni pessimiste, il faut être réaliste. Nous vivons dans un monde où les gens se comportent comme des brebis qui sont sans berger. Nos jeunes filles sont captives de l'hypersexualisation et de toutes ses terribles conséquences. Les problèmes de santé mentale prennent des proportions sans précédent.

Le taux de suicide augmente constamment. Les problèmes de dépendance, que ce soit à l'alcool, aux drogues ou aux médicaments, avilissent les gens plus que jamais. L'anxiété est la maladie du siècle. Nos personnes âgées meurent dans la solitude sans que personne ne se soucie d'elles. Chères amies, ne demeurons pas inactives face à tant de douleur et de souffrance. Je vous encourage à imiter Jésus. Soyez des femmes émues de compassion. C'est cette compassion qui nous poussera à l'action. Martin Luther King a dit un jour : « Tout le monde peut accomplir de grandes choses […] parce que tout le monde peut servir. Vous n'avez pas besoin d'un diplôme universitaire pour servir. Vous avez simplement besoin d'un cœur plein de grâce. D'une âme régénérée par l'amour. » Nous sommes toutes appelées à servir.

J'aimerais vous raconter l'histoire de Fernanda, une femme d'origine portugaise qui œuvre bénévolement avec nous à *Femme Chrétienne Contemporaine*. Il y a quelques années de cela, étant émues de compassion pour les personnes du bel âge, nous avons mis sur pied un programme dans notre ville qui consiste à leur rendre visite régulièrement. Toutes les semaines, des femmes de l'Église Nouvelle Vie se rendent à un centre d'hébergement de longue durée pour personnes du troisième âge. Ces résidants se sentent extrêmement seuls. Il peut s'écouler des semaines voire des mois sans que certains d'entre eux n'aient de visite. Les femmes œuvrant dans ce ministère vont donc les rencontrer dans le but de les divertir et de leur apporter du réconfort. Pendant la période de Noël, nous leur offrons des cadeaux, nous chantons et dansons avec eux. C'est un moment de grande réjouissance pour tous.

> Tout le monde peut accomplir de grandes choses […] parce que tout le monde peut servir.

Un jour, nous avons reçu un appel téléphonique de la part de la directrice de cet établissement. Elle nous demandait si nous connaissions une femme qui parle portugais, car elle venait d'accueillir une Portugaise qui n'avait pas de famille ici, au Québec. Cette bénéficiaire ne parlait pas français et ne pouvait absolument pas communiquer avec les autres. Ainsi isolée de tous à cause de la barrière de la langue, elle souffrait d'une profonde solitude. Devinez-vous ce que nous avons fait ? Eh oui ! Nous avons appelé Fernanda ! Elle commença à lui rendre visite et, semaine après semaine, toutes deux tissèrent une relation de confiance et d'amitié. Malheureusement, cette pauvre dame est tomba malade. Dès qu'elle l'apprit, Fernanda se rendit à son chevet pour s'enquérir de son état. Elle eut ainsi l'occasion de lui témoigner sa foi. Elle lui expliqua que Jésus était mort pour ses péchés et que si elle le désirait, elle pouvait Lui demander de venir vivre en elle. Elle ajouta que cette décision lui assurerait une paix éternelle. C'est ainsi que la dame prit cette décision avec Fernanda et elles prièrent ensemble. Spirituellement parlant, elle venait de passer de la mort à la vie. Quelque temps plus tard, nous avons appris qu'elle s'en était paisiblement allée rejoindre le Seigneur. On nous informait d'une bien triste nouvelle, mais vous conviendrez avec moi que cela aurait pu être terriblement plus triste si Fernanda n'avait pas été placée sur son chemin. N'est-ce pas merveilleux ce que la compassion produit en nous et dans la vie des gens qui nous entourent ? Dieu a utilisé les pains et les quelques poissons de Fernanda pour nourrir spirituellement cette pauvre dame malade.

Quels sont vos pains et vos poissons ? Comme Il l'a fait avec Fernanda, Dieu peut utiliser votre langue et votre culture pour manifester Sa Gloire. Il peut également utiliser vos dons et votre profession.

Je terminerai cette pensée avec cette dernière illustration. Marie-Claude est remplie de compassion. Elle est coiffeuse et c'est une excellente coiffeuse. Elle désirait servir Dieu avec le talent qu'Il lui a donné, et c'est ce qu'elle fait. La mission première et l'essence même du ministère *Femme Chrétienne Contemporaine* de l'Église Nouvelle Vie est de venir en aide aux femmes qui traversent toutes sortes de difficultés. Par le biais des programmes que nous développons au sein de ce ministère, nous leur offrons premièrement un soutien pastoral. Nous sommes à leurs côtés pour les encourager, les aider à cheminer et à traverser les saisons éprouvantes de leur vie. En plus de cela, nous leur procurons une aide concrète et tangible par le biais de notre programme de « journées métamorphoses » où elles reçoivent des soins particuliers durant toute une journée : elles se font couper, teindre et coiffer les cheveux, elles se font maquiller et reçoivent des cadeaux. Les transformations qui s'opèrent sont incroyables. Si je pouvais vous montrer les photos, vous comprendriez exactement ce que je veux dire. Mais au-delà de l'apparence physique, il est fascinant de constater combien, par ces simples gestes, ces femmes parviennent à retrouver un peu de l'estime d'elle-même qui leur a été dérobé. Dans le cadre de ces journées, nous avons invité Isabelle à venir vivre un moment « sourire ». À cette époque, Isabelle luttait contre la dépression et avait fait plusieurs tentatives de suicide. Nous avons demandé à Marie-Claude de prendre soin de cette femme et de la bénir en lui prodiguant ses précieux soins. Isabelle en est sortie tout à fait rayonnante. Si vous croyez que ces journées n'ont rien de spirituel, lisez ce qu'Isabelle nous a écrit :

> « Ça fait six ans que je fréquente l'Église Nouvelle Vie. Je ne m'étais jamais vraiment intégrée à cause des blessures du passé. Grâce aux nombreux soins des femmes de l'église et de personnes vraiment concernées par le bien-être d'autrui, je commence à me sentir comme faisant partie du Corps de Christ parmi ces précieuses personnes remplies de bonté. Merci pour cette belle journée que vous m'avez offerte et pour mes cheveux qui font plaisir à voir… »

Mes chères amies, n'est-ce pas ça l'amour de Christ en action ? N'est-ce pas ça être une lumière qui brille dans ce monde ? Ne sommes-nous pas appelées à cela ? Mon cœur est débordant d'actions de Grâce pour des femmes comme Fernanda, Marie-Claude et plusieurs autres. Des femmes émues de compassion qui donnent leurs pains et leurs poissons à Dieu, afin qu'Il s'en serve pour manifester Sa Gloire. Que Dieu nous utilise cette semaine. Soyons des femmes qui avons une vie riche en bonnes actions[225]. Nous avons toutes des pains et des poissons à offrir à Dieu afin d'être capables de nourrir les gens affamés qui nous environnent. Demeurons émues de compassion face à des êtres humains qui sont languissants, abattus et qui vivent comme des brebis qui n'ont point de berger. Vous êtes des femmes appelées par Dieu. À travers vous, Il veut montrer Sa Gloire.

Mes réflexions et mes objectifs

Demandez-vous si, pour une raison ou une autre, votre cœur ne s'est pas endurci vis-à-vis de la misère et de la détresse humaine. Parce qu'on a peut-être abusé de vous, êtes-vous moins sensible aux besoins des gens autour de vous ? Êtes-vous moins compatissante ou moins généreuse ? Dans l'affirmative, prenez le temps d'écrire pourquoi. Tentez d'en identifier la cause. Lisez Ésaïe 58.10-11

_____

_____

_____

À l'inverse, êtes-vous dans une saison de votre vie où vous soupirez et aspirez à servir Dieu avec vos dons et vos talents ? Écrivez ce que vous rêvez d'accomplir.

_____

_____

_____

Concrètement, que pourriez-vous faire pour que votre rêve se réalise ? Devez-vous entrer en contact avec certaines personnes ? Si oui, lesquelles ? Quelle démarche entreprendrez-vous afin que votre désir passe du rêve à la réalité ? Demandez à Dieu d'ouvrir les bonnes portes devant vous et de fermer les mauvaises.

_____

_____

_____

Avez-vous besoin que Dieu vous donne du courage et de l'audace face à cet appel ? Si oui, faites-en Lui la demande ici. Estimez-vous que vous n'avez que quelques pains et quelques poissons entre les mains et vous sentez-vous limitée ? Demandez à Dieu de les multiplier.

_____

_____

_____

Ma prière

Seigneur Jésus, je te prie de garder mon cœur ému de compassion. Fais de moi une femme sensible aux besoins des autres. Protège mon cœur, alors que je vais me donner aux autres. Je place devant Toi mes rêves. Utilise mes dons et mes talents pour montrer Ta Gloire. Bénis le travail de mes mains. Touche et sauve des gens par le témoignage de ma vie. Merci, car Ta Parole est remplie de promesses pour ceux qui se donnent aux autres. Merci, car Tu dis dans Ta Parole qu'alors que *je partage mes propres ressources avec celui qui a faim*, alors que *je réponds aux besoins de l'opprimé, ma lumière surgira au milieu des ténèbres et mon obscurité sera pareille à la clarté de midi. Tu seras constamment mon guide, tu répondras à mes besoins dans les moments arides de ma vie et tu redonneras des forces à mes membres. Je serai comme un jardin bien arrosé, comme une source dont l'eau n'arrête jamais de couler*[226]. Amen !

Pensée
N°. 4

La solidarité féminine

TEXTES BIBLIQUES :
Genèse 1.26-27 ; 16 ; 29 ; 37 à 47 ; 1 Samuel 1

Peut-être associez-vous le mot solidarité à des manifestations syndicales. Souvent, lors de ces rassemblements, nous entendons haut et fort ce slogan : SO ! SO ! SO ! SOLIDARITÉ ! Alors, lorsque je vous parle de solidarité féminine vous m'imaginez peut-être avec une pancarte à la main, m'écriant : SO ! SO ! SO ! SOLIDARITÉ ! Peut-être même poussez-vous votre réflexion en supposant que j'aborderai le thème du féminisme. Ce n'est pas vraiment mon intention. Je suis pour l'égalité entre les êtres humains et entre les peuples. Cette valeur me tient à cœur et je l'ai transmise à mes enfants. Que nous soyons un homme ou une femme, que nous ayons la peau blanche, jaune, noire ou rouge, nous sommes tous des êtres humains égaux et précieux aux yeux de Dieu. L'histoire nous rappelle sans cesse la laideur et les horreurs qui peuvent prendre place lorsque des individus et des peuples dominent, écrasent et avilissent d'autres êtres humains. C'est abject !

La Bible ne fait aucune discrimination entre les êtres humains. Bien qu'il soit évident qu'il y ait des différences entre les hommes et les femmes, la Bible affirme que nous avons été créés homme et femme, tous les deux égaux et à l'image de Dieu[227]. Je ne suis pas féministe. Pour moi, aucune forme de ségrégation, quelle qu'elle soit, n'a de place. C'est sur cette base que je considère que dans sa forme initiale — et je dis bien dans sa forme initiale — le fondement du mouvement féministe était légitime. Je sais que je m'aventure sur un terrain glissant, mais il faut avoir le courage de ses convictions.

Rappelons-nous que dans le passé, la femme était considérée comme étant inférieure à l'homme. Le grand philosophe Grec Aristote, au IVième siècle av. J.-C., a écrit : « Les femmes sont des hommes imparfaits et toutes sont sans valeur. Elles n'ont été créées que pour la commodité des hommes ». Nous n'avons même pas besoin de retourner aux calendes grecques. Cette pensée a également été véhiculée par de nombreux théologiens, contribuant ainsi à chasser les femmes des églises. Les pères de plusieurs grands mouvements d'église ont eux aussi sous-entendu sinon attesté l'infériorité de la femme.

Le philosophe et théologien Saint Augustin a pour sa part déclaré que « la femme unie à son mari est à l'image de Dieu, c'est dans leur unité qu'ils sont à l'image de Dieu. Toutefois, prise séparément, en sa seule qualité d'aide, la femme n'est pas à l'image de Dieu, contrairement à l'homme qui l'est pleinement, même s'il n'est pas uni à une femme. »

Selon le théologien Jean Calvin, « la femme fut elle aussi créée à l'image de Dieu, mais à un second degré »[228]. Il a clairement signifié que « Les femmes sont à l'image de Dieu, mais à un degré inférieur […] Dans le genre humain, sa préférence allait aux hommes. Dieu fit de l'homme une tête pensante et lui donna une dignité et une prédominance dépassant celle de la femme […] Il est vrai que l'image de Dieu est imprimée sur tous les êtres humains, mais la femme n'en est pas moins inférieure à l'homme. »[229]

De plus, nous ne sommes pas sans nous rappeler que :

✦ Dans le code Napoléon de 1804, les femmes furent classées dans la même catégorie que les criminels, les malades mentaux et les enfants. Elles étaient considérées comme étant légalement inaptes (en latin : persona non grata, signifiant littéralement, personne n'étant pas la bienvenue).

✦ Au Québec, ce n'est qu'en 1940 que les femmes votent pour la première fois. La France leur accordera ce droit en 1945. On parle d'il y a une soixantaine d'années seulement !

- ✦ La Constitution de la IVᵉ République reconnaît le principe d'égalité entre hommes et femmes en 1946 seulement.

- ✦ Ce n'est que depuis 1965 que légalement, le mari ne peut plus s'opposer à ce que son épouse mène une activité professionnelle.

- ✦ En France, ce n'est qu'en 1980 que la justice commence à considérer le viol comme un crime, et que la loi Roudy institue l'égalité professionnelle entre hommes et femmes ; bien que les salaires de celles-ci soient encore de 30 % inférieurs à ceux de leurs homologues.

Je le concède, dans les années soixante, le féminisme a dévié de son idéologie initiale pour engendrer le mouvement de la libération de la femme et toutes les conséquences négatives qui y sont associées. Toutefois, à ses débuts en 1848, le féminisme revendiquait des droits légitimes. En Angleterre, les « suffragettes », soutenues au départ par J. Stuart Mill, ont lutté pour l'extension du suffrage universel aux femmes, ce qui, à mon sens, était tout à fait justifié. Plusieurs causes importantes ont été gagnées par ce mouvement. Notons entre autres le droit de vote, l'accès à l'éducation, l'équité salariale, les lois contre le viol, la violence faite aux femmes et le harcèlement sexuel. Il reste encore bien du travail à faire.

Si nous portons nos regards un peu plus loin qu'au seuil de notre porte, nous constatons que de nos jours encore, des jeunes filles sont séquestrées et traitées comme des esclaves sexuelles et sont gardées contre leur gré. En 2009, beaucoup de femmes subissent encore des mutilations génitales extrêmement douloureuses et combien limitatives pour leur épanouissement sexuel. Des infanticides *in utero* sont pratiqués sur des fœtus féminins, car dans certaines sociétés, les filles sont considérées comme étant totalement inutiles pour assurer les vieux jours des parents, et elles sont même perçues comme étant nuisibles. Dans certains pays du monde, les femmes n'ont toujours pas le droit de vote. Dans d'autres pays, parce qu'elles sont « seulement des femmes », elles n'ont pas le droit d'allumer les lumières de leur maison, ce qui les contraint à demeurer dans l'obscurité jusqu'à ce que leur mari rentre du travail.

Alors que je ne considère pas être féministe, j'affirme plutôt être une « humaniste ». Je ne le suis pas dans le sens littéral, mais je le suis dans le sens où je me porte à la défense des humains. Je suis pour la dignité humaine, tout genre confondu, et ceci, bien avant la défense des phoques ou des bélugas. Je n'ai rien contre les animaux, toutefois, dans mon échelle de valeurs, la qualité de vie de l'être humain est de loin plus importante. Je vous rappelle que je suis très protectrice et me porte farouchement à la défense de ceux que j'aime ! (pensée n° 7 de la facette person*elle*) J'espère ne pas faire l'objet d'une mauvaise interprétation concernant ma prise de position pour la cause des femmes. Si mes propos vous choquent, je vous demande de m'en excuser, ce n'était pas mon intention. C'est avec les larmes dans les yeux que je vous partage mon cœur. Je crois que Dieu m'a donné un amour sain, sincère et profond pour les femmes. Je désire et cherche ardemment à être pour vous une source d'encouragement, de consolation et de motivation. Pardonnez-moi cet élan d'émotion.

Revenons à la solidarité si vous le voulez bien, mes chères amies. La solidarité, c'est plus qu'un dicton ou un slogan crié lors de manifestations. Solidarité vient du mot solidaire et se dit « de personnes qui répondent en commun l'une pour l'autre d'une même chose ; qui se sentent liées par une responsabilité et des intérêts communs. »[230]. Ma prière est que les croyantes puissent, en plus de leur foi, être solidaires les unes des autres. N'avons-nous pas la plus belle cause en commun, celle de l'avancement du Royaume de Dieu sur cette terre ? Ne sommes-nous pas toutes unies par l'amour et la Grâce de Dieu manifestées à la croix par Jésus-Christ ? Nous avons alors toutes les meilleures raisons du monde d'être solidaires. Malheureusement, soyons honnêtes, dans la société comme dans l'Église, les femmes ne sont pas reconnues pour être solidaires. Au contraire, la jalousie entre femmes est un fléau qui est très répandu.

Personnellement, je suis convaincue que lorsque nous arriverons à surmonter la jalousie et l'envie qui nous rongent et que nous marche-rons ensemble, nous accomplirons de grandes choses pour l'œuvre de Dieu et pour la cause des enfants maltraités, des pauvres et des orphelins.

La Bible nous relate plusieurs épisodes mettant en scène des femmes jalouses l'une de l'autre.

Dans le livre de la Genèse, nous pouvons constater le mépris de Saraï envers Agar : *Saraï dit à Abram : L'outrage qui m'est fait retombe sur toi. J'ai mis ma servante dans ton sein ; et, **quand elle a vu qu'elle était enceinte, elle m'a regardée avec mépris** [...] Abram répondit à Saraï : Voici, ta servante est en ton pouvoir, agis à son égard comme tu le trouveras bon. Alors **Saraï la maltraita ; et Agar s'enfuit loin d'elle**[231].*

De même, dans le livre de Samuel, nous pouvons constater combien Pennina enviait Anne : *Mais Elcana donne un morceau bien meilleur à Anne, parce qu'il l'aime beaucoup. Pourtant, le Seigneur ne lui a pas donné d'enfant [...]* **Peninna, l'autre femme, n'arrête pas de blesser Anne par ses paroles.** *Elle se moque d'elle, parce que le Seigneur ne lui a pas donné d'enfant [...] Chaque année, c'est la même chose. Quand Anne va à la maison du Seigneur,* **Peninna lui dit des paroles blessantes.** *Un jour, Anne se met à pleurer et elle refuse de manger*[232].

La rivalité et la méchanceté entre Léa et Rachel sont flagrantes. *Laban avait deux filles. L'aînée s'appelle Léa, la plus jeune s'appelle Rachel. Léa a un regard sans expression, mais **Rachel est belle à voir et elle est charmante**[233].* Rachel voit qu'elle ne peut pas donner d'enfant à Jacob. **Alors, elle devient jalouse de sa sœur.** *Elle dit à Jacob : « Donne-moi des enfants ou je meurs ! » Jacob se met en colère contre elle et il dit : « Est-ce que je suis à la place de Dieu, moi ? C'est lui qui t'empêche d'en avoir ! »*[234] *Bila, la servante de Rachel, devient de nouveau enceinte. Elle donne un deuxième fils à Jacob. Rachel dit : « **J'ai lutté durement contre ma soeur et j'ai gagné.** » Elle donne à ce fils le nom de Neftali.* **Léa voit qu'elle cesse**

Je suis convaincue que lorsque nous arriverons à surmonter la jalousie et l'envie qui nous rongent et que nous marcherons ensemble, nous accomplirons de grandes choses pour l'œuvre de Dieu.

d'avoir des enfants. Alors elle prend sa servante Zilpa et elle la donne pour femme à Jacob[235].

Ces deux femmes ne se sont jamais réconciliées. Rachel, jalouse de la fertilité de Léa, est morte dans la douleur en accouchant de Benjamin, le douzième enfant de Jacob. Durant toute sa vie, Léa a envié la beauté de Rachel et était remplie d'amertume parce que son mari lui préférait sa sœur. Chacune à leurs manières, ces deux femmes ont cruellement souffert de cette affreuse jalousie mutuelle ainsi que de leur manque de contentement. Elles et leurs servantes donnèrent naissance à ceux qui sont devenus les dirigeants des douze tribus d'Israël. En fait, ces femmes ont engendré des rejetons de jalousie. Joseph, fils de Rachel, fut amèrement jalousé par ses frères — les fils de Léa et de ses servantes –, à tel point que ces derniers le vendirent comme esclave à Potiphar, un officier de Pharaon[236]. Suite à cela, il sera accusé de façon mensongère par la femme de son patron, alors qu'il était innocent. On le jeta en prison où il souffrira injustement. Mais finalement, il sera nommé gouverneur en Égypte. Grâce à la maturité et à la sagesse de Joseph, toute cette histoire de jalousie se termina sur une bonne note. En pardonnant à ses frères, il parvint à briser cet abominable cercle vicieux[237].

Je ne sais pas si vous ressentez la même chose que moi, mais ces histoires de femmes me mettent en garde contre toutes formes d'envie, de convoitise et de comparaison. Puissions-nous aspirer à être des femmes confiantes, satisfaites des forces, des dons et des qualités que nous avons. Si vous vous sentez inférieure aux autres femmes et que vous luttez contre des pensées de jalousie, je vous suggère de relire et de retravailler les pensées n°4 et n°5 de la facette émotionn*elle* qui traitent de l'estime de soi. Ne vous découragez pas. L'édification d'une bonne image de soi est l'œuvre de toute une vie. À l'instar de Joseph, travaillons à briser le cycle de la jalousie.

L'histoire qui suit résume si bien les sentiments et la grandeur d'âme que nous devons développer si nous voulons être des femmes solidaires.

Aux Olympiades de Seattle, neuf athlètes, tous handicapés mentaux ou physiques, étaient sur la ligne de départ pour la course de cent mètres. Au signal de départ, la course commença. Au beau milieu de la course, un garçon tomba sur la piste, fit quelques tonneaux et commença à pleurer. Les huit autres l'entendirent, ralentirent et regardèrent en arrière. Ils s'arrêtèrent et rebroussèrent chemin, TOUS ! Une fille ayant le syndrome de Down s'assit à ses côtés et commença à le caresser. Elle lui demanda : « Ça va mieux maintenant ? » Alors, tous les neuf se prirent par les épaules et marchèrent ensemble vers la ligne d'arrivée. Le stade entier se leva et applaudit. Et les applaudissements durèrent très longtemps...

Pour accomplir le message de l'Évangile, nous sommes appelés à travailler les unes avec les autres. Pour que le travail d'équipe soit efficace, il faut que chacun de ses membres agisse de manière désintéressée par rapport à soi, et que chacun œuvre dans le cadre de ses dons, ses talents et son appel. Chaque membre de l'équipe a sa valeur et sa place. Que vous soyez au haut, au bas ou au milieu de l'échelle dans votre ministère ou dans votre travail, vous serez au sommet de l'échelle de Dieu si vous obéissez à votre appel et acceptez la situation dans laquelle vous vous trouvez présentement. De là découlera l'onction.

Je terminerai cette pensée en nous lançant un défi. Lorsque nous ferons face à des situations où nous serions tentées de médire, colporter, abaisser, jalouser ou envier une autre, refusons de sombrer dans le piège de la frustration, de la médisance et même dans celui de la mesquinerie. Optons plutôt pour les saines et franches discussions (voir pensée n°2 de la facette émotionn*elle*) et pour la solidarité féminine. SO ! SO ! SO ! SOLIDARITÉ ! Nous en sommes capables les filles !

Mes réflexions et mes objectifs

Avez-vous déjà été victime de discrimination eut égard au fait que vous êtes une femme ? Vous a-t-on déjà considéré comme étant inférieure à un homme ou à une autre femme ? Si oui, décrivez comment s'est passé cet évènement de votre vie. Si cela a laissé une cicatrice sur votre cœur, déposez votre crayon et demandez à Dieu de vous guérir et de panser votre blessure. Demandez-Lui de vous donner la force de pardonner à ceux qui vous ont abaissée.

_____

_____

_____

Croyez-vous être solidaire des autres femmes ? Si oui, pourquoi ? Si non, pourquoi pas ?

_____

_____

_____

Éprouvez-vous de la jalousie envers une personne en particulier ? Êtes-vous en compétition, vous comparez-vous ou enviez-vous une personne en particulier ? Avant de répondre spontanément à cette question, sondez vos cœurs et demandez à Dieu de vous éclairer et de vous montrer si consciemment ou inconsciemment, vous éprouvez de la jalousie envers une autre femme. Dans l'espace qui suit, décrivez ce que vous ressentez vis-à-vis de cette personne. Tentez d'identifier pourquoi cette personne éveille de tels sentiments en vous.

_____

_____

_____

Que pourriez-vous faire pour que ces sentiments disparaissent ?

_____

_____

_____

Ma prière

Seigneur Jésus, je me place devant Toi aujourd'hui. Je te prie de m'aider à être une femme solidaire des autres femmes ; une femme épanouie et en bonne relation avec les autres femmes. Aide-moi à me voir telle que Tu me vois, et à apprécier tout ce que Tu m'as donné. Donne-moi d'éprouver du contentement dans tous les aspects de ma vie. Que je puisse me voir comme une femme merveilleuse et précieuse pour Toi. Lorsque je ferai face à une situation où je serai tentée de médire, colporter, abaisser, jalouser ou envier une autre, je m'engage à ne pas tomber dans le piège de la frustration, de la médisance et de la mesquinerie. Amen !

Pensée
N°. 5

Nous avons besoin les unes des autres

TEXTES BIBLIQUES :
Genèse 30.14-15 ; Mathieu 28.1-28 ; Ésaïe 62.1 ; 58

Alors que nous travaillons sur la facette relationnelle de notre vie, j'aimerais poursuivre sur le thème de la solidarité et développer celui de l'amitié entre femmes, car je crois que c'est un aspect de notre vie où nous avons beaucoup à apprendre. Comme nous l'avons vu dans la pensée précédente, les femmes ne sont pas réputées pour être solidaires. Pourtant, je crois que nous en avons la capacité. Alors que nous pouvons être solidaires de notre mari, de nos enfants et parfois même de nos animaux, nous éprouvons souvent de la difficulté à être solidaires les unes des autres, et ceci, pour toutes sortes de raisons. Personnellement, je suis convaincue des bienfaits et de l'incroyable force qui émanent des saines relations de solidarité et d'amitié entre femmes. Je crois que lorsque nous sommes unies, il émerge une synergie exceptionnelle. J'en suis convaincue parce que j'en ai vu les fruits dans ma propre vie ainsi qu'au sein du ministère que Dieu m'a confié. N'en sous-estimons pas l'importance mes amies. Nous pouvons être grandement enrichies par les femmes qui nous entourent, d'autant plus que nous avons besoin les unes des autres pour atteindre de nouveaux et de plus hauts sommets pour la cause de Jésus-Christ. Les défis et les combats de la vie sont moins lourds lorsque nous sommes unies et les portons ensemble. C'est ainsi que nous serons d'un bon témoignage pour ceux qui nous regardent. Travaillons à développer et à cultiver de bonnes et durables relations d'amitié entre femmes, tout au long de notre vie.

L'amitié est une grande richesse. Elle se définit comme étant « un sentiment réciproque d'affection ou de sympathie qui ne se fonde ni sur les liens du sang, ni sur l'attrait sexuel »[238]. Je sais, pour en avoir parlé avec mes amies et plusieurs femmes lors de rencontres pastorales, que beaucoup d'entre vous avez eu des relations difficiles, sinon extrêmement tendues avec votre mère. Ceci explique le grand nombre d'ouvrages traitant des conflits mère-fille dont un des plus célèbres a pour titre : *Ma mère, mon miroir* par Nancy Friday[239]. Dans ce livre, nous apprenons combien le lien mère-fille affecte et influence nos comportements avec les hommes, mais aussi avec les femmes. Ainsi, si votre mère a été une mère-enfant, une mère froide, dure, distante ou absente, cela pourrait vous avoir rendue craintive dans vos relations avec les autres femmes. De plus, si vous avez vécu des épisodes douloureux avec la gent féminine, vous avez peut-être tout simplement choisi de demeurer distante avec les femmes et de fermer la porte à l'établissement d'une relation d'amitié profonde et durable. Aujourd'hui, je voudrais vous encourager à aller au-delà de ces relations douloureuses ou de ces mauvaises expériences. Ne vous privez pas d'une relation d'amitié. Elle peut vous apporter tellement de joie, d'encouragement et de réconfort. Vous en serez enrichie. Choisissez :

- ✦ L'amitié au lieu de la rivalité
- ✦ La redevabilité au lieu de l'individualité
- ✦ L'attachement au lieu du détachement
- ✦ La confiance au lieu de la méfiance
- ✦ L'unité au lieu de la célébrité
- ✦ La loyauté au lieu de la calomnie
- ✦ De pardonner au lieu de blesser
- ✦ D'apprécier au lieu de vous comparer

Osez miser sur l'amitié. Cherchez des femmes dignes de confiance et provoquez une rencontre, une discussion. Demandez à Dieu de vous guider vers la bonne personne. Vous n'en avez besoin que d'une. Si vous avez déjà une ou plusieurs bonnes amies, profitez de cette pensée pour lui manifester votre affection. Dans les prochains jours :

✦ Envoyez-lui une carte ou un courriel d'appréciation.

✦ Envoyez-lui des fleurs avec un mot d'encouragement.

✦ Achetez-lui une petite douceur tels que des chocolats ou une petite chandelle.

✦ Invitez là à prendre un café ou à partager un repas avec vous.

✦ Proposez-lui de garder ses enfants pour une soirée ou un week-end, afin qu'elle puisse prendre du temps avec son mari ou se reposer.

✦ Priez pour elle, afin que Dieu la comble dans tous les aspects de sa vie. Quoi de plus précieux que la prière d'une amie ?

L'amitié, se cultive. Dans une vraie relation d'amitié, nous devrions pouvoir nous réjouir avec notre amie lorsqu'elle traverse des périodes heureuses et bénies, et pleurer avec elle et la serrer dans nos bras lorsqu'elle est attristée ou qu'elle souffre. Il est également important de contribuer à son épanouissement par des gestes concrets, ainsi que par des paroles d'encouragement et d'appréciation. Tout ceci va totalement à l'encontre de la jalousie et de l'envie.

Pour vous illustrer cette pensée, lisons ensemble une vignette de la vie de Rachel et de Léa :

> *Un jour, au moment de la récolte du blé, Ruben va aux champs. Il trouve des pommes d'amour et les apporte à Léa, sa mère. Alors Rachel dit à Léa : « **S'il te plaît, donne-moi quelques pommes d'amour de ton fils.** » Léa lui répond : « Tu as déjà pris mon mari. Est-ce que cela ne te suffit pas ? Tu veux en plus prendre les pommes d'amour de mon fils ! »*[240]

Ce texte peut nous sembler anodin décrivant une simple dispute entre deux femmes. Pourtant, en l'analysant de plus près, nous découvrons une importante leçon spirituelle. Je vous l'annonce, ça va faire mal. Au premier abord, je ne comprenais pas pourquoi Léa ne voulait pas partager ses pommes d'amour avec Rachel, pourquoi elle tenait à ce point à les garder pour elle. En fait, à l'époque, on croyait que les pommes d'amour avaient des propriétés qui favorisaient la fertilité chez les femmes. Je crois que vous anticipez mon propos. Lorsque Rachel demandait à Léa ses pommes d'amour, elle était en fait en train de lui demander de l'aide. Elle désirait avoir quelques fruits qui lui permettraient d'être fertile. Le refus de Léa est catégorique. Par intérêt personnel et parce qu'elle était jalouse de Rachel, elle refusa de lui en donner. Se faisant, elle empêchait Rachel d'enfanter et de donner la vie.

Mes précieuses amies, cette histoire est profonde et puissante. Combien de fois avons-nous refusé de nous donner ou de nous oublier pour que cette femme puisse enfanter et donner la vie. Je m'adresse particulièrement aux femmes en leadership. Si vous désirez être une « vraie » leader, vous devez être capables d'encourager, de valoriser, de former et de partager vos connaissances avec les femmes qui vous entourent. Nous devons savoir, au bon moment, nous mettre un peu à l'écart et leur laisser la place si nous voulons qu'elles puissent prendre la leur. Nous devons nous réjouir de leurs succès et être fières d'y avoir contribué. Je vous avais dit que ça ferait mal.

> Si vous désirez être une « vraie » leader, vous devez être capables d'encourager, de valoriser, de former et de partager vos connaissances avec les femmes qui vous entourent.

L'amitié et la solidarité sont des valeurs fondamentales du ministère de *Femme Chrétienne Contemporaine*. Il y a deux ans, nous avons eu à cœur de nous investir dans un projet qui consistait à rénover des centres jeunesse de notre ville. Ce sont des établissements où les enfants et les adolescents résident après avoir été abandonnés ou maltraités par leurs parents. Les témoignages de Nancy et de Sarah, deux jeunes qui habitent dans l'un de ces centres, vous aideront à comprendre la détresse et la douleur des enfants qui y trouvent refuge. Afin de protéger leur identité, nous avons changé leur prénom.

NANCY

« *Aujourd'hui, j'ai douze ans. Je vis dans un centre d'accueil… J'y suis depuis dix mois. En fait, avant j'étais dans une autre unité pendant trois ans. À cause de mes différences, je n'ai pas pu être accueillie dans une famille d'accueil. Les week-ends, je regarde les autres filles partir avec leur maman. Moi je reste ici. Ma mère à moi, je ne sais pas où elle est ni ce qu'elle fait. La dernière fois que je l'ai vue, elle s'est trompée sur ma date d'anniversaire et sur l'âge que j'avais. Je garde espoir, elle m'a juré qu'un jour, elle s'occuperait de moi.*

*Depuis toute petite, je me suis promenée d'une famille à une autre. J'ai peur d'avoir mal en créant des liens avec les adultes qui m'entourent. Les premières personnes qui se sont occupées de moi m'ont tellement brisée, qu'aujourd'hui je reste méfiante. Comme un petit animal, les gens doivent me laisser venir à eux. Mais quand je sens que je m'attache, je dois faire attention et briser ce lien qui pourrait tellement me faire mal si alors les personnes concernées venaient à disparaître. Mes grands-parents sont les seuls qui acceptent de me prendre pour quelques heures dans leur maison. J'aimerais rester plus longtemps avec eux, mais leur santé ne le permet pas. De toute façon, je sais qu'un jour, eux aussi me laisseront seule… Je ne sais pas ce que l'avenir me réserve… *»

SARAH

« *Le temps s'est écoulé. Je dois raccrocher. Mon père m'appelle du pénitencier. Je ne comprends pas pourquoi il est là, car il m'a juré que c'était une erreur. Il me l'a dit. Quand il sortira, il viendra me chercher.*

Ma mère suit une thérapie. À cause de mon intervenante sociale, elle doit faire une cure de désintoxication. Son amie s'occupe de mes frères et sœurs à l'appartement, mais pas de moi. Ma mère m'a dit que je n'apporte que des problèmes. Je m'ennuie d'elle. Quand j'habitais avec elle, je voyais beaucoup d'étrangers venir dans l'appartement. Souvent, maman me disait d'aller jouer au parc, même tard le soir. Un jour, un homme et une femme ont dit qu'ils voulaient être gentils en s'occupant de moi. De mes yeux d'enfants, je n'ai pu voir le danger et ce qu'ils s'apprêtaient à me faire vivre. Ces choses d'adultes.

Aujourd'hui, j'ai été suspendue de l'école. C'est dur pour moi de rester en place. Je bouge tout le temps. Je parle fort pour éviter qu'on ne m'oublie. Je dis des méchancetés aux amis, car de toute façon, personne ne veut jouer avec moi. Quand je peux, je prends les choses que je trouve, même si elles ne m'appartiennent pas. Il n'y a personne qui m'en donne juste à moi.

Le juge l'a dit à maman : c'est la dernière chance qu'elle a de se reprendre en mains. Elle doit s'améliorer pour bien s'occuper de nous. J'espère qu'elle en sera capable. »

Je suis profondément remuée chaque fois que je lis ces tristes histoires de vie. Je tire mon unique consolation de cette phrase que la petite Sarah a écrite : « *Quand je peux, je prends les choses que je trouve, même si elles ne m'appartiennent pas. Il n'y a personne qui m'en donne juste à moi.* » Après que nous ayons fait l'aménagement du centre où elle séjourne, Sarah a pu se coucher ce soir-là en disant : « *Il y a des femmes qui m'ont aimée pour qui je suis réellement et qui m'ont donnée des choses, juste à moi… ».*

Je ne peux pas vous montrer les photos des transformations que nous avons réalisées dans ces centres pour jeunes, mais croyez-moi, les résultats sont sensationnels ! Tout a été repeint et décoré avec amour. Tous les enfants ont pu avoir une chambre personnalisée avec des édredons et des draps choisis spécialement pour eux. Nous avons transformé une pièce désuète en salle de cinéma maison où les enfants peuvent regarder leurs émissions et films préférés sur grand écran. À la fin de cette merveilleuse journée de travail, chaque fille a un reçu un panier rempli de douceurs et de cadeaux. Quand nous quittions les lieux, certaines filles arboraient des sourires radieux, d'autres avaient des larmes de joie et toutes avaient des étoiles dans les yeux. Cette journée fut un moment inoubliable pour ces enfants oubliés.

Après notre passage, le directeur des centres jeunesse fit la déclaration suivante :

> « *Ces œuvres d'amour réalisées par les fées Nouvelle Vie,*
> *comme les enfants les appellent, ont contribué à développer*
> *l'estime de soi dans la vie des enfants. Ils se sont sentis aimés*
> *et ils ont réalisé qu'ils avaient de la valeur. Pour nous, dans*
> *les centres jeunesse, la générosité a un nom : Nouvelle*
> *Vie...* »

Tout ceci a été possible parce que des femmes solidaires et unies ont relevé leurs manches et ont placé leurs talents aux services de Dieu. Nous avions besoin de chacune d'elles, de leurs dons et de leurs forces pour accomplir cet exploit qui a été un témoignage remarquable pour l'église et notre communauté.

Mes amies, souvenons-nous que nous avons besoin les unes des autres pour atteindre de nouveaux et de plus hauts sommets pour la cause de Jésus-Christ. Un royaume divisé ne peut prospérer. En nous unissant et collaborant, nous multiplierons notre efficacité et notre onction. Chaque personne est importante et chaque personne doit prendre et accomplir sa part de travail. Le désir de Dieu est que nous soyons des femmes unies, travaillant ensemble à faire avancer l'œuvre de Christ sur cette terre.

Mes réflexions et mes objectifs

Comment qualifieriez-vous votre relation avec votre mère ?
Décrivez le genre de femme qu'elle est ou qu'elle était.

_____

_____

_____

Avez-vous une bonne amie ? Si oui, je vous encourage cette
semaine à cultiver cette amitié par des gestes concrets. Écrivez
comment vous pourriez lui manifester votre appréciation.

_____

_____

_____

Si vous avez répondu non à la question précédente,
permettez-moi de vous encourager à rechercher l'amitié d'une
autre femme. Demandez à Dieu de vous inspirer une
personne avec laquelle vous auriez des affinités. Écrivez les
qualités ou le type de personnalité ou de tempérament que
vous recherchez chez une future amie. Dans les prochains
jours, prenez des initiatives pour établir une relation d'amitié
avec quelqu'un.

_____

_____

_____

Prenez un moment afin d'évaluer votre capacité à travailler en équipe avec d'autres femmes. Écrivez les points positifs et les défis que représente le travail d'équipe pour vous.

_____

_____

_____

Ma prière

Seigneur Jésus, je te remercie pour les amies que Tu m'as données. Merci pour chacune d'entre elles. Je te prie de les bénir dans leurs vies spiritu*elle*, émotionn*elle*, personn*elle* et relationn*elle*. Protège notre amitié et ne permets pas qu'elle soit entachée par quoi que ce soit. Je te prie pour que dans l'église, nous puissions être unies et travailler ensemble pour atteindre de nouveaux et de plus hauts sommets pour la cause de Christ. Que notre solidarité puisse être un témoignage pour ceux qui nous observent. Bénis le travail de nos mains. Amen !

Pensée
N°. 6

La confiance et l'obéissance déclenchent la puissance.

TEXTES BIBLIQUES :
Josué 21.43-45 ; 3.1-4 ; 1.1-9 ; 3.5, 14-17 ; 4.1-7

Je crois sincèrement que Dieu a, pour chacune, un appel, une destinée qui nous est propre. Plus j'avance dans la vie, plus je rencontre de femmes à mon bureau ou lors de mes conférences, plus je réalise combien chacune est précieuse et combien, chacune individuellement, mais aussi collectivement, peut faire une différence ici-bas.

Plusieurs d'entre vous n'ont peut-être pas encore réalisé leur valeur. Vous êtes ce joyau qui attend d'être poli afin de briller de tous ses feux. Certaines sont déjà passées de l'étape de charbon à celle de diamant. La vie, ainsi que toutes les pressions qu'elle comporte s'en sont chargées. Vous êtes maintenant prêtes à resplendir pour Christ, mais vous ne savez pas encore quand ni comment. C'est avec beaucoup d'enthousiasme que je partage avec vous cette dernière pensée. J'espère qu'elle vous aidera à entrer pleinement dans la destinée que Dieu a pour vous. L'essence de cette pensée a été le gouvernail de ma vie chrétienne et l'ancre qui m'a gardée alors que je me préparais à répondre à l'appel de Dieu. Avant de partager avec vous ce moment déterminant de ma vie, je m'attarderais sur quelques principes importants.

Cette pensée se fonde sur des textes tirés du livre de Josué.

> *C'est ainsi que l'Éternel donna à Israël tout le pays qu'il avait juré de donner à leurs pères ; ils en prirent possession et s'y établirent. L'Éternel leur accorda du repos tout alentour,*

*comme il l'avait juré à leurs pères ; aucun de leurs ennemis
ne put leur résister, et l'Éternel les livra tous entre leurs
mains. De toutes les bonnes paroles que l'Éternel avait dites à
la maison d'Israël, aucune ne resta sans effet : toutes
s'accomplirent*[241].

Après de longues années en tant qu'esclave en Égypte, après cette interminable période à faire du surplace sous le soleil brulant du désert, ce passage des Écritures déclare la fidélité de Dieu. Il proclame que la promesse s'est réalisée et que le peuple de Dieu est maintenant arrivé dans la terre promise. Ce récit a été une source d'édification à un moment déterminant de ma vie, à un moment où, par la foi, j'ai dû placer ma confiance en Dieu, croyant fermement que comme Il l'avait fait pour le peuple d'Israël, Il me ferait entrer dans une de mes terres promises.

La terre promise symbolise plusieurs choses dans la vie d'un croyant :

✦ la victoire dans une situation de notre vie ;

✦ l'accomplissement d'une promesse dans notre vie ;

✦ la réalisation des plans de Dieu pour notre vie.

Si nous reculons de quelques pages dans le livre de Josué, nous constatons qu'avant de posséder le pays que Dieu lui avait promis, le peuple d'Israël avait dû traverser le Jourdain.

Josué, s'étant levé de bon matin, partit de Sittim avec tous les enfants d'Israël. Ils arrivèrent au Jourdain ; et là, ils passèrent la nuit, avant de le traverser. Au bout de trois jours, les officiers parcoururent le camp, et donnèrent cet ordre au peuple : Lorsque vous verrez l'arche de l'alliance de l'Éternel, votre Dieu, portée par les sacrificateurs, les Lévites, vous partirez du lieu où vous êtes, et vous vous mettrez en marche après elle. Mais il y aura entre vous et elle une distance d'environ deux mille coudées : n'en approchez pas. Elle vous montrera le chemin que vous devez suivre, car vous n'avez

point encore passé par ce chemin. Sanctifiez-vous, car demain
l'Éternel fera des prodiges au milieu de vous[242].

De ce passage découlent deux principes de vie. Ils sont forts simples voire élémentaires, mais croyez-moi, lorsque nous les mettons en pratique, ils déclenchent le miraculeux dans notre vie. Ces principes se résument en une simple phrase, facile à mémoriser (je vous le conseille d'ailleurs) :

La CONFIANCE en Dieu et l'OBÉISSANCE à Dieu déclenchent la PUISSANCE de Dieu.

Cette déclaration est simple, mais c'est lorsqu'on tente de la mettre en pratique que ça se corse.

La confiance

Commençons par le commencement mes chères amies. Chacune désire entrer dans Sa destinée et recevoir les bénédictions que Dieu a pour elle. Vous connaissez votre terre promise, vous soupirez peut-être même après elle. Vous espérez ce moment, mais actuellement, vous êtes comme le peuple d'Israël. Vous faites face à un Jourdain, c'est-à-dire, face à tout ce qui vous empêche de voir les promesses de Dieu s'accomplir, ou vous êtes dans l'attente de la réalisation de Ses promesses. Pour vous, le Jourdain peut être une situation financière difficile, la perte d'un emploi, une maladie, des évènements qui tardent à se réaliser, un divorce, la solitude, un enfant dont le cœur s'est éloigné de Dieu. Vous connaissez votre Jourdain. Vous traversez peut-être une saison où ce que vous voyez n'a rien de comparable avec *le pays où coulent le lait et le miel*, le lieu de repos et de bénédictions. Ce qui est sous vos yeux n'est qu'un cours d'eau qui vous semble infranchissable. Malheureusement, la concrétisation des plus grandes promesses de Dieu est bien souvent précédée de la traversée d'un Jourdain.

La foi en Dieu est la première étape à franchir si nous désirons passer de l'autre côté de notre Jourdain. Josué et tout le peuple d'Israël ont d'ailleurs été obligés de faire confiance à Dieu pour pouvoir voir l'accomplissement de ce qu'Il leur avait promis. Ne sachant absolument pas comment franchir l'autre rive, ils durent sortir de leurs tentes et commencer à marcher par la foi en direction du Jourdain, en suivant l'arche de l'alliance, la représentation de Dieu sur terre. Cette arche les dirigeait.

Ce principe est encore valable aujourd'hui mes amies. Les promesses de Dieu sont toujours aussi vraies. Dieu est le même, Il n'a pas changé. Alors que vous placez votre confiance en Lui, vous devez croire qu'Il vous devance et marche au-devant de vous. Par la bouche des officiers, Dieu les avait informé qu'Il serait avec eux et qu'Il leur montrerait le chemin. N'est-ce pas ce qui est écrit ? L'arche de l'alliance *vous montrera le chemin que vous devez suivre, car vous n'avez point encore passé par ce chemin.* Êtes-vous face à un Jourdain ? Si oui, je suis comme ces officiers qui vous annoncent que le Seigneur, l'Éternel, le Tout-puissant, le Dieu Créateur de cet immense univers est avec vous dans la traversée de votre Jourdain. Il vous guidera sur ces chemins que vous n'avez encore jamais piétinés. Placez votre confiance en Lui. La promesse qu'Il a donnée à Josué est aussi pour vous aujourd'hui :

> *Tout lieu que foulera la plante de votre pied, je vous le donne, comme je l'ai dit à Moïse. [...] Nul ne tiendra devant toi, tant que tu vivras. Je serai avec toi, comme j'ai été avec Moïse ; je ne te délaisserai point, je ne t'abandonnerai point [...] Fortifie-toi seulement et aie bon courage, en agissant fidèlement selon toute la loi que Moïse, mon serviteur, t'a prescrite ; ne t'en détourne ni à droite ni à gauche, afin de réussir dans tout ce que tu entreprendras. Ne t'ai-je pas donné cet ordre : Fortifie-toi et prends courage ? Ne t'effraie point et ne t'épouvante point, car l'Éternel, ton Dieu, est avec toi dans tout ce que tu entreprendras*[243].

L'obéissance

Si nous souhaitons entrer dans le lieu de la bénédiction, nous devons premièrement placer notre confiance en Dieu, sachant qu'Il marche avec nous dans notre destinée. Ceci est la première étape. La seconde nous est dévoilée dans la suite du passage du livre de Josué : *Sanctifiez-vous, car demain l'Éternel fera des prodiges au milieu de vous*[244].

Un verset si court, mais si puissant ! Un jour, alors que j'avais été invitée à donner une série de conférences en Guadeloupe, je fus saisie par cette pensée. Je venais de terminer une magnifique semaine au cours de laquelle j'avais eu le privilège de prêcher la Parole à des centaines de femmes. Nous avions vécu de merveilleux moments dans la présence de Dieu. La veille de mon départ, j'étais dans ma chambre d'hôtel, tentant tant bien que mal de fermer ma valise. Les femmes de la Guadeloupe avaient été tellement généreuses avec moi : des vêtements, du parfum, des épices, des livres de recettes et j'en passe. Après plus de trente minutes à essayer de tout placer dans la valise, j'ai dû déclarer forfait. Je me suis alors dit : « *Stéphanie, si tu veux rentrer au Canada, tu dois retirer certaines choses de ta valise sinon tu n'y arriveras jamais ! Tu dois voyager plus léger.* » Tout de suite après, cette autre idée m'a traversé l'esprit : « *Stéphanie si tu veux entrer dans le pays de la bénédiction, tu dois ôter certaines choses de ta vie !* » C'est exactement le même principe. Nous devons voyager léger. Dieu nous demande de soustraire de notre vie ce qui nous ralentit et ce qui alourdit notre marche vers la terre promise. *Sanctifiez-vous, car demain l'Éternel fera des **prodiges** au milieu de vous.* Mes chères amies, il n'y a pas de raccourci. Pour voir le miraculeux et les prodiges dans notre vie, il faut que cette dernière soit en ordre. Connaissez-vous l'expression « les dés sont jetés » ? Et bien, c'est ce que nous devons faire. Nous devons jeter les « D » de notre vie.

Quels sont ces « D » ?

+ Les Déceptions
+ Les Désillusions
+ Les Découragements

✦ Les Défaites

✦ Les Doutes

Les « D » c'est ce qui vous :

✦ Détourne de Dieu

✦ Distrait des choses de Dieu

✦ Dérange

✦ Déplait

Les « D », arrêtez de vous :

✦ Dénigrer

✦ Déprécier

✦ Diminuer

Êtes-vous prête à jeter les « D » afin de voir la puissance de Dieu se réaliser dans votre vie ? Lancez les « D » de votre vie, vous avez tout à gagner. Les « D » déterminent les destinées.

La puissance

Les derniers passages que je partagerai avec vous démontrent la véracité et l'efficacité des deux principes que je viens de vous énoncer. Découvrons toute la puissance et la grandeur de Dieu dans la vie des personnes et des peuples qui placent leur confiance en Lui et qui marchent dans l'obéissance.

> *Quand les sacrificateurs qui portaient l'arche furent arrivés au Jourdain, et que **leurs pieds se furent mouillés** au bord de l'eau [...] **les eaux qui descendent d'en haut s'arrêtèrent, et s'élevèrent en un monceau [...] et furent complètement coupées** [...] Les sacrificateurs qui portaient l'arche de l'alliance de l'Éternel s'arrêtèrent de pied ferme sur le sec, au milieu du Jourdain, pendant que tout Israël passait à sec, jusqu'à ce que toute la nation eût achevé de passer le Jourdain*[245]

Lorsque toute la nation eut achevé de passer le Jourdain, l'Éternel dit à Josué : Passez devant l'arche de l'Éternel, votre Dieu, au milieu du Jourdain, et que chacun de vous charge une pierre sur son épaule, selon le nombre des tribus des enfants d'Israël, afin que cela soit un signe au milieu de vous. Lorsque vos enfants demanderont un jour : Que signifient pour vous ces pierres ? Vous leur direz : Les eaux du Jourdain ont été coupées devant l'arche de l'alliance de l'Éternel ; lorsqu'elle passa le Jourdain, les eaux du Jourdain ont été coupées, et ces pierres seront à jamais un souvenir pour les enfants d'Israël[246].

Quel miracle mes amies ! Au moment où ils se sont mouillés les pieds dans le Jourdain, les eaux se sont immédiatement séparées. Tout le peuple a pu traverser à sec et entrer dans le pays de la bénédiction. N'est-ce pas fantastique ? C'est exactement ce que Dieu veut faire dans votre vie aujourd'hui. Alors que vous répondrez avec foi à votre appel et votre destinée, et que vous obéirez par Sa Grâce et Sa force à Ses directives, vous verrez les merveilles de Dieu prendre forme dans votre vie. Cette phrase est d'une importance capitale : *Lorsque **toute** la nation eut achevé de passer le Jourdain [...]*[247]

Mes chères amies, le miraculeux n'est pas réservé à une élite spirituelle. *Toute* la nation a pu traverser à sec le Jourdain et les eaux ne se sont pas refermées tant que la dernière personne n'avait pas franchi l'autre rive. Pour diverses raisons, Dieu a attendu ceux qui marchaient plus lentement. Si vous traversez une saison pendant laquelle votre pas est lent, j'aimerais que vous sachiez que le miraculeux est aussi pour vous. Dieu ne fait exception de personne. Placez votre confiance en Lui et demandez-Lui la force nécessaire pour marcher sur le chemin de l'obéissance. Vous aussi, vous verrez les prodiges de Dieu sous vos yeux. Mais pour cela, vous devez d'abord vous mouiller les pieds dans le Jourdain...

Le miraculeux n'est pas réservé à une élite spirituelle.

Chères amies, je suis la preuve vivante de la véracité et de l'efficacité de ce que je viens de d'aborder. Peut-être vous dites-vous que je suis une femme qui marche pleinement dans son appel et dans sa destinée. Vous avez raison. Mais avant d'en arriver là, j'ai dû traverser quelques Jourdain dont ceux du temps et du renoncement. Je partage rarement mon témoignage personnel, mais je ressentais fortement qu'il pourrait être une source d'encouragement pour vous.

C'est à l'âge de seize ans que j'éprouvai pour la première fois le désir de devenir une pasteure et une conférencière pour femmes. Lors d'un camp où des dizaines de jeunes croyants étaient réunis, dans un moment de prière j'ai eu la profonde conviction que j'étais appelée à cette vocation. En attendant la réalisation de ce rêve, pendant que j'étais étudiante, j'œuvrais dans les églises à diverses tâches, notamment : préparation du café, disposition des acétates sur le projecteur lors du service de louange et monitrice auprès des enfants. J'ai toujours été impliquée dans mon église. Dès que Dieu me mettait quelque chose à cœur, j'obéissais et je m'y donnais avec passion.

Il y a de cela presque vingt ans, alors que le pasteur Claude Houde était évangéliste et qu'il était venu prêcher la Parole dans l'église que je fréquentais, il a déclaré qu'à travers toute la province de Québec, j'étais celle qui plaçait les acétates le plus rapidement. Ce n'est pas rien !! Alors qu'il vint manger à la maison après nous avoir si brillamment enseigné ce dimanche matin là, pasteur Claude, mon mari et moi-même avons eu un entretien cœur à cœur que je n'oublierai jamais. Lorsqu'il eut quitté notre demeure, j'ai dit à mon mari : « Un jour nous allons œuvrer dans le ministère pastoral avec le pasteur Claude ». À cette grande déclaration, mon mari s'exclama simplement : « Voyons, c'est tout à fait impossible ! » Comprenez que l'Église Nouvelle Vie n'existait pas à cette époque.

Mes chères amies, laissez-moi vous encourager. Ce n'est que vingt-trois ans plus tard que j'ai vu cette promesse se réaliser dans ma vie. Honnêtement, je dois vous dire que pendant une certaine période de ma vie je n'y croyais plus, pensant finalement que tout ceci ne s'appliquait qu'à mon mari. J'ai donc décidé de poursuivre des études de doctorat en Biochimie. Alors que Luc avait vu ce qu'il croyait impossible se concrétiser pour lui, œuvrant au sein de l'équipe pastorale de l'Église Nouvelle Vie depuis déjà quelques années, je me rappelle comme si c'était hier d'un épisode qui m'a déchiré le cœur. La réunion du dimanche matin venait tout juste de se terminer, je quittais les pouponnières avec Jérémie dans les bras et Philippe à mes côtés. Une femme sortit de la pièce au même moment que moi et me dit simplement : « Bonjour madame, est-ce la première fois que vous venez à l'église ce matin ? » Je me suis mise à pleurer. Je me sentais tellement loin de l'appel de Dieu, tellement inutile pour Lui.

Dans les mois qui suivirent, alors que je connaissais un grand succès au niveau professionnel — j'occupais un poste prestigieux en tant que chercheuse dans une compagnie pharmaceutique —, que je venais de traverser une période difficile où mon fils avait été très malade et que ma mère était tout récemment décédée des suites d'un cancer du pancréas foudroyant, Dieu est venu ranimer Ses intentions pour ma vie. C'était tôt le matin et je me rendais à mon laboratoire. Mon véhicule était immobilisé car l'autoroute était complètement congestionnée. J'étais songeuse. Soudain, je fus envahie par cette forte pensée : « *Stéphanie, c'est à ton tour maintenant. Ce dont tu as rêvé pendant toutes ces années est sur le point de s'accomplir.* » J'ai combattu cette idée pendant un certain temps (Si vous n'êtes pas convaincues, parlez-en à mon mari ou au pasteur Claude !). À ma honte, j'avoue que l'usure du temps et de l'épreuve avaient effrité mon appel et mon désir de servir Dieu. À ce moment-là, il me semblait que le prix à payer était désormais trop élevé.

Les principes que je viens de vous présenter (*confiance, obéissance, puissance*) ont été le gouvernail de ma vie chrétienne et l'ancre qui m'a gardée alors que je me préparais à répondre à l'appel de Dieu pour ma vie. Un jour, pendant un temps de prière, je pris la décision de mettre ma *confiance* en Dieu et en Son appel sur ma vie, et de marcher dans l'*obéissance*. Je vous assure que dès l'instant où j'ai fait ce choix, j'ai pu voir la *puissance* de Dieu dans ma vie. Aujourd'hui, j'œuvre au sein de la plus belle équipe pastorale à laquelle on puisse rêver. Je suis à la tête d'un ministère fleurissant qui accomplit des choses merveilleuses pour des centaines de femmes de notre église, en plus d'être une main tendue pour les enfants malades et pour les jeunes qui sont abandonnés. J'enseigne dans un des collèges bibliques les plus dynamiques de la francophonie. Je suis éditrice d'un magazine chrétien lu par des milliers de francophones et, dans Sa pure bonté, Dieu m'a ouvert les portes pour que je puisse partager Sa Parole aux quatre coins de la francophonie. Par Sa Grâce, j'ai vu un grand nombre de femmes être touchées, consolées, encouragées, restaurées, transformées, libérées et utilisées par la puissance du message de l'Évangile. Je suis une femme heureuse et comblée. Par ce témoignage, j'espère vous avoir convaincue que la confiance et l'obéissance déclenchent la puissance de Dieu.

Permettez-moi de terminer cette pensée en vous rappelant que Dieu a un plan, un appel et une destinée pour vous. Tout au long de ce livre, les différentes pensées que nous avons développées ont permis de vous tailler et de vous polir afin que vous soyez encore plus étincelante et que vous rayonniez pour Dieu tel un diamant. Si Dieu a déposé un rêve ou des aspirations dans votre cœur, gardez-le précieusement comme un trésor. Placez votre confiance en Lui. Ne vous laissez pas intimider. N'oubliez jamais que ce que Dieu promet, Il a le pouvoir de l'accomplir en Son temps. Même si en ce moment vous ne voyez ni ne ressentez rien, Dieu marche avec vous et au-devant de vous. Faites-Lui entièrement confiance. Il est fidèle. Demandez-Lui la force de marcher dans Sa pleine obéissance. N'hésitez plus, lancez les « D » de votre vie. Ils détermineront votre destinée. Je sais pertinemment que la CONFIANCE et l'OBÉISSANCE à Dieu déclenchent Sa PUISSANCE dans nos vies. Toutefois, ce n'est pas une formule magique que nous devons répéter pour voir de grandes choses se réaliser. Je suis profondément convaincue qu'au moment où vous mettrez en application ce principe, vous verrez le miraculeux se produire et vous brillerez pour la Gloire de Dieu. Je vous encourage à vous mouiller les pieds dans le Jourdain de votre vie. Faites un pas de foi !

Si Dieu a déposé un rêve ou des aspirations dans votre cœur, gardez-le précieusement comme un trésor. Placez votre confiance en Lui.

Placez réellement votre confiance en Dieu, et attendez-vous à voir des choses merveilleuses.

Sincèrement, je crois que plusieurs d'entre vous allez vous emparer du plan de Dieu, et que de merveilleux ministères, de remarquables œuvres de compassion vont naître à travers vous. Des femmes et des hommes, des enfants et des adolescents seront touchés, transformés, restaurés et resplendiront par l'œuvre de Dieu manifestée en vous. J'en suis persuadée ! Promettez-moi une seule chose chères amies : écrivez-moi pour me raconter les merveilleux témoignages qui en découleront. J'ai bien hâte de vous lire et de me réjouir avec vous. Vous êtes précieuses pour Dieu et pour moi. J'attends de vos nouvelles…

Mes réflexions et mes objectifs

Nous avons vu qu'aujourd'hui, la terre promise symbolise plusieurs choses dans la vie d'un croyant, telle que :

- ✦ la victoire dans une situation pénible ;
- ✦ l'accomplissement d'une promesse ;
- ✦ la réalisation des plans de Dieu.

Êtes-vous dans l'attente de votre terre promise ? Décrivez ce qui fait l'objet de votre attente ou de vos aspirations.

_____

_____

_____

Les conquêtes de nos terres promises sont bien souvent précédées de Jourdain. Actuellement, faites-vous face à un Jourdain ? Si oui, de quelle nature est-il ? Prenez le temps de le décrire.

_____

_____

_____

Si vous avez répondu oui à la question précédente, relisez Josué 1.1-9 et transcrivez les portions de ce texte qui vous encouragent à mettre votre confiance en Dieu afin de voir Sa puissance s'accomplir dans votre vie. Déclarez ces promesses par la foi et saisissez-les.

_____

_____

_____

Afin de voyager plus léger dans votre marche vers votre terre promise, avez-vous des « D » à jeter ? Placez une croix à côté des « D » de votre vie que vous devez lancer. Demandez l'aide de Dieu pour être guidée et fortifiée dans cette décision.

Déceptions _____ Désillusions _____

Découragements _____ Défaites _____ Doutes _____

Quelque chose qui me :

Détourne de Dieu _____ Distrait des choses de Dieu _____

Dérange _____ Déplait _____

Je dois arrêter de me :

Dénigrer _____ Déprécier _____ Diminuer _____

Écrivez la phrase suivante dans l'espace ci-dessous : *La confiance en Dieu et l'obéissance à Dieu déclenchent la puissance de Dieu dans ma vie.* Dans vos propres mots, demandez à Dieu de déclencher Sa puissance dans votre vie. Dites-Lui merci pour ce qu'Il a déjà fait et pour ce qu'Il fera. Dieu a une merveilleuse destinée pour chacune. Il a préparé pour vous des œuvres dans le but que vous les accomplissiez et une destinée à poursuivre.

_____

_____

_____

Ma prière

Seigneur Jésus, je te remercie de tout mon cœur, car Tu as des projets de paix et de bénédiction pour ma vie. Merci, parce que Tu es avec moi alors que je marche vers ma terre promise. Par Ta Grâce, aide-moi à traverser mon Jourdain. Donne-moi la force de ne pas arrêter ma marche. Je désire dès maintenant placer ma confiance en Toi. Je veux, avec Ton soutien, être obéissante. Je lance les « D » de ma vie. Seigneur, je te prie de déclencher Ta puissance dans ma vie. Utilise-moi pour partager Ta Parole à des gens autour de moi. Fais de moi un instrument de consolation pour les gens qui souffrent autour de moi. Je veux te servir avec mes dons et mes talents. Comme le diamant, je veux briller et resplendir pour Ta plus grande Gloire. Amen !

Références

Facette spirituelle

1 Galates 5.17
2 Colossiens 3.1-2
3 Matthieu 6.33-34
4 Romains 14.17-18
5 Galates 5.22
6 Matthieu 6.33-34
7 Nombres 27.1-7
8 Jean 15.15-16
9 Éphésiens 1.5
10 Jean 3.16
11 1 Pierre 2.24
12 Éphésiens 1.7
13 1 Jean 1.9
14 Romains 8.1
15 Jean 14.16
16 Jean 14.15-20
17 Actes 1.8
18 1 Jean 4.4
19 Romains 8.11
20 Corinthiens 5.17
21 Jérémie 29. 11
22 Nombres 27.7
23 Exode 10. 3, 8- 9
24 Proverbes 3.5
25 Ésaïe 55.8-13
26 Ésaïe 59.21
27 Ésaie 40.10
28 Ésaïe 65.23
29 Hébreux 11.6
30 Hébreux 11.7, 8, 11-12, 17, 19
31 Hébreux 11.1
32 Matthieu 17.20
33 Luc 17.5
34 Romains 12.2
35 Psaumes 13.4
36 Proverbes 15.23
37 Luc 8.41-42, 49-50, 54-55
38 Luc 8.43-48
39 Lévitique 15.19

40   Luc 8.49
41   Luc 8.50
42   Ruth 3.11
43   2 Rois 3.26-27
44   Ruth 1.4
45   Ruth 1.15-19
46   Ruth 1.18
47   Ruth 1.13
48   Philippiens 3.13-14
49   Ruth 4.6.11
50   Ruth 3.11
51   Ruth 4.15
52   Ruth 2.1-18
53   Ruth 2.3
54   Ruth 2.5
55   Ruth 2.9
56   Ruth 2.9, 14
57   Ruth 2.15-16
58   Lévitique 25.25
59   Ruth 2.11-12
60   Ruth 3.11
61   1 Samuel 21
62   1 Samuel 18.5
63   1 Samuel 18.30
64   1 Samuel 21.2
65   1 Samuel 21.4
66   1 Samuel 21.9
67   1 Samuel 21.12
68   1 Samuel 22.3
69   Psaumes 34.1
70   Psaumes 34.1-9
71   Psaumes 57.2-4, 9, 10, 11
72   Psaumes 34.13-14
73   Éphésiens 2.12, 19
74   Éphésiens 1.18-21
75   Romains 15.13

Facette émotionnelle

76   Jean 11.32-35
77   Jean 2.13-17
78   Luc 10.21
79   Hébreux 1.9
80   Psaumes 13.1-3
81   Psaumes 55.1-3 ; 5-6

82 Psaumes 30.12-13
83 Le Dictionnaire Robert
84 Proverbes 6.34
85 Proverbes 27.4
86 Cantique des cantiques 8.6
87 Genèse 4.36
88 1 Samuel 18.8-11
89 Genèse16
90 Genèse 29
91 Luc 15.25-30
92 Source : Denis Morissette
93 Proverbes 14.29
94 Proverbes 16.32
95 Proverbes 19.19
96 Source : Denis Morissette
97 Romains 8.1
98 Colossiens 2.13-14
99 1 Jean 1.9
100 Le Dictionnaire Robert
101 Merle A. Fossum and Marilyn J. Mason, *Facing Shame : Families in Recovery*. New York, W. W. Norton & Company, 1986.
102 Psaumes 139.23
103 Psaumes 30.12-13
104 Jean 11
105 Matthieu 26.40
106 Matthieu 26.36
107 Écclésiaste 3.1-8
108 Philippiens 3.12-14
109 Jacques 1.5
110 Le Collège des médecins de famille du Canada.
111 Ibid.
112 www.psychomedia.qc.ca
113 Association canadienne pour la santé mentale ; sante.canoe.com.
114 Sante.canoe.com ; mamenopause.ca ; Société des obstétriciens et gynécologues du Canada.
115 G.Fink et B Summer, Nature 1996.
116 Passeportsanté.net
117 Jean 14.27
118 Romains 5.8
119 1 Pierre 2.9
120 Jacques 2.5
121 Romains 8.17
122 1 Corinthiens 1.19
123 Éphésiens 2.22

124   Matthieu 5.14
125   Éphésiens 1.5
126   1 Jean 1.9
127   Proverbes 23.7
128   1 Corinthiens 6.19
129   Matthieu 5.14-16
130   1 Corinthiens 12 ; Romains 12
131   Rick Warren ; *Une vie, une passion, une destinée.*
132   Galates 6.4
133   Romains 5.8
134   Romains 8.35
135   Jean 10.10
136   Matthieu 25.14-25
137   Matthieu 25.24
138   Luc 18.27
139   Matthieu 11.28-30
140   Jean 3.16
141   2 Corinthiens 12.9 ; Psaumes 91.15
142   Proverbes 3.5-6
143   Philippiens 4.13
144   2 Corinthiens 9.8
145   Romains 8.28
146   1 Jean 1.9 ; Romains 8.1
147   Philippiens 4.19
148   2 Timothée 1.7
149   1 Pierre 5.7
150   Hébreux 13.5
151   Le Monde, mardi 19 août, 1997.
152   Jérémie 29.11

Facette personn*elle*

153   Claire-Lise de Benoit, *L'important, c'est l'enfant.*
154   Exode 1 ; 2
155   Exode 1
156   Exode 1.15-17
157   Exode 1.21
158   Exode 1.22
159   Psaumes 91
160   Op. Cit. Claire-Lise de Benoit.
161   Francis Bridger, 1990
162   Deutéronome 6.4-7
163   Éphésiens 3.20
164   Romains 15.13
165   Proverbes 8.17

166 Ésaïe 44.3-4
167 Ésaïe 44.3-4
168 Éphésiens 3.20
169 1 Jean 1.9
170 Actes 1.8
171 Anne Graham Lotz, *Just give me Jesus,* Word publishing, 2001.
172 Genèse 1.1-2
173 Luc 1.35
174 Jean 14.16
175 Jean 14-15-20
176 www.olympic.org
177 United Kingdom Athletics ; Temple de la renommée des athlètes ; Derek Redmond.
178 Jean 7.37-39
179 Psaumes 94.19
180 Exode 16 ; 17
181 Genèse 45.2-5
182 Psaume 32.10
183 Psaumes 32.10
184 Matthieu 14.22-32
185 Matthieu 5.45
186 Matthieu 14.28
187 Matthieu 14.30
188 Matthieu 14.31
189 Matthieu 14.32
190 Hébreux 13.5-6
191 Matthieu 14.32
192 1 Samuel 17. 33
193 1 Corinthiens 9.24
194 1 Corinthiens 9.24
195 Philippiens 1.30
196 Colossiens 2.1
197 1 Timothée 1.18 ; 6.12
198 Matthieu 11.12
199 1 Samuel 17. 26, 29
200 1 Samuel 17.32
201 Hébreux 11.32
202 1 Samuel 12.11
203 Ésaïe 9.3-4
204 Juges 6.11-16
205 Juges 6.12, 14
206 Psaumes 24. 8

Facette relationn*elle*

207 Exode 13 ; 14
208 Exode 13.21-22
209 Exode 14.1-3 ; 6-7 ; 10-14
210 Exode 14.13-14
211 Jean 14.15-17
212 Exode 14.21-31
213 Éphésiens 2.10
214 Ésaïe 49.3
215 Marc 2.1-12
216 Harold Gagné, *Vivre*, Édition Libre Expression.
217 Éphésiens 2. 22
218 Matthieu 5.13- 16
219 Éphésiens 2. 10 (Version français courant)
220 Matthieu 9.35-36
221 Matthieu 15.32-33
222 Matthieu 9.37
223 Matthieu 15.32
224 Matthieu 9.36
225 Éphésiens 2.10
226 Ésaïe 58.10-11
227 Genèse 1. 26-27
228 J. Calvin, commentaire sur la Genèse.
229 Gender equality and gender hierarchy in Calvin's theology in Journal of woman in culture and society, vol. 11, no 4.
230 Le Dictionnaire Robert
231 Genèse 16. 5-6
232 1 Samuel 1. 5-7,
233 Genèse 29.16-17
234 Genèse 29.16-17
235 Genèse 30.8-9
236 Genèse 37
237 Genèse 42-47
238 Le Dictionnaire Robert
239 Nancy Friday, *Ma mère, mon miroir*, Robert Lafond, 1993.
240 Genèse 30.14-15
241 Josué 21.43-45
242 Josué 3.1-4
243 Josué 1.1-9
244 Josué 3.5
245 Josué 3.15-17
246 Josué 4.1-7
247 Josué 4. 1

Table des matières

Facette Spirituelle

Facette émotionnelle

Facette personn*elle*

Facette relationn*elle*

Références 253

Marquis imprimeur inc.

Québec, Canada
2009